Cesare Lombroso, Rudolfo Laschi, Hans Kurella

Der politische Verbrecher und die Revolutionen in

anthropologischer, juristischer und staatswissenschaftlicher

Beziehung

Cesare Lombroso, Rudolfo Laschi, Hans Kurella

Der politische Verbrecher und die Revolutionen in anthropologischer, juristischer und staatswissenschaftlicher Beziehung

ISBN/EAN: 9783743332539

Hergestellt in Europa, USA, Kanada, Australien, Japan

Cover: Foto ©Suzi / pixelio.de

Manufactured and distributed by brebook publishing software (www.brebook.com)

Cesare Lombroso, Rudolfo Laschi, Hans Kurella

Der politische Verbrecher und die Revolutionen in anthropologischer, juristischer und staatswissenschaftlicher Beziehung

DER POLITISCHE VERBRECHER

UND

DIE REVOLUTIONEN

IN ANTHROPOLOGISCHER,
JURISTISCHER UND STAATSWISSENSCHAFTLICHER BEZIEHUNG

VON

C. LOMBROSO und R. LASCHI.

—— ·· ·

UNTER MITWIRKUNG DER VERFASSER DEUTSCH HERAUSGEGEBEN

VON

D.R H. KURELLA.

—— ·

ERSTER BAND.

HAMBURG.
VERLAGSANSTALT UND DRUCKEREI A.-G.
(VORMALS J. F. RICHTER).
1891.

Vorwort.

Die politischen Verbrechen scheinen mir die beach-
tenswerthesten von allen, wenigstens in der modernen
Gesellschaft, denn die Aufgabe, ihnen entgegenzuwirken,
fällt nicht nur dem einzelnen zu, sondern wie lastet auch
auf dem Staate, beeinflusst die internationalen Beziehungen,
die Verhältnisse der Bevölkerungsklassen untereinander
und die Moral des öffentlichen Lebens.

Das politische Verbrechen verdient deshalb als eine
pathologische Erscheinung des sozialen Lebens untersucht
zu werden.

Littré, Conservation — Révolution, Remarques.

Die widersprechendsten Theorien haben bei der Beurtheilung des politischen Verbrechens ein so weites Feld gefunden,
wie wohl kaum bei irgend einer andern juristischen Streitfrage.
Man denke nur, dass so bedeutende Strafrechtslehrer, wie Lucas,
Fröbel, Haelschner und Carrara sogar die Existenz desselben
anzweifelten, wo es sich doch um ein eigentlich soziales Problem
handelt, das sich jederzeit und unter jeder Regierungsform
wiederholt.

Allerdings ist das politische Verbrechen noch niemals als
soziales Problem studirt worden, denn der Despotismus des
Throns und der Barrikade haben stets darin übereingestimmt,
dasselbe der wissenschaftlichen Kritik zu entziehen und daraus
eine Waffe für den politischen Kampf zu schmieden.

Manches haben wohl auch dazu liberale Doktrinäre beigetragen, die, mehr von Schein und Phrasen als von Thatsachen bestimmt, jedesmal entrüstet aufloderten, wenn man
mit den Kriterien gewöhnlicher Verbrechen an Handlungen
heranging, die ja freilich ihrem Ziele nach sich weit davon
entfernen.

Nun sind vom Alterthum an bis auf heute, auch bei den freiesten Verfassungsverhältnissen politische Verbrechen viel schwerer bestraft worden, als gemeine. In Athen stand der Tod schon auf dem blossen Verdacht eines Angriffs gegen die Demokratie, wer in Sparta in öffentlichen Versammlungen für persönliche Interessen gegenüber den öffentlichen stimmte, verfiel den Göttern der Unterwelt.

In Rom wurde der Aufrührer und Hochverräther enthauptet, und die italienischen Stadtrepubliken des Mittelalters gingen gegen den einfachen politischen Verdacht mit den furchtbarsten Maassregeln vor, wie auch moderne demokratische Staaten, z. B. Nordamerika, einen Angriff und ein durch äussere Handlungen zu Tage tretendes Komplott gegen die Verfassung mit dem Tode bedrohen. *(Statute of New York, Title I.)*

Wenn nun die Gesetzgebung auch der am freiesten regierten Völker auf diesem Gebiet dem historischen und sozialwissenschaftlichen Fortschritt noch nicht entspricht, so steht sie doch jedenfalls auch nicht in Einklang mit dem Volksbewusstsein.

Die gebildeteren Klassen billigen so strenge Gesetze nicht, und beweisen das durch übertriebene Freisprechungen der Schwurgerichte, und durch Wahlen, die der Justiz jede Autorität rauben, wenn es ihnen auch nicht gelingt, die Thätigkeit derselben vollständig zu lähmen.

Obgleich nun diese Arbeit angeregt war durch die Betrachtung der Bildnisse unserer Freiheitshelden auf der Turiner Ausstellung von 1884, und von einer Schule ausging, die sicher von dem Verdachte reaktionärer Ideen frei ist, so sind wir damit auf heftigen Widerstand gestossen, sogar von seiten der vortrefflichsten unserer Kampfgenossen. Wir wundern uns über diesen Widerstand auch nicht im geringsten, vielmehr verstehen wir dieses grossherzige Gefühl sehr wohl, oft genug hätten wir es selbst getheilt, wenn nicht die Leidenschaftslosigkeit der wissenschaftlichen Untersuchung und die ruhige Vernunft doch über den ersten Impuls hätte triumphiren müssen, der uns manches Mal antrieb, viel mehr mit dem Opfer zu sympathisiren, als mit seinen Richtern.

Wir würden sogar, um kleine Dinge mit grossen zu vergleichen, nicht anstehen, uns selbst unter diese Kategorie von Schuldigen zu rechnen, da wir überzeugt sind, dass es zu andern Zeiten und in andern Ländern schon als Verbrechen gelten würde, ein Anhänger der kriminellen Anthropologie zu sein, die so grosse Veränderungen in die alten, juristischen Ideen zu bringen strebt, ja dass es im juristischen Sinne des Wortes thatsächlich ein solches wäre, wollte man mit unkluger Voreiligkeit, und mit der Wissenschaft fremden Mitteln, sie sofort in aller Welt zur Anwendung bringen.

Man ist übrigens bisher darüber einig, dass es unrichtig scheint, die politisch kompromittirten mit dem Namen „Verbrecher" zu bezeichnen, und ganz gewiss wäre es falsch, sie mit Gewohnheitsverbrechern (delinquento nato) zu verwechseln. Letztere liefern allerdings auch ihren Beitrag zu der Menge der politischen Verbrecher, aber in geringer Zahl, und ihre Charaktereigenschaften lassen sie auf den ersten Blick von der nichts weniger als ehrlosen Menschenklasse unterscheiden, der sie sich beigesellen.

Wir sind hier genöthigt, uns dem Zwange eines technischen Ausdrucks zu fügen, im übrigen bleiben wir aber der Ueberzeugung, dass der politische Verbrecher, auch der, welcher für uns im juristischen Sinne ein solcher ist, — doch vom moralischen Standpunkte aus betrachtet, kein Verbrecher genannt werden kann. Es scheint nun, dass diese Frage täglich weniger dringend, weniger lebhaft wird, denn wenn auch Spencers Ansicht, dass das gemeine Verbrechen mit der Zeit verschwinden muss, eine Illusion ist, so erscheint derselbe Ausspruch auf das politische Verbrechen angewendet, durchaus nicht illusorisch. Dies beweist das milde Vorgehen gegen solche Verbrechen, das nicht aus dem Buchstaben des Gesetzes herstammt, sondern aus der modernen Auffassung desselben, vor allem aus der öffentlichen Meinung, die ja das Gesetz bildet, umformt, ja im Nothfalle selbst verleugnet. Das beweist auch die immer sich vermindernde Zahl der politischen Verbrechen unter den civilisirten Nationen Europas.

Einerseits fängt man an zu begreifen, dass zwischen

Revolution und Rebellion ein ebenso grosser Unterschied besteht,
wie zwischen Entwicklung und Umsturz, zwischen normalem
Wachsthum und einer krankhaften Geschwulst; dass zwischen
ihnen Antagonismus viel eher als Analogie zu entdecken ist,
und dass man die grossen Revolutionsfreunde durchaus von
Männern unterscheiden muss, die vom Aufruhr leben. Rebellionen, wenn auch aus guten Antrieben hervorgegangen,
sind immer steril, und müssen deshalb zu den Verbrechen
gezählt werden, auch wenn sie die ehrenhaftesten Ziele und
Motive haben.

Auf der andern Seite beginnt jetzt eine Reihe von Ursachen zu verschwinden, die in früheren Zeiten politische
Verbrechen zu etwas alltäglichem machten, wie Unterdrückung
der Nationalität und Intoleranz gegen philosophische und religiöse Richtungen, und mit ihnen verschwindet die Reaktion,
die sie nothwendigerweise wecken musste. Jedenfalls aber
kann man noch nicht behaupten, dass die Ursachen politischer
Vergehen ganz beseitigt sind, erstens weil nicht allzuweit von
uns — die wir in dieser Beziehung verhältnissmässig glücklich
sind, — Völker schmachten, denen man das Recht des freien
Gedankens, der Autonomie, verweigert, ferner weil auch bei
uns, wie es den Verderbern und Verderbten zu gehen pflegt,
die Sättigung nicht genügt zur Herbeiführung der Ruhe, sondern vielmehr neue, ungeregelte Gelüste erweckt, — bei denen
wenigstens, die durch eine krankhafte Natur oder durch Unglück zur Ruhelosigkeit verurtheilt sind.

Unter diesen nun giebt es Menschen, die, obgleich sie in
der That ein Verbrechen begehen, doch oft zu einem Segen
für die Menschheit werden, weil sie verborgene Misstände
offenbaren, oder Ereignisse, die sonst erst in ferner Zukunft
eingetroffen wären, beschleunigen. In den meisten Fällen
kämpften sie für Phantome, widerspruchsvolle Utopien, die
wie Seifenblasen, glänzend, aber hohl, bei der leisesten Berührung zerstieben.

Wir sehen neben dem Republikaner und dem Sozialisten,
die vom historischen wie vom volkswirthschaftlichen Standpunkte
betrachtet, ein Recht zur Existenz haben, den Kommunisten,

den Anarchisten lauern, die ihre Ideen selbst als die vollständige Negation des Staates bezeichnen, die ihre bürgerlichen Pflichten nicht erfüllen, und die mit einem Schlage jene Bande sprengen wollen, die allein den modernen Menschen verhältnissmässig glücklich und ruhig machen.

Es fragt sich nun, bis zu welchem Punkte man diese Menschen ungestraft ihre Ziele verfolgen lassen darf.

Wir haben hier zu untersuchen, ob es jenseits des Despotismus und des Strassenterrorismus ein politisches Verbrechen giebt, das die Gesellschaft mit Gefahren bedroht und uns deshalb eine Verantwortlichkeit auferlegt, — und worin dies Verbrechen dem politischen Organismus sowie den Rechten seiner Bürger gegenüber besteht.

Wenn wir in dieser Untersuchung die ausgetretenen Wege der alten Juristik benutzen wollten, müssten wir damit beginnen, a priori eine auf Citate aus römischen Autoritäten gegründete Definition des politischen Verbrechens zu geben, um von dort aus, ähnlich wie es eine Spinne mit ihren feinen Fäden macht, und wahrscheinlich auch mit derselben Solidität, das Gewebe des ganzen Werkes zu vollenden. Da nach unserer Auffassung aber erst der Verbrecher, dann das Verbrechen untersucht werden muss, wollen wir eine Definition, — die für uns überhaupt erst in zweiter Linie in Betracht kommt, — dann geben, wenn mit Hülfe der Geschichte und der Anthropologie die Charaktere dieser Spezies der Verbrecher festgestellt sind.

Erster Theil.

Anthropologie und Soziologie des politischen Verbrechens und der Revolutionen.

Erstes Kapitel.

Vis Inertiae und Fortschritt. — Misoneismus. Revolution und Revolte.

.

I.

Vis inertiae und Fortschritt.

Die verwickelten Phänomene der moralischen Welt zeigen sich dem Blick des Forschers von einem Gesetze beherrscht, dem des Beharrens, das ebenso die organische, wie die unorganische Welt durchdringt; und alle diese Phänomene, soweit sie von einander getrennt erscheinen, hängen in Ursprung und innerem Wesen damit zusammen.

Freilich scheint dies Gesetz, je weiter wir uns von der ganz von mechanischen Gesetzen beherrschten, unbelebten Materie entfernen, unserem Blick zu verschwinden. Denn von der Höhe der Stufenleiter organischer Wesen sehen wir die bescheidenen Uebergänge nicht mehr, die aus dem Infusor und dem zarten Amphioxus, den Primaten, ja den ersten der Primaten, den Menschen, haben werden lassen, und die in der Menschenwelt von dem stummen blutdürstigen Wilden des Neanderthals zu der Höhe eines Darwin, eines Virchow, eines Pasteur geführt haben.

1. Fortschritt. — Diese Uebergänge überraschen uns durch grosse Abstände und scheinen (wie es auch Spencer

meint) für einen unbestimmten, wirbelnden, aufgedrungenen
Fortschritt zu sprechen, aber bezüglich des Menschen lehrt eine
unbefangene Prüfung, dass seine Entwicklung nie universell, in
plötzlichen Schöpfungsakten, sondern in langsamsten Modifika-
tionen fortgeschritten ist, die theils von äusseren Einflüssen
herkamen, befestigt und immer mehr ausgeprägt durch die
natürliche Zuchtwahl und den Daseinskampf, der nur den gegen
alte und neue Gefahren bestbewaffneten Leben und Fortpflanzung
erlaubte, theils bedingt waren durch das Gesetz, dass eine
einmal eingeleitete Bewegung fortdauert und schneller wird,
das Gesetz der Trägheit; wie denn jede Ursache einer Aenderung gleichzeitig vielfache Wirkungen in verschiedenen Richtungen hervorruft, und so zur Mannigfaltigkeit führt. (HERBERT
SPENCER, *Progrès* 1886.)

So ist durch den Telegraphen, die Eisenbahn, nicht nur
der Verkehr beschleunigt worden, sondern auch die Zunahme
der Bevölkerungsdichtigkeit in den grossen Centren, die Abnahme der Theuerungen durch grösseren Preisausgleich, eine
ganze Reihe neuer Industrien, neuer Produktionsweisen, das
Entstehen leicht zugänglicher Stapelplätze, bewirkt worden,
und die Geschwindigkeit und Billigkeit des Transports hat zu
einer grösseren Arbeitstheilung in der Industrie geführt.

Die Wirkungsweise zeigt sich um so deutlicher, je mannigfaltiger, heterogener das Wirkungsgebiet einer neuen Kraft ist.
Denn um so zahlreicher und mannigfaltiger sind die Resultate.

In der lombardischen Ebene führte der Telegraph zu
andern Wirkungen als in Korsika, und wir haben für den
Kautschuk eine Fülle von Verwendungen, während die Naturvölker, die ihn schon lange kannten, nichts damit anzufangen
wussten.

Die Ursache der Vielfältigkeit der Wirkungen, die Labi-
lität des Homogenen, ist bedingt durch das Beharren der Kraft
und die Unmöglichkeit eines unbestimmten homogenen Aggregats.
(H. SPENCER. *First Principles I.*) Denn das erste und dauerndste
Charakteristikum jeder Vervollkommnung ist, — vom kosmi-
schen Nebel bis zum Menschen — die Differenzirung, die
Ueberführung des Gleichartigen in ein Mannigfaltiges.   Je

vollendeter die Anpassung eines Thieres, um so heterogener ist seine Struktur. Beim Europäer sind die in Schädel und Gesicht umgebildeten Wirbel höher differenzirt, als beim Papua-Neger. Und während der Wilde gleichzeitig Krieger, Fischer, Maurer ist, und sein König Heerführer und Oberpriester, sind bei den Kulturvölkern alle diese Leistungen in zahlreiche Einzelberufe getheilt.

DARWIN drückte dies Gesetz in einer andern Form aus, indem er die Theorie aufstellt, dass in den einzelnen Individium einer Spezies die Tendenz zu Variationen herrscht, die den Ausgangspunkt neuer Arten und Gattungen bilden. Aber diese Variabilität entzieht sich nicht dem Beharren, sondern ist zum grossen Theil eine Folge der Trägheit, jener Reibungen mit den wechselnden äussern Umständen, die nur den bestausgestatteten den Sieg in der Konkurrenz um das Dasein gestattet.

2. Die vis inertiae in der organischen Welt.
— Diese weitgehende Differenzirung, diese Fülle verschiedener Formen entwickelte sich also nur im langsamsten Fortgang. „Die Zuchtwahl", schreibt DARWIN, „und das Ueberleben der bestausgestatteten Individuen schliesst nicht eine fortschreitende Entwicklung ein, sie benutzt nur die Variationen, die einen Vortheil für das Individium darstellen. Man würde vergeblich nach einem Vortheil suchen, den ein Infusor, ein Eingeweidewurm an dem Besitze eines komplizirteren Organismus hätten; wo Vortheile fehlen, bessern sich die Formen nicht, oder nur wenig, und so erklärt sich das Fortbestehen so vieler tiefstehender Wesen." Und so erklärt sich auch, fügen wir hinzu, die Existenz von Thieren der Meerestiefe, die, wie die Echinen, absolut identisch sind mit fossilen Formen, die tausende von Jahrhunderten früher gelebt haben; da sich die äusseren Umstände nicht geändert haben, keine Konkurrenz die primitiven Formen ergriff und beherrschte, erhielten sie sich unverändert fort. Dies Gesetz des Beharrens ist so mächtig, dass es auch gegen den Widerstand von Aeonen sich behauptet und auch in den fortgeschrittensten Lebewesen eine Spur der ersten Regung erkennen lässt, die in rudimentären Organen

und dann und wann in atavistischen Formen unverhüllt
hervortritt.

Wenn wir am Ohr des Menschen jene für uns zweck-
losen Muskeln sehen, die beim Pferde Angst und Freude aus-
drücken, wenn wir in den Wirbeln des Os coccygeum die
Residuen des Schwanzes, im Ileocoecal-Appendix einen Rest
des Wiederkäuerblinddarms sehen, so haben wir einen anatomischen Beweis des Trägheitsgesetzes vor Augen, das an so
vielen Stellen von Zuchtwahl und Daseinskampf unterdrückt,
immer von neuem auftaucht.   So reproduziren Missgeburten
und Mikrocephalen Charaktere der Halbaffen und Nagethiere,
nicht nur in den anatomischen Formen, sondern auch in den
Lebensgewohnheiten.[1]   Dasselbe gilt von den moralischen
Missgeburten, den Gewohnheitsverbrechern, in denen SERGI
einen bis auf die Raubthiere und Nager zurückgehenden Atavismus nachweist.   Oft dringt das Trägheitsgesetz nur theilweise durch, wie in den Monstrositäten, die von früheren
Formen nur die Behaarung des Körpers und des Gesichtes
haben, oder einen rudimentären Gaumen wie die Fische, oder
gelappte Nieren wie die Cetaceen.   Und das alles mit einer
ziffermässigen Regelmässigkeit, so dass man bei 20 Prozent
der weissen Rasse das Vorkommen des Musculus ischio-pubicus
voraussagen kann, und bei 5 Prozent das der Kleinhirngrube,
die sich bei den Vögeln und fast allen Säugethieren normaler-
weise findet.

Eine andere Auffassung giebt nun die Theorie von NAEGELI,
die einen unbegrenzten Fortschritt innerhalb der Gattung zu-
lässt.   Nach ihr sollen die Mycelien des Idioplasma infolge
einer von vornherein aller organischen Substanz innewohnenden
Tendenz, fortwährend von einfachen zu komplizirten Zuständen

---

[1] Die bekannte Krao hatte nicht nur ein mit Haaren bedecktes
Gesicht und enorme Ohren, sondern auch wie die niedern Affenarten
Backentaschen und eine Nase ohne Knorpel. (LOMBROSO, *Uomo bianco
e di colore*, 1870.) Ich habe an anderer Stelle die Therese Gambardella
aus Palermo beschrieben, die über und über, auch im Gesicht, mit
Haaren bedeckt war, und auch das Fettkissen der Hottentottenfrauen
besass.

übergeben, so dass die organische Entwicklung mit derselben mechanischen Nothwendigkeit abliefe, wie die Bildung des Kristalls, die nur durch innere Molekularkräfte bedingt ist, und sich kaum unter dem Einfluss äusserer Umstände ändert.

Gegen die Theorie NAEGELIs erheben sich sofort bestimmte Einwände. Wie ist es möglich, dass das in die Keimzellen des neuen Individuums übergegangene Idioplasma noch alle phylogenetisch erworbenen Eigenschaften besitzt, nachdem es sich bei der Entwicklung dieses Individuums durch Spaltung den Zellen aller Gewebe mitgetheilt und damit progressiv zersplittert hat?[1] Und erinnert nicht, wie MORSELLI[2] bemerkt, die allgemeine Tendenz zur Vervollkommnung, die Annahme einer prästabilirten Orientirung der organisirten Partikel stark an die alte Metaphysik? Neuere Entdeckungen zeigen, dass manche Thierformen eine regressive Entwicklung zeigen, als den Ausdruck evidenter Degeneration, so dass gewisse Crustaceen, Tunicaten und Lamellibranchier von höher organisirten Arten herstammen; auch ist das Auftreten rudimentärer Organe (z. B. von Augen bei Höhlen-bewohnenden Arten) schwer vereinbar mit der von NAEGELI dem Idioplasma zugeschriebenen Perfektibilität. Man erinnere sich nur, dass wild aufgewachsene Hausthiere sich regressiv entwickeln, und dass hart an der Küste Nordamerikas in St. Domingo, der Typus des Dahomey-Negers wieder aufgetaucht ist.

Uebrigens lässt auch die Theorie NAEGELIs, wie die rivalisirende Lehre von WEISSMANN,[3] auf zoologischem Gebiet nur gradweise und ganz langsame, nie überstürzte Fortschritte zu.

---

[1] Vergl. FUSARI, *Rivista di filosof. scientif.* 1888.

[2] *Lezioni sull' uomo secondo la teoria dell' evoluzione.* Torino, Roma, 1888.

[3] Diese letzte Auffassung hat ihre Gegner gefunden, besonders in KOLLMANN und VIRCHOW; FUSARI (l. c.) bemerkt, dass auch das Keimplasma WEISSMANNs, seine Bedeutung vorausgesetzt, im Laufe der Phylogenese einer ständigen Modifikation unterworfen sein müsste, da es einmal bei seiner Vertheilung auf immer zahlreichere Generationen durch Ernährungsvorgänge reintegrirt werden und somit neue Stoffe in sich aufnehmen muss, die nur aus dem beherbergenden Organismus stammen können, ferner, weil die äusseren Lebensbedingungen seine Ernährung

3. Das Beharrungsgesetz in der moralischen
Welt. — Wollte man auch die Wirkung des Trägheitsgesetzes
in der organischen Welt bestreiten, im Gebiet der Ethik müsste
man es anerkennen. Wir rühmen uns so sehr, mitten in einem
gewaltigen Fortschritt zu stehen, denken wir ihn uns aber auf
einer Weltkarte dargestellt, so werden wir finden, dass er sich
auf sehr geringe Proportionen beschränkt. Fast ganz Afrika,
mit Ausnahme einiger von Ariern besetzter Punkte, Australien und
ein guter Theil Amerikas stehen entweder auf dem Standpunkt
prähistorischer Zustände oder auf dem der grossen asiatischen
Reiche im Anfang der Geschichte. Anderswo (wie in Südamerika, in Haiti und Liberia) hat die Civilisation die primitiven Zustände nur übertüncht und an Stelle der Unbeweglichkeit etwas schlimmeres, ein ewig schwankendes Gleichgewicht gesetzt. Und wieviel fortschrittliche Elemente bleiben
bei uns in den civilisirtesten Ländern übrig, wenn man die
Frauen, die alten Leute, Priester, Bauern, den grössten Theil
der Aristokratie und der Dorfbourgeosie vom Ganzen in Abzug
bringt? In Europa darf man kaum fragen, welche Barbarei
in Griechenland, Spanien, Sardinien, Korsika in den aufge-
klärtesten Klassen vor wenigen Jahren herrschte und zum
Theil noch herrscht. Zur Zeit der Cholera in Italien, der
Spionenriecherei in Paris, des Aufstands in Palermo, der
Strike in Décazeville hat sich gezeigt, dass die civilisirtesten
Menschen nur einen leichten Firniss von Kultur besitzen, der
heftigen Leidenschaften nicht Stand hält; aber auch in ruhigen
Zeiten lehrt das Studium unserer Sitten, dass die modernen
Kulturvölker sich seit den Zeiten der Barbarei nur wenig
verändert haben.

II.
Misoneïsmus.

1. — Am ausgedehntesten und mächtigsten offenbart sich
das Gesetz der Trägheit in der moralischen Welt durch jenen
Hass gegen das Neue, den ich als Misoneismus bezeichnen

indirekt beeinflussen müssen; die Thatsachen der Anpassung, der Vervollkommnung und Zersetzung sind ja in letzter Linie immer Resultate
der äusseren Existenzbedingungen.

will; wenn wir eine alte Empfindung durch eine neue verdrängen sollen, so entsteht ein Missbehagen und Widerstreben, das auch unter Thieren weit genug verbreitet ist, um es als physiologisches Grundphänomen zu bezeichnen.

Ich will hier einige Thatsachen aus einem früheren Aufsatze von mir in der *Revue scientifique* (1884) anführen: So wurde ein als Dame gekleideter Affe, der zu seiner Horde nach dem Atlas zurückkehrte, mit Entsetzen empfangen und von allen gemieden. — Ein Maler strich eine weisse Henne, die ihm den Garten verwüstet hatte, grün an; sie wurde im Hühnerstall mit dem lebhaftesten Schreck aufgenommen und so lange mit Schnabelhieben verscheucht, als sie noch eine Spur von Farbe zeigte. Bekanntlich bellen Hunde immer bei jedem Wagen, der die stillen Strassen des Dorfes passirt, und Pferde sträuben sich oft, wenn ihr Reiter den Anzug gewechselt hat, so dass sie ihn nicht erkennen. So geht es auch in der Kindheit des Menschen. Das Kind geräth vor einem unbekannten Gesicht, einem zum erstenmal gesehenen Thiere gegenüber ausser sich und versucht zu entlaufen, nur aus Furcht vor dem Neuen. Es geräth ausser sich, wenn es das Zimmer wechseln soll, und fürchtet sich vor jedem neuen Möbel. Manche wollen immer dasselbe Bild sehen, und ihre Geschichte immer mit denselben Worten erzählen hören. Wehe dem Neuerer!

DARIGNY erzählt, dass ein kleiner zweijähriger Freund vor ihm entsetzt fortlief, als er ein Bein in Watte gewickelt tragen musste. Der Kleine betrachtete ihn erst misstrauisch, und erhob dann ein heftiges Geschrei, auch als V. wieder gesund war, wich er ihm aus und schrie, wenn er ihm gar zu nahe kam. Erst nach mehreren Monaten hörte das Kind ihm wieder zu, und gab ihm die Hand, aber nur in Gegenwart eines dritten.

Wie die Kinder das Neue fliehen, sehen wir auch die Frauen eng an Sitten und Gebräuchen festhalten, und in manchen Gegenden an der angestammten Sprache, so dass sie ein anderes Idiom sprechen, wie die Männer, wo diese, wie die Abiponen am Orinoko, die Sprache des Nachbarstammes angenommen haben. Dieser bei Kindern und Frauen der

zivilisirtesten Völkern auftretende Hass gegen das Neue herrscht
viel energischer bei wilden Völkern, in deren geringer Intelligenz ein paar einmal assimilirte Sensationen die Aufnahme
anderer hindern, zumal wenn die Differenz lebhaft ist und
Altes und Neues nicht durch einen Uebergang verbunden
werden.   So heisst in primitiven Idiomen der Elephant „Ochse
mit den Zähnen", im Chinesischen heisst das Pferd „grosser
Hund" im Sanskrit heisst Pferdestall: „Ochsenstall für Pferde"
und ein Paar Pferde „ein Paar-Ochsen Pferde." Wenn Uebergänge fehlen, so verursacht die Association eines neuen Ein-
drucks einen wahren Schmerz, der sich bis zum Abscheu
steigern kann.   Es geht dann dem normalen Menschen wie
einer von uns beobachteten Geisteskranken, die den ersten
Gegenstand, oder die erste Person, die sie beim Verlassen des
Hauses erblickte, allen andern Eindrücken substituirte. Ihre
Verwirrung wurde um so grösser, wenn dieser erste Eindruck
etwas ihr unbekanntes war.   Dann konnte sie sich gar nicht
mehr zurechtfinden; sie gerieth dann besonders mit ihrer zärt-
lich geliebten Tochter in Zwistigkeiten, denn obschon sie dieselbe wiedererkannte, erschien sie unter dem Bilde der ersten
Person, oder auch des Thieres, das sie vorher gesehen hatte.
Deswegen beschloss sie schliesslich die Tochter zu tödten.
Diese Frau konnte, auch in Begleitung, in einer neuen ihr
unbekannten Gegend nicht aushalten, ihr Grauen und ihre
Verwirrung war dann derart, dass sie Selbstmord versuchte.

Schwache, durch Krankheit geschwächte oder naive Intelligenzen empfinden also das heftigste Widerstreben gegen
Neues; geringfügige Neuerungen aber, wie die der Mode für
die Frau, eine elliptische Figur statt einer runden zur Tättowirung für den Wilden, ein anderes Spielzeug für das Kind,
erregen nicht Abscheu, sondern lebhafte Lust, weil sie die,
einer Aenderung bedürftigen Nervencentren ansprechen, ohne
sie zu reizen oder zu peinigen. Ist aber die Neuerung zu
radikal, dann scheuen sie nicht bloss Kinder und Wilde; für
die grosse Mehrheit der Menschen ist der Misoneismus ein
Naturgesetz, sie scheuen das Neue, weil ihr Gehirn bei plötzlichen, ausserhalb seines Bereichs liegenden Uebergängen, ein

schmerzliches Missbehagen empfindet. Für den Naturmenschen, wie für alle Thiere, ist die träge, beharrliche Wiederholung ererbter oder durch stete Wiederholung angewöhnter Handlungen das Naturgemässe. Darin ist der gewöhnliche Mensch dem Hypnotisirten ähnlich, der bei einer verbietenden Suggestion einen Gegenstand, den er vor Augen hat, nicht sieht. Dem gemeinen Bewusstsein erscheint der Neuerer lächerlich und hohl. Das Wort trovare kommt von turbare (Troubadour, Troviere). MAX NORDAU schreibt über diese Frage in seinen Paradoxen[1] „um angenehm zu sein, muss jeder neue Eindruck mild und nicht zu unerwartet sein, sich von bekannten Empfindungen nur wenig unterscheiden, sich von ihnen kaum um einen Grad, einen Schatten entfernen, er muss dem altbekannten ähnlich sein, und als seine natürliche Konsequenz auftreten. Was von allem früheren ganz verschieden ist, macht einen unangenehmen Eindruck, der sich zu heftigem Widerwillen, ja zu Abscheu steigern kann. Das erklärt, wie der grosse Haufe sogenannte Novitäten gierig aufnimmt, während er Neuerungen, die seine gewohnten Begriffe über den Haufen werfen, zurückweist, und sie wüthend, mit verzweifelten Anstrengungen bekämpft“; „ich neige zu der Annahme,“ fährt NORDAU fort, „dass die Naturvölker deswegen vor der vordringenden Kultur verschwinden, weil die umfassende Aenderung aller Verhältnisse ihnen zu viel neue Begriffe und zu viel neue geistige Funktionen aufzwingt.“ Das wird bestätigt durch eine Bemerkung von BEARD[2] „nach der die Indianer, solange sie nicht in unmittelbarem Kontakt mit der Civilisation stehen, eine ausserordentliche Widerstandsfähigkeit gegen Gift, Verwundungen, selbst gegen Alkohol besitzen, und deswegen eine geringe Sterblichkeit haben, während die von zahllosen neuen Empfindungen aufgeregten Nordamerikaner nervös, ja neurasthenisch sind, d. h. permanente Patienten, die schon unter der kleinsten Menge von Kaffee oder Alkohol zu leiden haben und das um so mehr, je höher, wie in den Nord-, im Vergleich mit den Südstaaten, die Kultur entwickelt ist.“

---

[1] Das Citat ist aus dem Italienischen zurückübersetzt.   K.

[2] *Il nervosismo degli Americani*, 1888.

„Die Menge“ schliesst NORDAU, „ist immer konservativ,
denn sie handelt aus ererbten Instinkten heraus, nicht nach
selbstgeschaffenen individuellen Begriffen, und weiss sich deshalb in neuen Situationen nicht zurechtzufinden.“

2. Misoneismus in den Gewohnheiten. — So
findet sich in den Sitten der modernen Griechen trotz aller
Wechselfälle, der alte Hellene wieder; der Arkadier führt
noch sein Hirtenleben, der Spartaner hat seinen wilden kriegerischen Sinn.

RENAN fand in Syrien noch die Sitten und Gebräuche
aus der Zeit der Römerherrschaft wieder. Der mittelalterliche
Byzantiner bewahrt die sophistische Subtilität der griechischen
Philosophen und die Neigung zur eleganten Konversation; die
Ungarn hassen die Berge und lieben die Ebene, wie die
Hunnen; die Zigeuner unterscheiden sich kaum von den alten
Sindh; sie haben von ihnen ihre Sitten, ihre Sprachen, die
flammenden Augen, die schwarzen Haare, die harten Züge,
die Leichtgläubigkeit und Apathie, das Normadenleben, die
Diebsneigungen, die Arbeitsscheu.[1]

Reisende, wie BELTRAME, berichten, dass die heutigen
Sitten der nomadisirenden Araberstämme, ganz Beschreibungen
der biblischen Erzählungen entsprechen. In Poti, dem antiken
Phasus, bestehen wie zu HERODOTs Zeit die Wohnungen noch
in Felshöhlen; die Osseten haben immer noch keine Familien-
namen, und die Lesghier haben das Recht die Frauen zu
tödten.[2]

Selbst der Franzose des 19. Jahrhunderts ist in vielen
Stücken noch der Gallier STRABOS (IV. 4), und CÄSARS (De
bello gallico 4, 5); waffenlustig, unheilbar für alles glänzende
eingenommen, sprachgewandt, und leicht von Worten hinge-
rissen, neuerungssüchtig und unbesonnen. In unseren italienischen
Sitten ist der Karneval im Grunde nur die atavistische Wieder-
kehr der altrömischen Saturnalien. Bekanntlich wurden diese
seit den ältesten Zeiten gefeiert, sollen von den Pelasgern
herstammen, und lassen sich historisch bis zum Jahre 497 vor

[1] RIBOT, *L'hérédité psychologique.* Paris, 1882.
[2] CHANTRE, E., *Recherches anthropologiques dans le Caucase,* 1888.

unserer Zeitrechnung zurückführen. Man feierte sie am 17.,
später am 19. Dezember, anfangs nur einen Tag, thatsächlich
dauerten sie immer 7 Tage, August beschränkte sie auf 3,
Caligula auf 5. Es war ein Fest der unteren Volksklassen,
die Bauern feierten das Ende der Feldarbeit, Verurtheilte erhielten oft ihre Freiheit, Verbrecher wurden in diesen Tagen
nicht abgeurtheilt u. s. w. In unseren Karnevalfesten finden
sich nicht selten einige antike Ueberbleibsel; in Verona gab
es ganze Prozessionen, in denen als Bacchanten gekleidete
Leute aufzogen, und in Siena ziehen in dieser Zeit die „Con-
trade“ (Stadtviertel) mit ihren Fahnen auf den Strassen umher
und bewahren so ihre alten Namen und ihre mittelalterlichen
Rivalitäten. In Ivrea wird bekanntlich in dieser Zeit zur
Erinnerung an einen Sieg über die Feudalherren die phrygische
Mütze getragen.

3. Misoneismus in der Religion. — Den Misoneismus sehen wir auch triumphiren in der Religion, in
Litteratur und Kunst. Die Religion beruht ja durchaus
auf dem Misoneismus; der Katholicismus bewahrt nicht nur
die antike musikalische Harmonie (canto fermo) die Priester-
tracht (mitra und fibula der ägyptischen Priester) die cocolla
und Sandalen des römischen Volks etc., sondern auch einige
Legenden, die auf Sonnenkultus, ja auf reinen Fetischismus
zurückreichen. In Oceanien, in Indien, selbst bei uns erhielt sich trotz des Widerstandes der Pietät, ausreichender
Ernährung und strenger Gesetze, lange Zeit der Kannibalis-
mus, der Opfertod, und die Hinschlachtung der Gefangenen,
dessen sonderbares Ueberbleibsel, wie SPENCER zeigt, die Circumcision ist, die rituell ihre Ausführung mittels eines prähistorischen Instruments, des Steinmessers, verlangt. Selbst
mitten in der Revolution verehrte man einen Fetisch; beim
Tode MARATS liess BROCHET Tausende von Amuletten prägen,
mit der Aufschrift: Herz Jesu, Herz Marats, sei uns gnädig.
Und ist es heute, auf der Höhe europäischer Kultur, nicht
noch gefährlich, sich Atheist zu nennen, Gott für eine Hypothese zu erklären, was doch seit 3000 Jahren nicht mehr neu
ist; ist es nicht gefährlich, am Sonntag zu arbeiten?

Aber es giebt noch schlimmeres. Anfosso[1] hat an zahlreichen Beispielen gezeigt, dass unter dem Volke immer wieder
die Verehrung von Klötzen und Felsen auftaucht, eine der
primitivsten Kultusformen barbarischer Völker. In Indien und
bei den Tungusen, wo der Brauch noch nicht ganz geschwunden
ist, wurden Steine angebetet. Im frühen Mittelalter musste
der Erzbischof Theodorich von Canterbury den Steinkultus
verbieten, und das Konzil von Tours im Jahre 507 befahl
den Geistlichen, allen Steinanbetern die Kirchenthür zu ver-
schliessen. Trotzdem sehen wir an der Kapelle von Oropa
einen Felsen, dem sich auf Mutterfreuden hoffende Frauen
verehrend nähern. In vielen Thälern Piemonts wirft der Wan-
derer, nach uraltem Brauch, auf jedes Grab Steine, die sich
allmählich zu Hügeln ansammeln. Neben diesem Kultus hat
sich als ebenso heilig die Quellenverehrung erhalten. In der
Bretagne wallfahrten zahllose Pilger nach dem berühmten
Brunnen von Sainte Anne d'Auray und der heiligen Quelle
von Lamneur in der Krypta der Kirche von St. Melay. Im
Jahre 1791 kam eine grosse Schaar des Seelenheils wegen zur
Quelle von Saint Fillans o Comrie in Pertshire, um zu trinken
und zu baden. Alle Besucher mussten täglich dreimal um die
Quelle herumgehen, einen weissen Stein in einen nahen Felsen-
spalt werfen und ein Stück ihrer Kleidung dem Heiligen des
Ortes opfern.[2] Colonel Forbert Leslie erzählt, dass in
England die meisten Kirchspiele ihre eignen Brunnen haben,
in Irland glaubt man noch an die Kelpis oder Wassergeister, die
verschiedene Form annehmen, meist die eines Stiers (Lubbock).
So ist die in Indien, im Land des heiligen Ganges, so gewöhnliche Wasserverehrung auch auf uns übergegangen; noch
heute wird bei Turin in der Kirche des heiligen Pancratius ein
Gefäss aufgestellt, aus dem die Gläubigen trinken; sind sie
unwürdig, so müssen sie das getrunkene Wasser sofort wieder
von sich geben. (Das Wasser enthält natürlich ein Brechmittel)
Uebrigens ist der Glaube an Wunderwasser der allerunausrott-
barste; man denke an Lourdes und an La Salette.

[1] *La leggenda religiosa*, Torino 1888.
[2] Lioy, *In alto*, Milano 1889.

Im Ceresola-Thal pflegen die Einwohner an gewisse Bäume Säckchen zu hängen, was wahrscheinlich ein Rest des alten Baumkultus ist. Gewisse wunderbare Fähigkeiten der Heiligen wiederholen ganz die Kräfte der Fetische und alten Götter. Gegen Sterilität ruft man St. Andrea da Betsaida an, gegen Epilepsie den heiligen Johannes, gegen Kopfschmerzen den heiligen Dionysius, die heilige Lucia gegen schlimme Augen u. s. w. In Russland werden die alten Slawengötter unter den verschiedensten Namen von den Bauern verehrt, Wodjanj ist der alte Wassergott, Domowoj der Genius des Hauses. St. Wasil ist die alte heidnische Gottheit Wlas, Wolos, der Gott der Herden.[1]

Vielfach werden die Felder vom Priester gesegnet, und vom Zauberer exorcirt. Für Viele ist Gott ein grosser Zauberer. Der slawische Donnergott Pierun hat in Gestalt des heiligen Elias die Altäre bestiegen.

MORTILLET fand, dass die Men-Hir, die keltischen Monumente noch in Gebrauch sind; so wurde einer zur Feier der Februarrevolution aufgerichtet. BELLUCCI fand in einsam liegenden Thälern Umbriens Steinpfeilspitzen als Schutzmittel gegen Blitze in Gebrauch, Steinbeile und enorme Kieselspatel gegen Viehkrankheiten, und gegen zahlreiche Krankheiten eine ganze mineralische Pharmakopöe, die ersichtlich bis auf die Steinzeit zurückgeht.

In Belgien, dem Lande mit dem ausgebreitetsten Volksunterricht, hat HOCH in einem Bande von fast 600 Seiten Volksgebräuche gesammelt und die Springwurzel, den wunderthätigen Strick des Gehenkten, St. Johanneswasser, prophetische Flammen, glückliche und unglückliche Tage, Ostereier, Seelenwanderung, auferstandene Todte, Hexen, Liebestalismane in Volksgebräuchen gefunden.[2]

PITRÉ erzählt, dass Frauen in Palermo das ganze Jahr

---

[1] LEROY BEAULIEU, *Le sentiment religieux en Russie* (*Revue des Deux Mondes*, 15. April 1887).

[2] *Croyances et remèdes populaires au pays de Liège*, par AUG. HOCH, Liège, 1888.

hindurch die am Charfreitag gelegten Hühnereier aufbewahren,[1]
TIRABOSCHI erzählt dasselbe aus der Gegend von Bergamo, wo
solche Eier vorm Hinabstürzen bewahren sollen, und in der
Mitte des 16. Jahrhunderts schreibt P. DONATO CALVI, „dass
viele Weiblein die am Charfreitag gelegten Eier aufzuheben
pflegen, um damit eine Feuerbrunst zu löschen."[2] Am ver-
breitetsten ist die Furcht vorm Freitag, die auf die ersten
Zeiten des Christenthums zurückgeht. In Paris fahren auf den
Omnibuslinien täglich im Durchschnitt 317 000 Menschen, am
Freitag jedoch werden 27 000 Personen weniger befördert. Viele
tragen, ein wenig im Scherz, im Grunde aber doch im Ernst, das
Glücksschweinchen, oder hängen es kleinen Kindern um den Hals.
Der Gebrauch stammt aus der Römerzeit, wo dieses Thier
heilig war; bei der feierlichsten Form der Eheschliessung um-
wickelte die Frau (uxor-unxor), am Hause des Mannes ange-
kommen, die Thürpfosten mit Wollenstreifen und salbte sie
mit Schweineschmalz als Schutz gegen Verzauberung. Das
Festhalten an der uralten Religion ist selbst ein Beweis des Misoneismus. So ist der ins Prähistorische zurückreichende Brahmanismus vergebens von Mongolen, Persern, Tartaren, Muha-
medanern und Europäern bekämpft worden, und Buddha, der
zum Besten des Volkes reformatorisch auftrat, hatte dies nie
auf seiner Seite, so dass seine Lehre, die doch nur ein reiner
Brahmanismus war, von Indien nach China, Thibet und Ceylon
auswandern musste, um sich zu verbreiten. Ebenso war es
mit dem Judenthum. Das Christenthum entstand in Judäa
unter Hebräern, aber es ergriff nicht die Menge, die ihr un-
veränderliches Festhängen am uralten Aberglauben mit sich in
die weite Welt nahm.

4. Misoneismus in der Moral. — So tiefe Spuren kann
der Instinkt des Misoneismus, von der Religion genährt, hinterlassen, dass er eine Moral sui generis bildet und Gewissensbisse
verursacht bei Verstössen gegen die Convention, sei sie auch
noch so widersinnig, wie wir sie nur nach einem Verbrechen

---

[1] *Il venerdì nelle Tradizioni populari italiane.* Palermo 1888.
[2] TIRABOSCHI, *Rivista Europea,* August 1876.

empfinden würden. Ein Beweis dafür ist der von SANDER erwähnte Australier, der nach dem Tode seiner Frau erklärte, jetzt zwänge ihn seine Stammessitte, eine Frau einer anderen Horde zu tödten. Mit Gefängniss bedroht, verfiel er in Schweigen, wurde von dem Gedanken, seine Pflicht versäumt zu haben, gequält, entfloh endlich und kam nach einiger Zeit zurück, zufrieden, seine heilige Pflicht erfüllt zu haben.

5. Misoneismus in der Wissenschaft. — Auf dem Gebiet der Wissenschaft zeigt die Geschichte der Verfolgungen reformatorischer und erfinderischer Geister zur Genüge den schrecklichen Einfluss des Misoneismus, der um so intoleranter und fanatischer wird, je unwissender er ist. Man denke nur an COLUMBUS, GALILEI, SALOMON DE CAUS, den ersten Entdecker der Dampfkraft, den RICHELIEU nach Bicêtre schickte. Es geht damit soweit, dass keine moderne Entdeckung (Dampfkraft, Leuchtgas, Elektrizität, Photographie), sie sei gross oder klein, nicht zu wiederholtenmalen in verschiedenen Epochen entdeckt worden wäre, immer zum Schaden des Entdeckers und meist, um zum Kinderspielzeug zu werden. „La vapeur," schreibt TOURNIER, „était un jouet d'enfants au temps de Héron d'Alexandrie. Il faut que l'esprit humain et le besoin de notre race travaillent des millions de fois par l'expérience avant de tirer toutes les conséquences d'un fait." (*Le vieux neuf*, 1880.)

Im Jahre 1765 bot SPEDDING das Leuchtgas fix und fertig der Stadt Witchaven an, die es zurückwies, dann kamen CHAUSSIER, MINKELERS, LEBON und WINSOR, deren Kunst darin bestand, sich die Entdeckung anzueignen und sie auszunutzen. Die Kohle war im fünfzehnten Jahrhundert entdeckt worden, der Radbetrieb der Schiffe 1472, die Schiffsschraube 1792. Als PAPIN im Jahre 1707 ein Dampfschiff fahren liess, erntete er nur Spott und wurde als Charlatan behandelt. SAUVAGE, der die Erfindung endlich anwandte, konnte sein Werk vom Fenster des Gefängnisses aus, in dem er Schulden halber sass, betrachten. RICHET schreibt, es wären sozusagen erst wenige Tage her, dass das Telephon von der französischen Akademie als eine Utopie erklärt wurde. Die Daguerreotypie

tauchte zuerst in Russland im sechzehnten Jahrhundert auf,
dann erfand sie 1566 FABRICIUS in Italien und der dritte Entdecker war THIPHAIGNE DE LA ROCHE. Der Galvanismus
wurde zuerst von COTUGNO entdeckt und dann von DU VERNEY.
Selbst die Selektionstheorie gehört nicht DARWIN an, sie hat
in der Vergangenheit ihre tiefen Wurzeln. „Die heutigen
Thierarten existiren nur dank ihrer Schlauheit, Kraft und
Geschwindigkeit, die andern sind untergegangen,“ schrieb schon
LUCREZ.[1] Und als PLUTARCH gefragt wurde, warum Pferde-
arten, denen Wölfe nachstellen, so schnell sind, meinte er, die
langsamen wären eingeholt und gefressen worden. Das Attrak-
tionsgesetz NEWTONs findet sich schon in Werken des sechzehnten Jahrhunderts angedeutet, speciell bei COPERNICUS und
KEPLER, und ganz besonders bei HOOK. Dasselbe gilt weiterhin
für den Magnetismus, die Chemie, selbst für die kriminelle
Anthropologie, die fast alle italienischen Staatsmänner lange
Zeit in vollem Ernst für unmoralisch, für eine Schutzwehr
des Verbrechens hielten.

Als im Jahre 1760 die spanische Regierung die Strassen
Madrids fegen lassen wollte, entstand eine allgemeine Indig-
nation bis in die höchsten Kreise. Die Regierung wandte sich
an die Aerzte, und diese erklärten die Gefahren dieses Experi-
ments für ganz unberechenbar, denn gerade die schlechten Ex-
halationen der Strassen nähmen der Luft die ungesunden
Eigenschaften. In Spanien glaubte man 1787 nicht an die
Cirkulation des Bluts, an der Universität Salamanca durften
die Entdeckungen NEWTONs nicht gelehrt werden, weil sie der
Religion widersprächen; es fehlten Bibliotheken selbst in Madrid.
Als die Quecksilberminen von Almadeira keinen Ertrag mehr
lieferten, weil die Stollen senkrecht getrieben wurden, anstatt
der Ader zu folgen, wurde eine entsprechende Betriebsänderung
befohlen. Aber die Bergleute verweigerten die Arbeit, so dass
man Deutsche und Irländer kommen lassen musste, mit denen
man gute Resultate erzielte (BUCKLE). PIETRO VERRI beklagte
sich bitter, dass die österreichische Regierung unter Joseph II.

---

[1] C. LOMBROSO, Der geniale Mensch. Hamburg 1890.

die Häuser in Mailand numeriren und die Strassen beleuchten liess.[1] Der Chinese, schreibt JAMESEL,[2] blickt immer zurück, nie vorwärts; für ihn kommt alles Gute von den Ahnen; das Neue kann nur traurig sein, und wenn eine neue Erfindung einmal werthvoll ist, so muss sie so alt sein, dass man sie schon vergessen hat.

Nun, wir lachen über die Chinesen, aber wir machen es nicht anders; bei uns ist die Kirche das offizielle Bollwerk gegen jede Neuerung der Sittlichkeit und der Sitte; die Akademie das offizielle Werkzeug gegen das Genie und jede litterarische und wissenschaftliche Neuerung. Es giebt keine Entdeckung, die von den Akademien gefördert worden wäre, manche aber ist erbittert und erfolgreich bekämpft worden, weil sie zu Alliirten die öffentliche Meinung im grossen Haufen und in den Regierungen haben, die ja selbst grössten-theils dem grossen Haufen angehören.

Wie in meinem Werk über den genialen Menschen nach-gewiesen ist, sind nicht nur die Akademiker, die ja meist nur Buchgelehrte sind, sondern Forscher ersten Ranges die erbittertsten Gegner des Neuen; sie verwenden ungeheure Energie auf die Widerlegung der Entdeckungen Andrer, theils weil ihr gesättigtes Gehirn keine Uebersättigung mehr gestattet, theils weil sie eine specifische Empfindlichkeit für ihre eignen Gedanken besitzen und so für andre Ideen unempfänglich sind. So hatte der in der Philosophie so revolutionäre SCHOPENHAUER nur Worte des Mitleids und der Verachtung für politische Umstürzler und empfand darin so lebhaft, dass er sein beträcht-liches Vermögen zu einem Legat für die Soldaten machte, die 1848 die Freiheitskämpfer zurückgeschlagen hatten. Friedrich der Grosse, der eine nationale Politik betrieb und auch eine deutsche Kunst und Litteratur schaffen wollte, hatte keine Ahnung von der Bedeutung KLOPSTOCKS, HERDERS, LESSINGS, GOETHES, sein Misoneismus machte ihm das Wechseln seiner Kleider unerträglich, so dass er nur zwei oder drei Anzüge

---

[1] *Relazione sullo Stato del Milanese nel 1790. Scritti Vari di* P. VERRI, *editi da* CARCANO, T. II. — LOMBROSO: Der geniale Mensch.

[2] PEKIN, *Souvenirs*, 1889.

besass. Rossini wollte nie mit der Eisenbahn fahren, Napoleon
wollte nichts von Dampfmaschinen wissen, Baco verlachte
Gilbert und Copernicus, er glaubte nicht an die Förderung
der Naturwissenschaft durch exakte Instrumente und Anwendung der Mathematik (Draper, *Histoire du développement
intellectuel de l'Homme*, III. 280), Baudelaire und Nodier
hassten die Freidenker, Voltaire leugnete die Existenz von
Fossilien, Darwin bestritt die Steinzeit und den Hypnotismus,
wie Robin und Quatrefages die Darwinsche Theorie anfein-
deten. Laplace verneinte die Existenz von Meteoriten, da,
wie er unter einmüthigem Beifall seiner Mitakademiker sagte,
vom Himmel keine Steine fallen können, sintemal im Himmel
keine Steine sind, Biot bekämpfte die Undulationstheorie.[1]
Entdeckungen erwecken also, weil sie von vornherein das
Gefühl des Misoneismus verletzen, Widerwillen und Abwehr,
und werden erst dann geduldet und schliesslich angenommen,
wenn sie nach vielfältigen Wiederholungen den Menschen nicht
mehr so ganz unvorbereitet finden. So können ernste Männer
ihr Ansehen noch behalten, wenn sie den überlebtesten Aberglauben zu stützen versuchen; z. B. wenn sie, wie der Kardinal
Alimonda und der Jesuit Franco, den Hypnotismus für ein
satanisches Zauberwerk erklären, oder wie Brunetière behaupten, der Materialismus fände seine Anhänger nur unter
den Verworfenen. (*Revue des deux Mondes*, 1887—88.) Wer
aber ruhig und zurückhaltend die bescheidensten Theorien
äussert, die zum Positivismus führen (wie die Nichtexistenz
der Seele oder Gottes), oder eine Kritik auch nur der absur-
desten biblischen Schriften, gegen den erhebt sich einmüthig
der Protest der Massen. Die Ersteren, seien sie auch noch so
unvernünftig, werden an Ansehen nur gewinnen, weil sie den
instinktiven Misoneismus ermuthigen, die Andern, auch wenn
sie recht haben, gelangen nie zum Siege über den natürlichen
Widerwillen der Massen und auch der aufgeklärten Köpfe
gegen das Neue, wenn sie nicht ihr Ansehen und ihr ganzes
Leben zum Opfer bringen. Was ist das alles anderes, als
der Beweis für die Herrschaft des Gesetzes des Beharrens?

---

[1] Vergleiche Lombroso, Der geniale Mensch, 1890.

6. Misoneismus im litterarischen Leben. — Dem Misoneismus verdanken wir auch zum grossen Theil die Bewunderung für die Ueberbleibsel der antiken Welt, wenn sie auch noch so hässlich sind. Vater und Grossvater haben sie bewundert, und so finden sie offenen Eingang zu unserer Bewunderung und Verehrung. So wurde die Sanskritsprache in Hindostan, das Hebräische für die Juden und das Latein für viele europäische Christen eine Art von heiliger Sprache, und schliesslich auch ausserhalb des Kultus ein linguistischer Fetisch. So erklärt der enorme Einfluss der Grammatiker im Rom der Kaiserzeit und der Decadence, wie im Mittelalter, das Fortbestehen des modernen Grammatik-Fetischismus, der in der Zeit der Naturforscher und Mathematiker absurd erscheinen sollte; daher kommt auch jener ebenso absurde, ganz unausrottbare Glaube an den Klassicismus, auch bei ganz verständigen Leuten, durch den wir die besten Jahre unseres Lebens verlieren. Unter dem famosen Vorwand, Geschmack und Urtheil zu bilden, stammeln wir eine fast nutzlose Sprache, wie wenn eine moderne Sprache nicht ebensoviel leistete, mit viel grösserem Vortheil; aber der Klassicismus befriedigt ja in vielen Punkten den Hass gegen das Neue.[1]

7. Misoneismus in der Kunst. — Der Misoneismus triumphirt auch in der Kunst. Wenn man mit HELMHOLTZ und JANET (*Revue scientifique*, 1886) den Ursprung der musikalischen Gefühle sucht, so reduzirt er sich auf die Wiederholung eines Tons, und in der Malerei auf Symmetrie oder annähernde Symmetrie der Linien. Jedesmal, wo das Schöne ausserhalb der Symmetrie gesucht wurde, wie im Groteskstyl, erregte es vorübergehende Neugier und endete mit Misserfolg. Wir finden ein Kapitäl, eine Balkonwölbung aus Eisen nicht ästhetisch, weil wir nicht an den architektonischen Gebrauch des Eisens gewöhnt sind. So bevorzugten die Griechen in ihren Marmortempeln Motive, die an die Holzkonstruktionen ihrer Ahnen erinnern. (EXNER,

---

[1] Vergleiche zwei unerschrockene und wuchtige Artikel von GAAF (*Rivista di filosofia scientifica*, 1888) und SERGI (ebenda 1889), der zeigt, dass der Humanismus den Verfall, nicht die Blüthe der Wissenschaft begünstigt.

Revue scientifique, 1889.) Es ist wunderbar, in Selinunt zu sehen, wie die sizilianischen Griechen semitische Typen wiederholten, wie später die Normannen in der Physiognomie ihrer Statuen und ihrer Architektur den maurischen Typus reproduzirten.

8. **Misoneismus in der Mode.** — HÄCKEL hat dieses Gesetz des Beharrens selbst im kapriziösen Wechsel der Mode gefunden, er zeigte, dass der moderne schwarze Frack mit seinen Aufschlägen, seinen Knöpfen am Rücken nichts ist, als der Rest der alten Kriegstracht vor drei oder vier Jahrhunderten; die Weste ist der alte Kürass.

9. **Misoneismus in der Politik.** — In noch weiterem Umfange wirkt der Misoneismus in vielen sozialen und politischen Institutionen, die für modern gelten und doch nur als Ueberbleibsel anderer Epochen die Bewunderung und Anhänglichkeit der Massen finden, echte konventionelle Lügen bildend, wie NORDAU es nennt, die doch ihre Gläubigen und Apostel finden. Lüge ist der Glaube an den Parlamentarismus, der heute in Italien seine traurige Unfähigkeit in aller Blösse zeigt, und der Glaube an die Unfehlbarkeit von Menschen, die so oft unter uns stehen; Lüge der absolute Glaube an eine Gerechtigkeit, die mit enormen Kostenaufwand nicht mehr als ein Fünftel der Schuldigen trifft, zum grossen Theil Imbecille, während die Andern, oft bewundert und anerkannt, frei unter den Unschuldigen, die ihnen zum Opfer fallen sollen, umhergehen.

Ein grosser Theil dieser Lügen bleibt unangefochten, weil sie von Generation zu Generation überliefert und zur Gewohnheit geworden sind, deren gänzliche Nichtigkeit wir einsehen, ohne uns von ihnen losmachen zu können. Deswegen bleiben die Duelle, dieser Rest primitiver Rechtspflege, bestehen und dienen noch zur Lösung politischer Fragen (wie es kürzlich zwischen BOULANGER und FLOQUET der Fall war), und deswegen sind trotz der Opposition der Denkenden die Völker immer zum Krieg bereit wie zu einem Feste, und deshalb wird das unproduktive Kriegsbudget immer widerspruchslos bewilligt, ganz anders als der Etat des öffentlichen Unterrichts und des Ackerbaus, deren Erhöhung uns reicher und stärker und deshalb defensivkräftiger machen würde. Im politischen Leben schwören wir Lateiner mitten in der Revolution auf einen Mann, auf CAVOUR, auf MAZZINI; jede Partei hat einen Mann, auf den sie schwört. Eine Regierung oder eine Partei braucht nur kurze Zeit geherrscht zu haben, um überzeugte, sozusagen geborene Parteigänger zu hinterlassen, auch wenn ihr eine unendlich bessere Regierung gefolgt ist; das beweisen die getreuen Kämpfer für die Wiederherstellung von Regierungen, die man „negazione di dio" nannte, wie die der Bourbonen in Italien, der Carlisten in Spanien, der Legitimisten in Frankreich. Dasselbe gilt von Kasten, die eine Zeit lang geherrscht haben, denn die Kasten selbst entsprechen unserer Tendenz zur Unbeweglichkeit, und deshalb sind sie unausrottbar. Der Inder fürchtet nichts mehr, als den Verlust seiner Kaste. Der Bramine verliert sie, wenn er, auch unfreiwillig und gezwungen, Fleisch isst, wenn er nach Europa reist, wenn seine Speisen von Angehörigen anderer Kasten oder Religionen bereitet sind; noch schlimmer ist der Kontakt mit einem Paria, der sich entfernen muss, wenn er einen Mann von Kaste trifft, um ihn nicht seinen unreinen Emanationen auszusetzen. So beschränken die Kastenvorurtheile jeden Hindu nicht nur auf die soziale Gruppe, zu der er gehört, sondern auch auf die Profession, die er ausübt; sie unterdrücken jedes Nationalbewusstsein und konserviren die Gewohnheiten, die Unterschiede, bis zur Ausbildung anatomischer Rassencharaktere.[1] GAROFALO hat in einem werthvollen Werkchen bemerkt, dass sich bei uns die Spuren einer instinktiven Devotion gegen die Aristokratie selbst in den politischen Abstimmungen auf demokratischer Basis zeigen; ein Aristokrat wird stets, selbst einem Mann von grösseren Verdiensten, vorgezogen, und selbst die Anthropologen und Psychiater, die doch wissen, wie der Adel, wenigstens unter den Lateinern, so häufig degenerirt ist und deswegen physiologisch unter den Bürgern steht, — durch Müssiggang,

---

[1] M. DE LANESSAN: *L'extrème Orient et la colonisation moderne.* — *Revue scientifique*, 1888.

Verwandtenehe, etc. — ertappen sich auf unlogischen Instinkten der Unterwürfigkeit gegen den Adel, wie der Bauer eines Bergdorfs, der jeden vorübergehenden Städter grüsst; das sind im einem wie im anderen Falle noch ererbte Spuren der alten feudalen Unterdrückung.

Die theokratische Herrschaft ist seit einiger Zeit aus unseren Einrichtungen verschwunden, anscheinend wenigstens, aber man versuche einmal, eine Frage zu behandeln, die auch nur eine entfernte Beziehung zur Theokratie hat, z. B. die Ehescheidung, oder, wie vor einiger Zeit, die Aufhebung der Klöster, und ein gewaltiger Widerstand erhebt sich, freilich unter dem Deckmantel der liberalsten Grundsätze, der individuellen Freiheit, der Achtung der Frau, des Schutzes der Kinder u. s. w. — Auch die Herrschaft der Kriegerkaste ist überwunden, aber der kriegerische Instinkt schlummert nur im Volke, und das staatliche Budget hat Milliarden für unnütze Festungen, während man den armen Lehrern gegenüber mit den Hunderten geizt und sie mit leeren Lobsprüchen auf die Zukunft vertröstet. Wir haben heut, heisst es, Freiheit und Gerechtigkeit für Alle; im Grunde aber sind die Privilegien nur auf eine andere Kaste übergegangen, an Stelle der Priester und des Adels herrscht eine Handvoll politisirender Advokaten und lässt Alle Andern für sich arbeiten. Die Gerechtigkeit ist oft nur ein Wort, der moderne Mensch muss, wie NORDAU sagt, nicht nur vor allen Dingen sich selbst beschützen, ganz wie der Barbar, sondern muss auch noch bedeutende Geldopfer für einen Schutz bringen, den der Staat angeblich gewährt, aber nur in der Theorie, und diese Opfer kosten ungefähr ebensoviel, wie die Sache, um deren Schutz es sich handelt. Der ganze Mechanismus der Gesetze ist, wenn man näher zusieht, ein Arrangement zu Gunsten der Advokaten, unter ihrer Wirkung wandelt sich der Gewinn der unehrlichen Leute in ein fruchtbringendes Kapital für die Juristen; wie die Erde sich durch die Verdauungsarbeit der Regenwürmer in fruchtbaren Humus umwandelt.

In dem demokratischen Nordamerika liegt die Souveränität in den Händen von 2—300 000 Individuen, die gewerbsmassig

Politik treiben und unter deren Einfluss sich die Zahl der
Unionsbeamten in 30 Jahren von 3000 auf 100 000 vermehrt
hat. Selbst die Revolution von 1789, die alle Privilegien abschaffen sollte, hat an Stelle des Landadels nur die reiche
Bourgeoisie gesetzt, und dem kleinen Grundbesitz keinen Vortheil gebracht.[1] Unsere Arbeiter, wie sie LETOURNEAU, MO-
LINARI, VACCARO schildern, unsere Bauern, wie wir sie vor
Augen haben, stehen vielleicht noch schlechter, als die Sklaven
des Alterthums.[2] VILLARI glaubt, dass die Freiheit das Los
des Proletariats verschlimmert hat. Nach PANI ROSSI und
TURIELLO wiederholen sich die Gegensätze zwischen Lehnsherr
und Unterthanen heute zwischen Bourgeoisie und Proletariat.
(*Governo e governati*, 2a ed. pag. 267.)

Kurz, die Vergangenheit ist uns so in Fleisch und Blut
übergegangen, dass auch die Widerstrebendsten ihre kräftige
Anziehung empfinden. Wir mögen noch so freigeistig sein,
von Zeit zu Zeit fühlen wir uns doch von den Schmeichel-
künsten des Priesters angezogen, wir mögen Gleichheitsfreunde
sein, und doch fühlen wir Respekt vor den Erben unserer
Barone. Viele glauben wohl an die Nutzlosigkeit mancher
Gesetze, aber der Beifall der Menge begrüsst ihre Vertheidiger
allein darum, weil sie seit lange bestehen, und wenn der Fortschritt sich doch von Zeit zu Zeit Bahn bricht, kommt das
daher, dass Einflüsse des Klimas, der Rasse und die Einwirkung
genialer oder verrückter Menschen zu kleinen Bewegungen
führen, deren Summe im Laufe der Jahrhunderte schliesslich
eine grosse Bewegung darstellen. So meint NORDAU (und er
übertreibt dabei), dass der Fortschritt wenigen aufgeklärten
Despoten mehr verdankt, als allen Revolutionen. Aber auch
dieser Fortschritt ist sehr langsam. Wer ihn überstürzen
wollte, verstiesse gegen die physiologische Natur des Menschen;
deshalb ist eine Revolution, die nicht Evolution ist, patholo-
gisch und verbrecherisch. Deshalb sehen wir, dass in der
ältesten Gesetzgebung der Verstoss gegen die Sitte das schwerste

---

[1] MAYER et ARDESAT, *Question agraire*, 1880.

[2] DE MOLINARI, *L'évolution politique*; pag. 472. — LETOURNEAU,
L'évolution de la morale. — VACCARO, *Rivista di discipline carcerie*, 1888.

Vergehen, die schlimmste Immoralität darstellt; eine kurze Untersuchung wird uns lehren, dass hier der Ursprung aller Gesetze ist, die den Staat vor Angriffen gegen die politische Ordnung schützen sollen, aller Strafen für Attentate gegen das Staatsoberhaupt, von den Priestern, von den Häuptlingen wilder Horden an, welche der Misoneismus als die heiligen Hüter der Tradition betrachtete und die deshalb, während sie selbst volle Straflosigkeit genossen, jeden Angriff auf ihre Person zum Verbrechen stempelten.

10. **Misoneismus im Strafrecht. — Heiligkeit der Sitten.** — So erklärt sich, dass in der Bestrafung politischer Verbrecher die älteste Gesetzgebung mit unseren Anschauungen näher übereinstimmt, als mit denen der Zwischenepochen; denn damals zweifelte man nicht an der Schwere politischer Verbrechen, vielmehr wurden gewisse Vergehen nur bestraft, wenn sie aus politischen Gründen geschahen, und deshalb haben sich wohl bis auf unsere Zeit schwerere Strafen für politische Verbrechen als für andere erhalten. Das Gesetzbuch des Manu (Buch I., Artikel 108—9) drückt sich über die Ver· letzung des Herkommens so aus: „Das Herkommen aus unvor· denklicher Zeit ist von der Offenbarung als Hauptgesetz be· stätigt. Wer das Heil seiner Seele will, muss sich deshalb strengstens an das Herkommen halten. Wissend, dass das Gesetz sich auf uralte Sitten gründet, haben deshalb die Muni auf diese jede Sittlichkeit gegründet." In Indien haben nun die religiösen und sozialen Einrichtungen, allem Neuen ab· gewendet, den Zusammensturz der Tempel, die Siege der Eroberer und den Einfluss der Nachbarvölker überdauert, nur infolge der Zähigkeit mit der das alte Gesetz jeden Verstoss gegen die Religion und ihre Interpreten als das schwerste Vergehen brandmarkte. So stand der Tod in kochendem Oel jedem Sudra bevor, der so kühn war, einem Braminen Rath· schläge ertheilen zu wollen, und es galt für Revolte, wenn er nicht blind ihre Haltung, die der Meister, der Vater der ganzen Schöpfung billigte. (*Manu* VIII. 272.) Dementsprechend beging der Bramine ein Verbrechen, wenn er ins Ausland ging, mit einem Ausländer zusammenwohnte oder von ihm

bereitete Speisen genoss (siehe oben). So war auch bei den
Hebräern die Auflehnung gegen die Meinung der Priester ein
Kapitalverbrechen: „Den Richtern sollst du nicht fluchen,
und den Obersten in deinem Volke sollst du nicht lästern,
II. Mose XXII. 28.“

„Und wo Jemand vermessen handeln würde, dass er dem
Priester nicht gehorche, oder dem Richter, der soll sterben,
V. Mose XVII. 12.“ Die Egypter bewahrten viele Jahrhunderte den ganzen Text ihrer Gesetze mit göttlicher Verehrung. In Bubastis sah DIODORUS SICULUS eine Säule mit
der Inschrift: „Ich bin Isis, die Königin des ganzen Landes;
von Hermes erzogen, habe ich Gesetze gegeben, die Niemand
abschaffen kann.“ Die Egypter trieben die Liebe zur Unbeweglichkeit so weit, dass sie unabänderliche Gesetze für
Malerei, Skulptur, Gesang und Tanz hatten und jeden für
albern hielten, der sie übertrat.[1] Selbst die Kritik der in den
heiligen Büchern angegebenen Medikamente war ein Sakrilegium. Ein Arzt, der anders vorging, konnte im Fall des
Misserfolges zum Tode verurtheilt werden.[2] In Peru war das
Volk so ans Herkommen gebunden, dass Niemand die Wohnung und die Tracht ändern durfte ohne die Erlaubniss der
Regierung. In China war es viele Jahrhunderte nicht anders.
Es ist bekannt, wie dieses Land sich noch heute gegen die
aus Europa kommenden fortschrittlichen Ideen sträubt. Als
im Jahre 1840 ein Schiffseigenthümer einen europäischen
Anker angeschafft hatte, liess die Regierung das Schiff zer-
stören und seinen Führer bestrafen. In den Büchern der

---

[1] PLATO, Leges liber, II. „Seit langer Zeit erkannte man bei den
Egyptern, dass die Jugend sich in der Haltung und Melodie nur des
allervollendetsten bedienen darf; deshalb sind ausgewählte Modelle bestimmt, die man in Tempeln aufstellt, und es ist den Malern und Künstlern verboten, Neuerungen einzuführen, sich in irgend einer Weise von
dem durch Landesgesetze bestimmten zu entfernen. Dasselbe gilt für
alles, was zur Musik gehört. Wenn daran festgehalten wird, werden
sich bei ihnen Werke der Malerei und der Skulptur finden, die vor
10 000 Jahren entstanden sind und doch nicht mehr oder weniger Schönheit besitzen, als die von heute, die nach denselben Regeln gearbeitet sind.“
[2] THONISSEN, Études sur l'histoire du droit criminel. Bruxelles 1869.

Dynastie HIA finden sich merkwürdige Beispiele von Misoneismus. So liest man darin: „Wer durch Aenderung der
Worte die Gesetze verdirbt, — wer Titel nicht achtet und
die Regeln ändert, — wer falsche Lehren verkündet, um die
Regierungen zu stören: Todesstrafe. — Wer leichtfertige Musik
komponirt, — wer sonderbare Gewohnheiten aufbringt, — wer
künstliche Maschinen fabrizirt und ungewöhnliche Vorrichtungen,
um den Geist des Fürsten zu beeinflussen: Todesstrafe." Unter
den Verboten, die nur eine Geldstrafe einbringen, liest man
folgendes: „Auf dem Markt dürfen nicht verkauft werden:
gewöhnliche Werkzeuge, die nicht das gesetzliche Mass haben,
— Leinwand und Seide, wenn sie nicht die gesetzliche Anzahl
von Fäden haben oder die gesetzlichen Dimensionen, — leichtfertige (sic!) Farben, welche die hergebrachten Farben stören,
— Holz, welches nicht das gesetzliche Mass hat."

Es giebt einen wahrhaft physiologischen Misoneismus, der
keine ungewöhnlichen Farben erlaubt, den wir bei Naturvölkern und sogar bei Thieren finden, und der den Gebrauch
einer bestimmten Farbe für unmoralisch und verbrecherisch
hält.[1] In allen griechischen Staaten galt das Sakrilegium und
somit der Verstoss gegen Gebräuche und ganz absurde Glaubenssätze als politisches Verbrechen. SOKRATES wurde verurtheilt,
weil er nicht an die alten Götter Athens glaubte und neue
einführen wollte. Selbst der Aberglaube des Volks wollte
respektirt sein. ANAXAGORAS wurde ins Exil geschickt, weil er
die Sonne für eine glühende Steinmasse erklärt hatte. CLEANTHES
von Samos verlangte in Athen eine Anklage gegen ARISTARCH
wegen Gotteslästerung, weil er behauptet hatte, die Erde kreise
in einer geneigten Bahn längs des Zodiakus und rotire dabei
um ihre Achse.

In Sparta drohte jedem Bürger Degradation, der dem
Volke die Abschaffung der lykurgischen Strafen wegen Mord
vorschlagen würde. Bei den Dajakken galt es als Vergehen,
die Bäume mit schrägen Schnittflächen zu fällen, — die Moral

[1] GONCOURT bemerkt in seinem Journal (pag. 17), dass, wenn die
Revue des Deux Mondes die Farbe ihres Umschlags änderte, sie mindestens 2000 Abonnenten verlieren würde.

verlangte Schnittflächen parallel zur Achse. Im alten Russland, schreibt STEPNIAK,[1] verurtheilte das ökumenische Konzil
die Einführung neuer Frisuren als Sünde und im Jahre 1563
wurde die erste Druckerei als Teufelswerk geschlossen.

In Italien steht es noch in lebendigem Angedenken, dass
die Aenderungen der einfachsten Gewohnheiten als Staats-
verbrechen betrachtet wurden, wie die früheren despotischen
Regierungen nicht nur wirkliche Aufrührer, sondern auch die
Gegner des Zopfes als ihre Todfeinde betrachteten.

III.
Philoneismus.

Die oben entwickelte, zuerst in Frankreich in der *Nouvelle
Revue* veröffentlichte Theorie, hat auf Seiten der Herren
BRUNETIÈRE, PROAL, TARDE, JOLY und MERLINO einigen Widerspruch hervorgerufen. „Die Kinder,“ sagen sie, „die Frauen,
die Wilden sind neugierig und haben eine Vorliebe für alles
neue; und die Misoneisten sind durchaus nicht Ignoranten, —
Sie selbst nennen ja unter ihnen Akademiker: die Künstler
haben nur dann Erfolg, wenn sie neue Bahnen einschlagen;
alle Völker haben eine Vorliebe für Veränderung, das beweisen
ihre Auswanderungen und Invasionen; die grosse Barbaren-
Invasion ist ein eklatantes Beispiel hierfür.“

„Wie kann man auf so gebrechlicher Basis eine Theorie
des politischen Verbrechens aufbauen?“

„Im übrigen giebt es ebensowohl Neophilen als Misoneisten; die einen ergänzen die andern.“

„En chacun de nous,“ schreibt TARDE, „à côté de l'habitude,
sorte de misonéisme physiologique, existe le caprice; à côté du
penchant à se répéter, le penchant à innover. Le premier de
ces deux besoins est fondamental, mais le second est l'essentiel,
la raison d'être de l'autre.“[2]

Um auf alle diese Einwürfe antworten zu können, ist es
zuerst nothwendig, sich zu verständigen.

---

[1] *La Russie sous les Tsars*, Paris 1881.
[2] *Revue philosophique*, Octobre 1890.

Kleine Neuerungen, Capricen, die das Bewegungsbedürfniss unserer Organe, eben weil sie lebendig sind, befriedigen, werden gewiss, — ich wiederhole es, von allen sehr willkommen geheissen werden, nach Massgabe, wohlverstanden, unseres Geschlechts, unseres Alters und unserer intellektuellen Bildungsstufe. Das kleine Kind ist glücklich über ein Spielzeug, es empfindet Furcht oder Schrecken beim Anblick einer Maske oder eines grösseren oder selbst kleinen Thieres; ich habe Kinder gesehen, die sich vor einem Sperling, einer Fliege erschrecken. Die Frau liebt es, sich bizarr herauszuputzen, neue Kleider zu tragen, sie sieht mit Entzücken Galavorstellungen im Theater, aber sie hat einen Horror vor Aenderungen der hergebrachten religiösen Gebräuche und vor allen neuen Erfindungen, was oft so weit geht, dass sich viele noch jetzt weigern, mechanisch gewebte Stoffe zu tragen; ja selbst die Nähmaschinen haben nur sehr langsam unter ihnen Verbreitung gefunden.

Und wenn man schliesslich behaupten wollte, dass die Wilden das Neue lieben (MERLINO), weil, nach ELLIS, einige unter ihnen nach der Bibel verlangten, — die sie vielleicht für ein Spielzeug hielten, oder nach Waffen, deren nützlichen Gebrauch sie kennen gelernt hatten, — so heisst das, ihre Natur missverstehen; denn selbst nach vielen, im Kontakt mit der europäischen Civilisation verbrachten Jahren, — selbst nachdem sie europäische Bekleidungs- und Schmuckgegenstände getragen hatten, kehrten sie nackt in ihre Wälder zurück, wo warme Kleidung durchaus nicht als Luxusartikel zu betrachten wäre.

Wenn man mit dem Kardinal MASSAIA annehmen wollte, dass sich die Wilden gern impfen lassen, so darf man dabei nicht vergessen, dass die Impfung selbst bei uns noch eine grosse Zahl ganz entschiedener Gegner hat. Erzählt nicht STANLEY, dass, als auf seiner letzten Reise eine Pockenepidemie sich im Lager verbreitet hatte, viele seiner Träger, obgleich sie sahen, dass die geimpften Zanzibariten nicht starben, — sich standhaft gegen die Impfung sträubten?

Nach TARDE „verträgt sich die abergläubische Bewunderung und enthusiastische Verehrung barbarischer Völker für

die verschiedenen Formen von Geistesstörung, die sie oft
Prophetie oder Heiligkeit nennen," — nicht mit jener Abneigung für alles Neue, d. h. Ungewöhnliche, die ich ihnen allzu
freigebig zuschreibe. — Aber das Motiv dieser Bewunderung
ist nichts anderes, als Furcht, vereint mit Unwissenheit, die
sie eine Krankheit für die Inspiration eines Gottes halten lässt.
Uebrigens bin ich weit entfernt davon, den Einfluss der Irren
auf Philoneismus und auf Revolutionen zu leugnen (wie man
in der Folge dieser Arbeit sehen wird), obwohl man allerdings,
wenn man z. B. die „Santous" in Afrika und ihre Obscönitäten
beobachtet, zu der Ansicht kommt, dass es nicht ihre Neuerungs-
sucht ist, wegen welcher die Irren bei barbarischen Völkern
in so hoher Verehrung stehen.

Was nun den Akademiker betrifft, so wird er wohl eine
neue Art von Schorf, oder die Entdeckung einer neuen phöni-
zischen Inschrift, die ihm den Namen eines Stammeshäuptlings
verräth, bewundern, und über die grössere Krümmung einer
Schnecke in Entzücken gerathen, — aber Telephon, Telegraph,
Eisenbahn und Darwins neue Gesetze wird er in Acht und
Bann sprechen. — Auch der Künstler wird gern eine neue
Arabeske zeichnen oder den vorherrschenden rosa Farbenton
in einen blauen umwandeln, aber niemals, — so lange er noch
Anfänger ist, wenigstens — neue Bahnen einschlagen. Beweise
hierfür sind der Hass aller höheren und akademischen Klassen
gegen Zola, Balzac und Flaubert, der Prozess gegen Letzteren, und die allgemeine Entrüstung, die Goncourt, Boïto,
Rossini und Verdi erregten. Der Erste, jedenfalls, der auf
dem Gebiet der Litteratur, Malerei etc. neue Wege betritt,
findet nichts als Hass und Verachtung.

Und wenn wir über die unverrückbar feststehenden Vor-
bilder der egyptischen Kunst lachen, — so bedenken wir nicht,
dass die Madonna und der Jesus unserer Maler sich seit 18
Jahrhunderten nicht verändert haben.

Es ist also nicht wahr, was man mir in Frankreich[1] vor-
wirft, dass der Nachweis des Misoneismus im Schosse der

---

[1] *Journal des économistes*, 1890.

Akademie ausschlösse, dass er viel stärker unter den unwissen-
den Klassen auftritt.   Jede Klasse, jede Kaste hat ihre proportionelle Unwissenheit und ihre ebenfalls proportionelle Abneigung gegen das, was sie nicht weiss.   Das haben wir auch
für das Genie nachgewiesen, das in gewissen Richtungen
erhaben ist, um in anderen dafür untergeordnet zu sein, und
einen ferneren Beweis dafür finden wir in der Opposition der
allereifrigsten Neophilen, der Anarchisten, gegen diese Theorie
des Misoneismus, wodurch sie selbst eine Bestätigung für dieselbe liefern.   BISMARCK verachtet den Parlamentarismus, die
Friedensbestrebungen und sogar das lateinische oder vielmehr
europäische Alphabet; FLAUBERT und ROSSINI hatten einen
Abscheu vor Eisenbahnen.   Die europäischen Staatsmänner
sind wohl nicht alle Genies, ebensowenig aber sind es Menschen,
denen es an intellektueller Kultur fehlt, — wie lässt es sich
da erklären, dass sie sich alle mit Zähigkeit und immer zu-
nehmendem Eifer befleissigen, Armeen und Waffen zu ver-
stärken bis zum Ruin der Völker, und zwar zu einem grösseren,
vollständigeren Ruin, als den ein unglücklicher Krieg herbei-
führen könnte.   Und alles das zu dem Zwecke — erklären
sie, und sie scheinen aufrichtig zu sein — um den Krieg
sicherer zu vermeiden; heute, wo der vierte Theil des zu
Militärzwecken ausgegebenen Geldes genügen würde, die Völker
glücklich zu machen, indem man den sozialen Fragen, die den
Staatsmännern angeblich sehr am Herzen liegen, eine Lösung
geben könnte, die jetzt, im Gegentheil, immer unerreichbarer
wird.   Der eigentliche Grund dafür liegt in ihrer Abneigung,
neue Bahnen zu betreten, in ihrer Tendenz, sich an die alten,
noch bis zur Epoche der Kriegerkasten zurückreichenden Gewohnheiten zu klammern.   Es ist Thatsache, dass bei einer
grossen Zahl — wenigstens in Deutschland — ein stattlicher
Garde-Sergeant weit höher in der Achtung steht, als ein Ge-
lehrter.   Es ist im Parlament nicht erlaubt, den Bau einer
Festung, so kostspielig er auch sei, zu diskutiren, während sich
doch alle an der Berathung über die Errichtung einer Schule
betheiligen dürfen.   In Frankreich, Deutschland und Italien
heisst das Kriegsbudget berühren — so steril und zerstörend

es auch sein mag — soviel als Hand an die heilige Lade
legen; wer es thut, ist ein Reichsfeind.

Aber die Wissenschaft ist eine neue Sache und die Kriegs-
kunst lässt sich bis aufs graueste Alterthum zurückführen; sie
schreibt sich von Achilles her — wenn nicht von Cain.

Uebrigens befinde ich mich durchaus nicht im Widerspruch mit mir selbst, wenn ich behaupte, dass die modernen
Franzosen eine Vorliebe für „Nouveautés" haben, ebenso wie
ihre Vorfahren. Ich bin ein zu grosser Freund der Franzosen
und zu sehr von ihnen geschätzt, um ihnen zu schmeicheln
und nicht meine volle Meinung zu sagen. Frankreich steht
unbestreitbar an der Spitze der romanischen Rassen, aber
ebenso — vielleicht sogar noch mehr wie die übrigen — zieht
es die „Nouveautés" dem Neuen vor. Es hat immer die
stürmische Bewegung der Revolution mehr geliebt, als ihre
nützlichen Resultate. Die grosse religiöse Reform, der Protestantismus, hat Frankreich berührt, aber nicht durchdrungen.
Die grosse konstitutionelle Reform hat erst zweieinhalb Jahrhunderte nach ihrem Zustandekommen in England, in Frankreich Wurzel geschlagen.

BALZAC schreibt:[1] „Frankreich ist das Land des ewigen
Provisoriums, obwohl man den Franzosen nachsagt, dass sie
die Veränderung lieben." Alles Neue, was die Franzosen annehmen, muss derart sein, dass es sie nicht in ihrer Gewohnheit stört, — sind sie es doch auch, die das Wort Routine
erfunden haben.

Sie wechseln gern ihre Moden, Minister und äusseren
Regierungsformen, aber im Grunde steckt immer noch ein
Rest von Anhänglichkeit an Druidenthum und Cäsarismus in
ihnen. Es ist noch nicht lange her, dass in der Vendée und
der Bretagne die Priester das Scepter führten. Mitten in der
Republik sah man die Franzosen für den Papst Krieg führen.
Obgleich sie FOURIER und PROUDHON gehabt haben, ja obgleich sie, was noch mehr ist, allgemeines Stimmrecht besitzen,
haben sie doch, ausser dem der probi-viri, kein soziales Gesetz,

---

[1] *Les paysans*, pag. 166.

welches die gerechten Ansprüche der Armen, der Arbeiter befriedigt.

Es ist ja wahr, dass sie die Jacquerie und die neunundachtziger Revolution gehabt haben, aber das waren nur Explosionen, die sie einen Moment hoch erhoben, um sie bald darauf noch tiefer sinken zu lassen; schon ein paar Jahrhunderte nach der Jacquerie sah man dasselbe Bauerngeschlecht die Pferde küssen, welche die Couriere mit guten Nachrichten von der Gesundheit des Königs zu ihnen getragen hatten (MICHELET), und welches Königs! Ludwigs XV., den man eher den Henker, als den Regenten seines Volkes nennen könnte; und nachdem sie soviel Könige und Kaiser fortgejagt hatten, wären sie beinah, wenn sich die höheren Bevölkerungsklassen der Hauptstadt nicht widersetzt hätten, wieder dem Kaiserthum, und zwar einem Lumpen-Cäsar, wie Boulanger, verfallen.

Im übrigen zeigen auch einige Einzelheiten, die ihre Physiognomie besser charakterisiren, wie sehr konservativ sie im Grunde sind; denken wir z. B. an die Verehrung, die man unter den höheren Klassen für die Akademien hegt, und ihre Leidenschaft für feudale Titel und Orden, die fast ebenso gross ist, wie in Italien.

„Frankreich ist akademisch," schrieb DE GONCOURT in *Manette Salomon.*

SARCEY erzählt, dass als während der Belagerung von Paris das Fleisch der Thiere des Jardin des Plantes als Nahrungsmittel verkauft wurde, die Leute aus dem Volke lieber hungerten, als davon zu essen, so dass dies Aushilfsmittel nur den Gebildeten zu gute kam.

Man weiss, welchen Widerstand die Franzosen unter tausend Vorwänden jeder Reform ihrer Orthographie entgegenstellen, einer Orthographie, die oft nichts weiter ist, als der alte Rest einer früheren Aussprache.

Kürzlich schrieb mir ein Ingenieur aus Bordeaux, der einen sehr bequemen Apparat zum Ausladen von Waren aus Schiffen auf den Quai erfunden hatte, dass eben dieser Apparat bei den Stauern des Hafens, die den grössten Vortheil daraus ziehen könnten, auf energischen Widerstand gestossen wäre.

Die medizinische Fakultät von Paris hat seiner Zeit nicht nur Brechweinstein, Pockenimpfung, Aether und Narkose und Antisepsis mit Acht und Bann belegt, sondern auch die Aerzte, welche sich bei ihren Besuchen nicht nach alter Sitte des Maulthieres, sondern des Pferdes bedienten.[1]

Ist nicht in dem aufgeklärten Deutschland der Antisemitismus Modesache geworden? Und macht Russland ihn nicht gar zum Verwaltungsgesetz?

Hat man nicht in einigen Gegenden Siciliens die alte Methode der Einbalsamirung und Bemalung der Leichen beibehalten, die bei den Egyptern in Gebrauch war? (PITRÉ.)

Ein Prozess, der sich kürzlich in Turin abspielte, liefert Beweise dafür, dass nicht nur das gemeine Volk, sondern auch viele, den höheren Ständen angehörende Personen, sich in Krankheitsfällen mit Mitteln behandeln, die sehr stark an die der alten Zauberinnen erinnern.

Alles das beweist, dass der Philoneismus viel mehr Ausnahme, als Regel ist.

Man macht mir die Einwendung, dass die Völker so sehr die Veränderung lieben, dass sie immer Emigrationen gemacht haben; aber ehe man diese Behauptung aufstellt, sollte man erst den sie zu den Auswanderungen treibenden Motiven näher auf den Grund gehen.

Die Bauern sehen täglich den Preis ihrer Arbeit geringer werden, und doch verlassen sie ihre heimathliche Erde nicht, diese Erde, die sie mehr lieben, als sich selbst, und an der sie fester haften, als unter dem Druck des Lehnsrechts. (ZOLA.)

Wenn die durch schlechte Beschaffenheit der Cerealien erzeugten Epidemien, wie die Pellagra und Akrodynie, wenn tödtliche Krankheiten und grausame Hungersnoth sie zu Tausenden hinraffen, dann erst, und auch dann noch nicht immer, entschliessen sie sich, die Heimath zu verlassen — und lange Jahre hindurch bewahren sie die Erinnerung an dieses Vaterland, das ihnen nur Krankheit und Leiden gegeben.

Ich habe die armen, auswandernden Trevisaner sagen hören: „wir können nicht mehr als sterben, das Leben hier

[1] *Revue scientifique*, 1889.

ist ein sicherer Tod, und nur deshalb haben wir uns entschlossen, auszuwandern."

Bezüglich der Völkerwanderung ist es ein überwundener
Standpunkt, anzunehmen, dass sie das Resultat einer plötz-
lichen Bewegung war, einer die Massen mit sich fortreissenden
Caprice, für die es fast gar keine bestimmten Ursachen gab.
— Im Gegentheil wird heute allgemein angenommen (und
TACITUS erwähnt es schon, *Annal. lib.* II., 62), dass diese
Bewegung eine sehr langsame war, die 300 Jahre vor Christi
Geburt begann, und in der die Cimbern, die aus Jütland
kamen, eine Theilerscheinung bildeten.

Der Uebergang über die Ostsee war eine leichte Sache;
die Küstenbewohner hatten Boote in genügender Anzahl und
von Carlskrona bis zu den nächsten Häfen Russlands und
Pommerns beträgt die Entfernung nur 34 Meilen.

Die Germanen, viel mehr Jäger als Ackerbauer, waren
dadurch schon genöthigt, ihren Wohnsitz häufig zu wechseln.
Das Wild verschwindet, wie bekannt, ungeheuer schnell, und
dieser Umstand zwingt die von der Jagd lebenden Völker
unaufhörlich grosse Ländergebiete zu durchstreifen. So sind
also in diesem Falle die Wanderungen nur ein Resultat des
Trägheitsgesetzes, weil die Völker es nicht verstanden, ihre
höchst prekäre Lebensform durch eine andere, stabilere, zu
ersetzen. Sie hatten keine Städte, aber bewegliche Dörfer, die
sich mit denen der Wilden in Afrika vergleichen lassen. Wie
alle nomadischen Jägervölker, verliessen sie, sobald ihnen die
Hoffnung auf Beute winkte, ihre Wälder und machten sich mit
Weibern und Kindern auf den Weg, immer in der Hoffnung,
wärmere Regionen zu erreichen. Viele Jahre hindurch waren
ihre Anstrengungen ohne Erfolg, weil sie, bis zu den Zeiten
MARC AURELS, ähnlich wie die Wilden Amerikas, in eine
grosse Zahl (40) einzelner, auf ein ungeheures Gebiet verstreuter,
beständig einander befehdender Stämme getheilt waren. Gänz-
lich unbekannt mit dem Gebrauch des Kupfers, nur wenig
geübt in der Bearbeitung des Eisens, theilweise ohne Reiterei,
waren sie ohnmächtig gegenüber den römischen Legionen,
deren Taktik ihnen überdies völlig fremd war. (OIPOLLA, ms.)

Die Stämme der Germanen, der Sueven, der Gothen hatten, aus Italien vertrieben, schon tiefe Wurzel im gallischen Boden geschlagen. Cäsar (*de bello Gallico*) spricht von Ariovist und den Sueven, die er antraf, als von seinen furchtbarsten Feinden, und er berichtet, dass die Germanen unaufhörliche Einfälle in Gallien machten. Im Innern dauerte das Hinund-undherziehen fort, auch in der Zeit nach Augustus trafen die Römer die einzelnen Stämme nicht immer in denselben Bezirken, wie Procopius, Paulus Diakonus u. a. berichten. Noch nach dem Tode Neros führte der bis dahin in römischen Diensten stehende Civilis 8 Kohorten seiner Landsleute nach Gallien, wo er eine Niederlage erlitt, aber sich auf Grund eines Vertrages in der Nähe der Gebiete ansiedelte, die er überfallen hatte. (Gibbon 153.)

Als Rom in seinem Verfall anfing, den Ersatz für seine Armee unter den Deutschen zu suchen, und zu diesem Zwecke ganze Sippen, vielleicht selbst Stämme von Germanen die Grenzen seines Reichs überschreiten liess, fand es sich in weiten Gebieten waffenlos einem Feinde gegenüber, der schon auf römischem Boden fusste, mit römischen Waffen focht, und, was noch schlimmer war, Roms Taktik, seine Geldquellen, seine Schwächen kannte. Schon unter Tiberius war man sich darüber klar, dass die auswärtigen Hülfstruppen die Hauptstärke der kaiserlichen Armee ausmachten (Nihil validum in exercitu nisi quod externum); anfangs den Legionären an Zahl gleich, waren sie, als die Bürger den Kriegsdienst flohen, und als unter Gallienus Senatoren keine Kommandos mehr übernehmen durften, viel zahlreicher als die Legionssoldaten. Dazu kamen andere Ursachen sekundären Ranges. Wenn, sagt Gibbon, der Hunger sich meldete, wussten sich die Germanen nicht anders zu helfen, als dadurch, dass sie ein Drittel oder Viertel ihrer jungen Krieger aussandten, um anderwärts ihr Glück zu versuchen. Nach Paulus Diakonus lag der Grund jeder Wanderung in dem Missverhältniss zwischen der Bevölkerungsziffer und den Existenzmitteln. Da sie nicht Ackerbauer waren, klebten sie nicht an der Scholle, eine Epidemie, Nahrungsmangel, ein Sieg oder eine Niederlage, ein Orakelspruch oder die Beredsamkeit eines Führers genügten, um sie in die wärmeren Länder des Südens zu treiben. Und Germanien war damals anscheinend viel kälter als jetzt, und kinderreicher. Die Hunnen zogen nach Westen auf der Flucht vor einem siegreichen Feinde; religiöser Fanatismus trieb die arabischen Nomaden gegen die grossen Staaten der Perser und Byzantiner. Ein abergläubischer Schreck scheuchte die Cimbern und Teutonen auf und liess sie sich auf Gallien und Italien stürzen[1].

Häufig veranlasste allerdings auch Neigung zum Trunk eine Invasion. Nach einer, freilich von manchen Historikern angezweifelten Ueberlieferung wären die Langobarden nach Italien herabgestiegen, weil ihre Begehrlichkeit durch italienisches Obst angeregt worden wäre, das ihre Landsleute, die unter NARSES gedient hatten, mit nach Hause gebracht hatten. Alle diese Motive genügen zur Erklärung dieser langsam unter den nordischen Völkern entstehenden Unruhe, die schliesslich zu einer unaufhaltsamen Bewegung führte, und ihr Beharrungsvermögen neutralisirte.

Dieser so angeregte Bewegungsdrang erschöpfte sich nicht mit der Arbeit der Eroberung, wie der auf diesem Gebiet so kompetente Cipolla bemerkt, sondern gerade kraft des Trägheitsgesetzes, wonach eine gegebene Bewegung sich solange fortsetzt, bis der Reibungswiderstand sie hemmt, setzte dieser Wandertrieb sich fort, in den Kreuzzügen, in der normannischen Invasion Siciliens und in jenen Wanderepidemien des Mittelalters, die man als eine Fortsetzung des drei Jahrhunderte vor Christi Geburt beginnenden Vorstosses nach Süden betrachten kann; die Bewegung wurde eine Gewohnheit, selbst dann, als die Nothwendigkeit nicht so gross war, wie einst.

Ein anderer Grund für den Philoneismus besteht in den successiven Bewegungen, die im Gefolge der ersten Bewegungen auftreten. So war MOHAMMED, nach Ansicht vieler Historiker, eine Fortsetzung der christlich-jüdischen revolutionären Initative. „MAHOMET fut un nazaréen, un judéochrétien.

---

[1] *Revue des deux Mondes*, 11. Juli 1889, BERTHOLLET.

Le monothéisme sémitique reprit par prises droits et se vengea
des complications mythologiques et polythéistes que le génie
grec avait introduites dans la théologie des premiers disciples
de Jésus".[1]

Mehr noch: in den Revolutionen und besonders in den
Revolten überstürzt sich der Fortschritt, der Philoneismus,
wenn er einmal angefangen hat, — nach dem Gesetz der be-
schleunigten Bewegung und nach demselben Gesetz der Trägheit — bis zu den äussersten Extremen, was dann gerade
seinen Ruin herbeiführt.

So kommt CROMWELL in einem fast feudalen, ultra-
monarchischen Reiche zum Königsmord, zur demokratischen
Republik, oder er wird vielmehr durch seine Partei (die des
Parlaments von Barebone), in welcher der Titel Lord in Ver-
gessenheit gerathen ist, dazu getrieben, und seine Verbündeten
gehen so weit, die Advokaten, die Universitäten abschaffen zu
wollen, das Tanzen, das Schauspiel und selbst die Weihnachts-
festlichkeiten zu verbieten, die Statuen aus Anstandsrück-
sichten zu verstümmeln und die geweihten Bilder zu ver-
brennen (MACAULAY). Daher eine Reaktion, welche unter
KARL II. durch Parlamentswillen zur absoluten Gewalt kommt.
— Im Christenthum ging man bis zur Kastration, bis zur
Abschaffung des Eigenthums — die Excesse von 1789 sind
bekannt.

Die Ebionim, die die ersten Schritte des Christenthums
lenkten, wurden, ein Jahrhundert später, ein Aergerniss für
die Kirche, ihre Doktrin eine Lästerung.[2]

Eben diese, durch allzu grosse Erregung der Leidenschaft
verursachte Tendenz ist es, die alle Revolten fehlschlagen, sich
durch ihre eignen Excesse vernichten lässt und die alle Erfolge
der Revolutionen zerstört oder doch erheblich verringert.

Die ernsteste Einwendung gegen den Misoneismus bildet
so den stärksten Beweis für ihn. Wie die Pflanze, wie das
Thier, wie der Stein, bleibt auch der Mensch wenig beweglich,
wenn ihm nicht ein Hinderniss in den Weg tritt, in Gestalt

---

[1] RENAN, l'Eglise Chrétienne, p. 282.
[2] RENAN, l'Eglise Chrétienne, p. 282.

der äusseren Kräfte und in Gestalt des Trägheitsgesetzes; dann wird er zuerst völlig unbeweglich, um darauf in das alleräusserste Extrem überzugehen, und dann wieder in eine oft noch grössere Unbeweglichkeit zu versinken.

Diese Veränderungen sind jedoch sehr langsam, denn das Trägheitsgesetz — wie alle primitiven Neigungen — trägt immer den Sieg davon, und führt, wie wir gesehen haben, sehr leicht zu Rückfällen. Diese Tendenzen gehen in neuen Bewegungen nur dann auf, wenn deren Ursachen fortgesetzt anhalten und dabei wachsen.

Es ist wahr, der Philoneismus, der Fortschritt feiert auch manchmal Triumphe, wenigstens bei der weissen und bei vielen gelben Rassen, aber er ist nicht das Resultat einer plötzlichen Bewegung, oder einer natürlichen menschlichen Neigung, sondern der Erfolg äusserer, physischer, socialer (Geistesstörung, Elend, Invasionen) oder historischer Kräfte, welche das Trägheitsgesetz abgelenkt haben; es ist also die schliessliche Resultante — wie man in der Sprache der Physik sagen würde — dieser kleinen und unmerklichen Veränderungen, die dem Menschen, je nach seinen Verhältnissen eigenthümlich sind, verbunden mit jenen bedeutenderen, obwohl im Augenblick unfruchtbaren Bewegungen, die von genialen oder überspannten Menschen hervorgebracht werden, und mit jenen, noch mächtigeren, der physischen und historischen Bedingungen. Wir können nur die Wirkungen dieser Resultante sehen, da wir ohne das Teleskop der Geschichte und Sociologie die Langsamkeit, mit der sie entstanden ist, und die winzigen Kräfte, die dazu beigetragen haben, gar nicht wahrnehmen. So denken wir nicht daran, wenn wir den Sirius glänzen sehen, dass sein Licht tausende von Jahren braucht, um bis zu uns zu gelangen, ebensowenig wie wir es uns vorstellen, dass die ungeheuren Koralleninseln das endlose Jahre hindurch aufgehäufte Werk von Milliarden winziger Zoophyten sind.

Man darf nicht sagen, dass Philoneismus und Fortschritt eine, dem Misoneismus proportionelle Reaktion darstellen — eine Schwingung des Pendels, die das Trägheitsgesetz aufheben würde.

Auch das Pendel steht still und schwingt nicht, wenn
es nicht in Bewegung gesetzt wird; und die Schwingungen,
selbst die kleinsten, werden am häufigsten durch äussere,
ganz und gar zufällige Ursachen hervorgerufen.

Und das Trägheitsgesetz ist auch hier so konstant, dass
die einmal begonnene Bewegung, wenn sie nicht im Luft-
widerstand auf ein Hinderniss stiesse, sich bis ins Unendliche
fortsetzen würde.

Auch die Kugel fliegt und prallt zurück, wenn ein Impuls
sie antreibt, und auch hier würde die einmal begonnene Bewegung bis ins Unendliche fortdauern, wenn der Reibungswiderstand sie nicht aufhöbe. Das Beharren ist die Regel,
und eine Abweichung tritt nur unter äusseren Ursachen auf,
die meist weniger Dauer und Zähigkeit haben und viel mehr
den Schein als das Wesen der Dinge ändern.

Diese sehr langsamen, von Aussen her bedingten Ab-
änderungen treten nicht allein in der Menschen- und Thierwelt auf, sondern sind auch in der unorganischen Welt nach-
weisbar; so ändern Kupfer- und Kalksalze unter gewissen
Verhältnissen des Mediums oder der Temperatur ihre Farbe,
aber weder ihre Zusammensetzung noch ihre molekulare
Struktur oder ihre chemische Reaktion.

IV.

Revolutionen und Revolten.

1. Fundament des politischen Verbrechens.
— Wenn aus alledem, was wir erörtert haben, hervorgeht,
dass in der organischen, der Menschenwelt, der Fortschritt nur
langsam und gegen heftige Reibungen an äusseren und inneren
Widerständen von der Stelle kommt, und dass der Mensch
und die Gesellschaft instinktiv am alten hängen, sind wir
gezwungen, den Schluss zu machen, dass Fortschrittsbestrebungen,
die sich mit zu brüsken und heftigen Mitteln äussern, nicht
physiologisch sind; dass, wenn sie manchmal für eine unter-
drückte Minorität unvermeidlich sind, sie vom juristischen

Standpunkt aus antisoziale Thaten und Verbrechen sind, und
oft ein unnützes Verbrechen, denn sie erwecken eine Reaktion
im misoneistischen Sinne, die, fest in der menschlichen Natur
wurzelnd, weiter reicht, als die sie erweckende Aktion. Jeder
Fortschritt, der adoptirt werden soll, muss ganz langsam sein,
sonst wird er ein unnützer und schädlicher Kraftaufwand.
Wer eine politische Neuerung, ohne Traditionen, ohne Nothwendigkeit durchführen will, greift den Misoneismus an und
weckt so in den neuerungsscheuen Menschen eine Reaktion,
mit der sie die Anwendung des Strafrechts begründen.

2. Revolutionen etc. — Und hier stossen wir auf die
Unterscheidung zwischen eigentlichen Revolutionen und blossen
Revolten oder Aufständen; die ersteren ein langsam wohl-
vorbereiteter, nothwendiger Vorgang, höchstens beschleunigt
durch irgend ein nervöses Genie oder einen historischen Zwischen-
fall, die letzteren das überstürzte, künstliche, in überhitzter Temperatur erzeugte Reifen von Keimen, die dem Tode geweiht sind.
Die Revolution ist der historische Ausdruck der Evolution; ist
ein Volk, eine Religion, ein wissenschaftliches System nicht
mehr im Einklang mit den übrigen Verhältnissen, so führt die
Revolution zu einer Aenderung mit einem Minimum von Rei-
bung und einem Maximum von Erfolg. Der Erfolg sorgt dafür,
dass die Erschütterungen, der Aufruhr, wenn sie nur ein nothwendiger Theil der Revolution sind, kaum bemerkt, auch schon
verschwinden. Es ist der Durchbruch des reifen Küchleins
durch die Schale.

Einer der wichtigsten Charaktere der Revolution ist also der
Erfolg, der früh oder spät eintreten kann, je nach der Reife des
Keims und der Entwicklungsstufe der Völker und der Zeiten. Ein
anderes Merkmal ist ihr langsamer und stufenweiser Fortgang
— ein weiterer Grund ihres Erfolgs, weil er dann ohne Erschütterung ertragen wird; trotzdem nicht selten eine gewisse
Gewaltsamkeit gegenüber den Anhängern des Alten nothwendig
wird, die sich immer finden, dank der Universalität des Misoneismus und des Beharrungsgesetzes, so wichtig auch die
Gründe der Neuerung sind.

Revolutionen sind mehr oder weniger über ein Land ausgebreitet und willkommen, Aufstände sind immer partiell, Werke einer bestimmten Gruppe von Kasten oder Individuen. An diesen nehmen die höheren Klassen fast niemals theil, an jenen alle Klassen, und auch — häufig vorzugsweise — die höheren. Wohlverstanden, wenn es sich nicht darum handelt, sie mit den übrigen Klassen zu nivelliren.

Es ist wohl wahr, dass die meisten Revolutionen, wegen des Misoneismus, anfangs das Werk einer kleinen Anzahl sind, — aber einer Zahl, die ein schon vorhandenes, latentes, allgemeines Gefühl ahnen, im voraus empfinden. Deshalb wächst die Zahl dieser Vorläufer in direktem Verhältniss zur Zeit, — diese Zeit kann Jahrhunderte dauern, — und sie erwerben Parteigenossen sogar im Lager ihrer Gegner. Denn die soziale Welt bildet sich wie die organische aus einer Summe langsamer, kleiner Bewegungen.

So kommt es, daß die Ideen von Christus und BUDDHA, die schon Jahrhunderte lang durch andere, weniger glückliche Genies vorbereitet worden sind, bei dem Volke, in dem sie entstanden sind, scheiterten, während sie anderswo Erfolg haben. Aber seit der Zeit, wo — umgekehrt wie bei den Nihilisten — in den niedrigsten, am wenigsten intelligenten Volksschichten die Zahl ihrer Jünger wuchs, die nicht Gewalt, sondern Sanftmuth als Waffe gebrauchten, mussten doch mehr als drei Jahrhunderte vergehen, bis die neue Lehre geduldet und offiziell anerkannt wurde.

Fünfhundert Jahre hindurch kämpfen die Plebejer in Rom um ihre Freiheit, und immer hören sie vom Senat die Entgegnung: „Eure Vorschläge sind zu neu", und schliesslich wird die Freiheit nur erreicht und bewilligt, um sie bald wieder zu verlieren, erst in der Anarchie, später unter der Dictatur und dem Kaiserreich.

Jesus hatte anfangs nur 12 Apostel, und 150 Jahre später zählte man in Rom allein in den Katakomben 737 Christengräber, und RENAN berechnet, dass zur Zeit des COMMODUS 35 000 Christen in Rom gelebt haben müssen.

Man weiss, dass PAULUS selbst einer der heftigsten Gegner des Christenthums gewesen ist.

Vor dem Jahre 1789 war ROBESPIERRE konstitutionell, ja sogar royalistisch gesinnt.

Die englische Revolution war, bis zu dem Augenblick, wo KARL I. die vier Parlamentarier verhaften liess, immer antirepublikanisch, ja sogar geradezu royalistisch; aber im Grunde schlummerten die revolutionären Ideen in allen Geistern, und die eifrigen, aber nicht blinden Parteigänger des Königs waren die ersten, welche sich nach seinen Ausschreitungen gegen ihn wandten.

In der flandrischen Revolution hielt sich die höhere Bourgeoisie und ein grosser Theil des Adels lange Jahre hindurch abseits von der Bewegung, aber in allen lebte, wenn auch im Keim, das Gefühl, welches die ersten Apostel der Revolution bewegte.

Aufstände entstehen oft aus den unwichtigsten, nicht selten lokalen oder persönlichen Anlässen, unter dem Einfluss des Nachahmungstriebs, des Rausches, des Klimas, wie sich aus dem Parallelismus der Zahl der Aufruhrvergehen und der Körperverletzungen ergiebt, und je unruhiger, desto kürzer ist ihr Leben. Wie sie ohne ideale Triebfedern sind, erreichen sie auch kein höheres Ziel oder erreichen es zum Schaden des Gemeinwohls, und am häufigsten sind sie unter den wenigst fortgeschrittenen Völkern; man denke an die kleinen Republiken des Mittelalters, an St. Domingo und — früher wie jetzt — an die südamerikanischen Staaten, und an ihnen nehmen die untersten Klassen, besonders die Verbrecher, viel mehr theil als die ehrlichen Leute. Revolutionen dagegen erscheinen immer selten, niemals bei wenig entwickelten Völkern, stets infolge ernster Ursachen, aus idealen Gründen. Ihre Theilnehmer bestehen aus leidenschaftlichen, oft genialen Männern, nicht aus Verbrechern. „Die grossen Völkerbewegungen," schreibt BONFADINI,[1] „solche, die Spuren hinter sich lassen, sind fast immer Produkte ethischer Ursachen, auch wo sie sich zu rein ökonomischen Motiven bekennen. Die Völker ertragen leicht schweren Druck der materiellen Verhältnisse, wenn sie

---

[1] *Mezzo secolo di patriotismo.* Milano 1888.

sich bewusst sind,. geistig frei zu bleiben; nicht immer empfinden sie die Wohlthaten einer guten Verwaltung längere Zeit hindurch dankbar. Die französische Revolution hat mit dem Protest gegen das Getreidemonopol begonnen, aber seinen ersten Gewaltakt hat das Volk nicht gegen die Bäcker, sondern gegen die Bastille gerichtet. Die englische Bewegung gegen die Stuarts begann mit der Steuerverweigerung in Hampden, aber der Prozess gegen KARL I. wurde nicht unter Motiven administrativer Natur begonnen und beendigt; es war eine heftige Reaktion gegen die Verachtung des Rechts und der Freiheit des Volkes."

„Wahre Revolutionen, solche, die Erfolge erzielen, gelingen nicht ohne Förderung und Führung durch die intelligenten Klassen. Nicht die Faust, die Idee bewirkt tiefe und dauernde Veränderungen in der Organisation des Staats. Wenn der Arm allein sich regt, entstehen Aufstände, nicht Revolutionen, und der Held heisst dann MASANIELLO, nicht CROMWELL, nicht CAVOUR."

Rebellionen hören nach dem Tode ihrer Häupter auf, Revolutionen verbreiten sich häufig erst dann (Christus), und obgleich ihre Anfänge meist ungünstig sind, enden sie fast immer mit Erfolg, im Gegensatze zu Aufständen, die nur in ihren ersten Stadien triumphiren. Das geschieht, auch wenn es sich um den Kampf des Schwachen gegen den Starken handelt, wie in den Niederlanden, im modernen Griechenland, in Mailand im Jahre 1848, bei dem Zuge der Tausend unter GARIBALDI.

Wenn auch solche Revolutionen anfangs erfolglos erscheinen, geht von ihnen doch eine langdauernde Nachwirkung aus, die ihnen schliesslich zum Triumph verhilft. Revolutionen entstehen, wenn der Boden dafür vorbereitet ist, oder unter dem Einfluss genialer Menschen, die durch Originalität und grössere Schärfe des Geistes, durch ihren geringen Misoneismus (eine specifische Eigenthümlichkeit des Genies) Verhältnisse und Nothwendigkeiten ahnen, die erst später wahrgenommen werden; die misoneistische Menge kann ihren Anschauungen nicht folgen und verkennt sie anfangs, und nur wenige Fanatiker,

oft leidenschaftliche Irre oder Verbrecher, schliessen sich an.
Erst später, wenn diese Ahnungen etwas greifbarer geworden
sind, gewinnt die grosse Menge jene Einmüthigkeit des Willens,
die so unwiderstehlich ist, und die noch gewinnt durch den
Hinblick auf die Leiden der Vorläufer. (Christus, LUTHER,
MAZZINI, GARIBALDI etc.) Aber wenn der Boden nicht vorbereitet ist und die Anschauungen der Vorläufer zu sehr
vorausgreifen, findet ihre Stimme keinen Widerhall, es kommt
nur zu einem Aufstand, einer zu früh geborenen Revolution,
die als Zeichen der Krankheit und Schwäche nur Konvul-
sionen, keine normale Bewegung erkennen lässt. Treffend
sagt DANTE von dem aufruhrdurchzuckten Florenz:

> Wie oft schon, seit ich denke, hast Gesetze,
> Hast Münzen, Aemter, Sitten du gewechselt,
> Und umgewandelt alle deine Glieder;
> Erinnerst du dich recht und hast du Einsicht,
> So wirst du sehen, dass du dem Kranken gleichst,
> Der auf dem Pfühl nicht Ruh' zu finden weiss,
> Und der sich wendet, um dem Schmerz zu wehren.
>
> *Purgatorio,* C. VI.

Deshalb giebt es Länder, in denen es niemals zu wahren
Revolutionen kam, in denen Katholicismus, Brahmanismus
und Fetischismus fortdauern und ein persönliches, despotisches
Regime, auch in den sogenannten Republiken. In England,
in Nordamerika, in Deutschland hat es selten Aufstände gegeben, dagegen haben diese Länder grosse Revolutionen erlebt,
und hierin liegt vielleicht der Grund, dass Toscana, dies par
excellence katholische Land, in dem der religiöse und wissenschaftliche Gedanke um Jahrhunderte zurückgeblieben war,
so viel Unruhen erlebt hat und fast nie eine wahre Revolution.

So ergiebt sich, dass die Revolutionen physiologische, die
Revolten pathologische Erscheinungen sind, und wir können
mit BUCKLE schliessen, dass die ersteren nie verbrecherisch
sind, weil die öffentliche Meinung sie legalisirt und besiegelt,
während die letzteren immer das Aequivalent eines Verbrechens sind.

3. Mischformen. — Es giebt politische Erscheinungen, die
zwischen Revolution und Revolte stehen, dies sind Unruhen, die

aus unpersönlichen, allgemeinen, gerechten Gründen hervorgehen, aber zu früh, wie die Wirksamkeit MARCELLS in Frankreich, PETERS des Grossen in Russland, POMBALS in Portugal, RIENZIS und MASANIELLOS in Italien, oder nur in den untersten Schichten der Gesellschaft, wie das Christenthum und der Buddhismus, die Ciompi, und die Jacquerie in Frankreich oder in den höchsten, wie der Nihilismus und die italienischen Unruhen von 1821 und 1831. Diese Bewegungen triumphiren schliesslich, aber so lange sie den allgemeinen Zuständen nicht entsprechen, können sie für den Augenblick ein wirkliches Vergehen sein, welches dann die nächste Generation als Heroismus und Martyrium verherrlichen wird. In der That lassen sie, da sie keine wirklich physiologischen Produkte sind, fast immer ihr Werk unvollendet und werden nur allzu oft von Verbrechern und Irren ausgenutzt.

Ein deutliches Beispiel hierfür liefert die erste Bewegung von 1789; anfangs begegnete sie allgemeinem Beifall, was die Abgabe von 5 Millionen Stimmen für die Generalstaaten beweist; einige Jahre später waren diese 5 Millionen auf 700000 geschmolzen, und bei der Invasion durch den Herzog von Braunschweig konnte man ihm nur 40000 Freiwillige entgegenstellen. Zu dieser Zeit begann schon die Macht in die Hände von Verbrechern und Wahnsinnigen überzugehen. Deshalb finden wir in dieser Revolution viele Beispiele von wilder Brutalität und, was noch schlimmer ist, Zeichen von ihrer Unbeständigkeit.

In diesen Fällen kann man anfangs nicht entscheiden, ob der Vorgang revolutionär oder rebellisch ist.

Nun können auch die legitimsten Revolutionen nicht ohne irgend einen Gewaltakt ablaufen, ähnlich dem Durchbrechen der Schale durch den reifen Vogel, der aber wohl als ein Akt der Rebellion erscheinen kann, besonders denen, deren Interessen er verletzt. Die Entscheidung giebt erst der Erfolg, der aber lange auf sich warten lassen kann. So war die sicilianische Vesper und die französische Revolution doch voll von Scheusslichkeiten und wahren verbrecherischen Epidemien und sie stehen in dieser Beziehung den schlimmsten Rebellionen nahe. Es ist somit nicht leicht, den Revolutionär vom Rebellen zu unterscheiden, der, nach dem von uns gegebenen anthropologischen Begriffe des politischen Vergehens, allein der wirkliche Verbrecher wäre. Vieles ist beiden gemeinsam; der Erfolg bestimmt, ob der Rebell von heute der triumphirende Revolutionär von morgen sein wird. Wir, die wir ihre anthropologischen Charaktere unter einem allgemeinen Gesichtspunkt studiren wollen, können uns nicht mit dem grösseren oder geringeren Erfolge ihrer Handlungen befassen.

Nach allen bisherigen Ausführungen müssen wir die oft nöthigen Gewaltthaten, die eine von langer Hand vorbereitete, den Bedürfnissen der Zeit entsprechende Revolution begleiten, wohl unterscheiden von dem heftigen Widerstand gegen das allgemeine Gesetz des Misoneismus. Wir wollen den anthropologischen Begriff des politischen Vergehens, der nun klar sein wird, so definiren: Jedes gewaltsame Attentat gegen den politischen, religiösen, sozialen u. w. s. Misoneismus der Mehrheit, die ihm entsprechende Regierungsform und ihre officiellen Repräsentanten.

4. Methode. — Unsere Behandlung des Stoffes wird aber eine vollkommene Vermischung von Revolution und Revolte vermeiden lassen. Die Untersuchung über das Wesen und die Ursachen der Genialität, dieses höchsten Entwicklungsergebnisses, wird uns, in reiner Darstellung [1] — wie in einem chemischen Präparate — das wahre Wesen und die eigentlichen Ursachen jener grossen Entwicklungsvorgänge, die man Revolutionen nennt, ergeben, und ihre vollständige Unterscheidung von Aufständen; zur Ergänzung unseres Nachweises, wenigstens auf politischem Gebiete, werden wir näher auf die lange Reihe unserer politischen Märtyrer und auf die politische Stimmung des französischen Volkes bei den Wahlen der Jahre 1877, 1881, 1885 eingehen; bei diesen Wahlen drückt sich ziffermässig in legitimster Form eine Revolution aus, die von jedem verbrecherischen, aufrührerischen Zuge frei ist.

---

[1] Die Darlegung des vollkommenen Parallelismus zwischen Genialität und Revolution wird in den folgenden Kapiteln gegeben werden.

Für Aufstände und Attentate giebt es ein leichter zu bearbeitendes

Zweites Kapitel.

Klima und meteorologische Verhältnisse.

Untersuchen wir die Faktoren der Entwicklung und des politischen Verbrechens in jenen mächtigen Modifikatoren der menschlichen Handlungen, welche als Klima, als Ernährungsweise, als Bodenbeschaffenheit wirken, so finden wir, dass in zu heissen oder zu kalten Ländern — in den tropischen und nordischen, mehr noch in den polaren — Revolution und Aufruhr ganz fehlen; und das lässt sich ebensowohl physiologisch erklären, wie mit der Moral-Pathologie in Einklang bringen.

1. **Uebermässige Hitze.** — BUCKLE[1] merkt, dass in heissen Ländern, wo neben einem Ueberfluss an Nahrungsmitteln eine ungleiche Vertheilung der Besitzthümer besteht und damit der politischen Macht, das Volk in Unterwürfigkeit lebt und seine Annalen nichts von Klassenwiderstreit, Insurrektion und grossen Verschwörungen berichten, während eintretende Aenderungen das Land theilnahmlos lassen.

In heissen Ländern ist die Initiative lebhaft, die Nachhaltigkeit gering; der Mensch isst wenig, verdaut noch weniger und neigt zur Trägheit, zum sprüchwörtlichen far niente, zur „tapas", der „yoga" der Indier,[2] zum Ascetismus der Thebais; die gesteigerte Sensibilität, die frühreife Pubertät, lassen Ideen und Gefühle unablässig zugleich mit den organischen Zuständen oscilliren, und in kindlichen Körpern leben Gehirne und Leidenschaften von Männern. Die ausserordentliche Hitze und das dadurch bedingte Schwächegefühl führen nothwendigerweise zur Trägheit, disponiren den Organismus zu krampfhafter Reaktion, begünstigen die Neigung zur

---

Material in den Aufzeichnungen solcher Vorkommnisse aus dem letzten Jahrhundert europäischer Geschichte; wir haben somit hier einen positiven, mit Zahlen belegten Stoff vor uns, zur Lösung eines Problems, das noch niemals mit wirklich positiven Methoden untersucht worden ist.

[1] *History of civilization,* p. 2.

[2] Vgl. Fussnote auf p. 421 in GORRESIOS *Ramayana* I. Die „tapasvini" zerfleischten sich zur Sühne ihrer Sünden oder um Tugend und Verdienste zu sammeln; die Werthschätzung der Zerfleischungen liess dieselben sich bis auf die Götterbilder erstrecken.

thatenlosen Betrachtung, zu übertriebenem, grenzenlosem Personenkultus und damit zu religiösem und politischem Fanatismus. Deswegen entstand ein abergläubischer Mysticismus in Indien, Mesopotamien und Egypten und drang von dort in die Welt. Hier hat ihre Wurzel auch die masslose Ausschweifung, die sich mit schrankenlosem Aberglauben verbindet, wie der härteste Absolutismus mit schrankenloser Anarchie. Deswegen verfallen jene grossen Civilisationen, jene riesigen Reiche und komplicirten Religionssysteme, die wie Riesenpilze unter den Strahlen der Tropensonne aufgeschossen waren, ganz, um den Platz auswärtigen Mächten zu räumen, die eine langsamer reifende, unproduktivere, aber feste und zähe Herrschaft führen, weil Rassen der gemässigten Zone, Bergvölker, wie die Perser und Afghanen, die Macedonier, die Germanen und Normannen, und bei uns die Piemontesen sie ausüben.[1]

St. Cyprian beobachtete, dass die christlichen Märtyrer in Asien himmlischen Visionen häufiger unterlagen, als die Roms. Und solche Verhältnisse, bemerkt Montesquieu,[2] beobachtet man nicht nur zwischen verschiedenen Nationen, sondern auch innerhalb desselben Landes. So ist die Bevölkerung von Nordchina aufrührerischer, als die des Südens, und dasselbe gilt für den Norden und Süden Koreas. Und das bestätigt sich auch in Amerika, wo die despotischen Kaiserreiche Mexiko und Peru in der tropischen Zone entstanden, während fast alle freien Völker in den gemässigten Regionen lebten und noch leben, in Regionen, deren eingeborene Bewohner von den Spaniern „Indios bravos“ genannt wurden und deren Unabhängigkeitssinn bekannt ist.

2. Kälte. — In den kalten Ländern ist der Kampf um die Existenz mühsamer wegen der grösseren Ansprüche an die Ernährung, Kleidung und Erwärmung. Aber gerade deswegen ist die Instabilität weniger gross. Die Kälte macht die Phantasie träger und minder erregbar und die Gemüther weniger wandelbar. Da der Nordländer im übrigen durch die Verbrennung enormer Massen von kohlenhydratreicher

---

[1] Lombroso, *Pensiero e meteore*. Milano, Dumolard, 1878.
[2] *Esprit des lois*, chap. 14.

Nahrung seinen Wärmeverlust decken muss, so braucht er Kräfte, die der individuellen und socialen Vitalität verloren gehen. So geniessen die Eskimos gegen 1 kg Fett täglich, und die intensive Kälte verlangsamt ihre körperliche und geistige Entwicklung. Unter solchen Bedingungen ist die Civilisation rudimentär, wie bei den Feuerländern, welche GIGLIOLI[1] für entwicklungsunfähig erklärte, und bei den Einwohnern Islands, die so schnell verfallen sind.

Gewiss ist selbst eine übermässige Wärme für geistige Regsamkeit weniger verderblich, als die Kälte. Die ältesten Ausgangspunkte der Civilisation lagen ja im Süden Chinas, in Indien, in Cambodja, in Peru, Egypten, Sicilien und Gross-Griechenland, sei es, dass dort die Wärme direkt die körperliche und psychische Entwicklung beschleunigte, oder indirekt durch die grössere Fruchtbarkeit des organischen Lebens; denn sicher kann der Mensch mit einer grösseren Fülle von Nahrungsmitteln bei einem geringeren Bedürfniss nach Wärme, Schutz und Kleidung leichter seine Existenz sichern und sich somit eher den höheren Vorstellungen des socialen Lebens, wie den erhabensten religiösen Abstraktionen zuwenden, während die grossen religiösen und ästhetischen Ideen in kalten Ländern stets wenige Bahnbrecher und Anhänger gefunden haben. In Grönland gab es keine Religion, und die Eskimos haben es niemals zu Epopöe und Epos gebracht. LIVINGSTONE fand, dass das religiöse Gefühl der Afrikaner in der Richtung vom Kap zum Aequator zunimmt. Dr. RINCK[2] beschreibt einzelne Stämme der Eskimos als derart friedlich und ruheliebend, dass sie nicht einmal Worte für Zank und Streit haben. Der höchste Grad der Reaktion gegen Beleidigungen besteht bei ihnen darin, dass sie ganz stillschweigen. Und LARREY sah auf dem Rückzug aus Russland jene Truppen, die weder Gefahren noch Hunger und Wunden erschlafft hatten, unter dem Einfluss der Kälte schwach und schläfrig werden. BOVE erzählt, dass bei den Tschuktschen niemals Streit, Gewaltthaten oder Verbrechen beobachtet wurden; er fand sie apathisch und freundschaftlich

---

[1] *Viaggio della „Magenta"*, 1876.
[2] *Revue Britannique*, 1876.

zusammenhocken. Der kühne Nordpolreisende PREYER bemerkte, dass bei 40 Grad Kälte sein Wille gelähmt war, seine Sinne abgestumpft, die Stimme wie erloschen. Kurz, in sehr heissen und sehr kalten Ländern ist die Entwicklung und das politische Verbrecherthum minimal.

3. Gemässigtes Klima. Alles dies gilt nur für die übermässig heissen und übermässig kalten Länder; die gemässigte Wärme, besonders die trockene, ist der politischen und socialen Entwicklung günstig aus genau entgegengesetzten Gründen, denn sie giebt dem Gehirn und den Muskeln grössere Spannkraft, erleichtert das Zusammenkommen und macht den Kampf um die Existenz weniger mühevoll. „Die Herrschaft," schrieb SENECA, „gehört immer den Völkern, welche sich eines milden Himmels erfreuen." (Ueber den Zorn. II. c. 15.)

Der Einfluss einer gemässigten Wärme-Einwirkung wird bestätigt durch die Psychologie südlicher Völker, die eine Tendenz zur Lüge, zur Wankelmüthigkeit, zur Bevorzugung des Individuums vor Kommune und Staat zeigen, theils weil die Wärme die Entwicklung bedeutender Individualitäten begünstigt, und weil sie die Bedürfnisse einschränkt, mehr aber noch, weil sie die Nerven-Centren nach Art der Alcoholica und Narkotica reizt, ohne jedoch, wie diese, das Nervensystem vollkommen inert zu machen. DAUDET, der einen ganzen Roman geschrieben hat (*Numa Roumestan*), um den Einfluss des südlichen Klimas auf die ethischen Tendenzen zu schildern, schreibt: „Der Südländer hat keine Neigung zum Trunk, er kommt berauscht zur Welt und bleibt es; die Sonne, der Wind vergähren in ihm einen schrecklichen Alkohol, dessen Wirkung jeder fühlt, der dort unten geboren ist; die einen haben nur ein wenig Hitze, die innen Sprache und Gesten beweglich macht, sie überall himmelblau sehen lässt und ihre Kühnheit verdoppelt; das macht sie zu Lügnern. Andere bringen es bis zum blinden Delirium, und welcher Südländer hätte nicht jene Erschöpfung gefühlt, wie ein Vergifteter, jene Herabstimmung des ganzen Daseins, die dem Zorn, dem Enthusiasmus folgt"; und TURIELLO[1] schreibt: „Der Süden hat schnellere

---

[1] *Governo e governati*. Bologna, Zanichelli, 1888. 2. edizione.

Oscillationen als die Affekte des Nordens, er begeht mehr Verbrechen impulsiv, aus Liebe, aus Furcht und damit gegen die Person, während im Norden die aus wohldurchdachter Ueberlegung vorwiegen; eine mangelnde Hemmung führt im Süden zu aknteren Uebelständen (Brigantaggio), im Norden zu dauerhafteren (Sekten); ein anderer Zug des Südländers ist der Individnalismus, der ihn Korporationen fliehen lässt und jede Gesellschaft zu desorganisiren strebt; trotz des Werths des Individuums führt das schliesslich zu grosser Schwäche."

Fucini nennt als Charakterzüge des südlichen Volks (*Napoli a colpo d'occhio*) die Unbeständigkeit, „sie sind arbeitsam und träge, nüchtern und unmässig, von aalgleicher Unfassbarkeit; ihre Wissenschaft ist der Aberglaube, und die Sonne ist es, die ihnen Winterkleider, Medikamente und Desinfektionsmittel liefert". Man versteht nun, dass unter diesen psychologischen Voraussetzungen bei den südlichen Völkern Revolten, auch solche aus kleinen Ursachen, häufiger sind.

4. Jahreszeiten. — Um hier den mächtigen Einfluss der Wärme auf revolutionäre Tendenzen zu zeigen, genügt es, auf die Beziehungen hinzuweisen, die Einer von uns, zusammen mit Dr. Rossi[1] zwischen Revolten und Jahreszeiten ermittelt hat, zur Ergänzung einiger Vorarbeiten, welche anderweit erschienen waren und zu dem Resultat geführt hatten, dass im allgemeinen Monate mit maximaler oder ansteigender Wärme wie für die Verbrechen, für Revolten die grössten Ziffern geben.[2]

Die grosse Schwierigkeit, gleichwerthiges Material zu bekommen, hat diese Daten einer scharfen Kritik anheimfallen lassen. Deswegen beziehen wir uns hier, für die sicherste, die moderne Zeit, auf eine Veröffentlichung von officiellem Charakter, nämlich den Gothaischen Kalender von 1791—1880

---

[1] S. Lombroso und Rossi, *Influenza della temperatura sulle rivolusioni.* — *Rivista storica italiana*, vol. IV, fascicolo 1, 1887.

[2] C. Lombroso, *Pensiero e meteore*, Dumolard, *Biblioteca internas.*, Milano 1878. — Id. *Azione degli astri e delle meteore*, Milano 1868. — Id. Klinische Beiträge zur Psychiatrie, Leipzig 1869.

und für das Alterthum und Mittelalter auf anerkannt zuverlässige Werke.[1]

Zusammengefasst können die Resultate in den Tafeln I. und II. übersehen werden, die zur Bequemlichkeit des Lesers in Tafel III. graphisch dargestellt sind, mit Unterscheidung des Alterthums, Mi′ ⁙ ⁙rs und der neueren Zeit unter Vergleichung der Rebei. ⁙⁙ und Temperaturkurven Amerikas und unter Gegenüberstellung der nordischen, centralen und südlichen Gebiete. In der alten Welt kann man schon bemerken (v. Tafel I. und III. No. 1), dass das Maximum der Rebellionen in den Juli fällt — 19 von 115 — und das Minimum, 2, in den November; jedoch zeigen die Daten für Alt-Griechenland nicht denselben Gang wie die für Rom und Byzanz, da Griechenland das Maximum im Juli giebt, — 9 auf 27, — und keine Rebellion im Oktober und November, während Rom und Byzanz auf 88 Revolten 11 im April geben, und je 10 im März, Juni, Juli und August. Jedenfalls steht die Thatsache fest, dass in warmen Monaten stets mehr Revolutionen ausgebrochen sind, als in kalten, und dass in denen mit ansteigender Wärme die Zahlen grösser sind als in denen mit abnehmender. Besser zeigt sich das noch in den Gruppirungen nach Jahreszeiten. In der That erhält man für das Alterthum folgende Zahlen:

	Rom u. Byzanz	Alt-Griechenland	Summe
Frühling . . .	26	5	31
Sommer . . .	30	14	44
Herbst	16	4	20
Winter	16	4	20

Dieses Uebergewicht für den Sommer kann nicht durch Zwischenströmungen veranlasst sein, auch nicht durch den sehr wichtigen Einfluss der Wahlperioden, denn wenn auch in den letzten Tagen des Juli einige Wahlen für kleinere Aemter stattfanden, so wurde die Mehrzahl der Beamten erst eingesetzt,

---

[1] CURTIUS, *Storia Greca*, trad. Muller e Oliva, Torino-Roma 1877. — MOMMSEN, *Storia Romana*, trad. Sandrino, Milano 1863. — PERRENS, *Histoire de Florence*. GIBBON, *Decadenza dell' Impero Romano*, Milano 1820.

wenn die Konsuln ihre Regierung antraten, am dies solemnis, der anfangs unbestimmt war.[1] Im Jahre 154 vor Christus wurde dieser Tag auf den 1. Januar festgesetzt, und das Imperium der Konsuln und Prätoren durfte erst am 1. März beginnen und hörte erst am nächsten 1. März auf. „Der 1. Januar ist der Tag, an welchem die ordentlichen Beamten die Verwaltung antraten, mit Ausnahme der Quästoren, deren Amt mit dem 5. Dezember begann, und der Volkstribunen, welche am 10. Dezember in Funktion traten (a. d. IV. Id. dec.). Von da an traten die Comitien regelmässig im August zusammen." Nun könnte man damit wohl erklären, dass die Aufstände im Juli, Januar und März vorwiegen, aber sicher nicht die grossen Zahlen von Juni, August und April. Uebrigens konnten die Wahlversammlungen der Comitien (vgl. WILLEMS, op. cit. p. 160), obschon sie in einer bestimmten Epoche des Jahres stattfanden, (comitiorum tempus), doch vom Senat verschoben werden, und auch aus religiösen Gründen vom Kollegium der Auguren, und daher waren die Comitien schliesslich doch in ziemlich unregelmässigen Zwischenräumen versammelt.

Vergleichen wir die revolutionären Epochen der antiken Welt mit denen der mittelalterlichen und modernen, so tritt uns ein auffallender Parallelismus entgegen. In allen vier Kurven finden wir eine konstante Abnahme von Januar zu Februar und immer eine Zunahme vom Februar zum März; eine konstante Zunahme vom Juni zum Juli, der eine ebenso konstante Abnahme vom Juli zum August folgt. Diese Abnahme setzt sich bis zum September fort, und schliesslich finden wir ein starkes Absinken im Oktober und November, mit nachfolgendem leichten Ansteigen im Dezember; ausser in der Zeit von 1550—1590, hat der Dezember immer eine geringere Anzahl von Revolten als der Januar. Auch im Mittelalter fiel die höchste Zahl von Aufständen mitten in den Sommer; aber während für Toskana das Maximum im Juli

---

[1] WILLEMS, *Le droit public romain depuis l'origine de Rome* etc. pag. 220 sq., Louvain 1872.

liegt (8 zu 46), haben wir es im Juni für die andern Regionen; ferner fällt in Toskana eine grössere Zahl von Aufständen in den Herbst, als in den Frühling, was im Gegensatz zu dem allgemeinen Verhalten steht und bewirkt, dass in der Zusammenfassung der mittelalterlichen Revolutionen für den Herbst verhältnissmässig zu grosse Zahlen herauskommen.

	Toskana 1248—1379	Aufstände anderer Länder des Mittelalters (500—1550)	Summe
Frühling	6	8	14
Sommer	15	13	28
Herbst	14	4	18
Winter	11	5	16

Auf diese Ausnahmestellung Toskanas haben gewiss sociale und politische Umstände eingewirkt, unter ihnen die Wahltermine; am 1. Dezbr. (1328) fand die Wahl der 12 buoni uomini statt, im November der Jahre 1334—1336 die der capitani di grado (VILLARI XI. 39), 1446—47 traten die Ersteren ihr Amt im Januar an, dem Monat, in welchem gewöhnlich die Beamten der mittelalterlichen Communen gewählt wurden.[1]

Auch unter 31 Revolten in Europa zwischen 1550 und 1790 finden sich die meisten in den warmen Monaten, und das Maximum mit 6, zweimal, im Juli und Mai. Auf die Jahreszeiten vertheilen sich diese so, dass 10 auf den Frühling, 14 auf den Sommer, 3 auf den Herbst und 4 auf den Winter fallen. Wenn man nun den Einwand macht, dass das hier für das Mittelalter gegebene Material zu gering wäre, gegenüber der enormen Anzahl von Aufständen in dieser Epoche (FERRARI berechnet sie auf 7224, mit einem Durchschnitt von 45 auf jede Stadt), so vergleiche man die Folgerungen, die sich aus einer ganz gleichartigen officiellen Quelle gewinnen lassen, aus dem Gothaischen Almanach, der für die kurze Periode zwischen 1791 und 1880 836 Aufstände aufzählt, die sich folgendermassen vertheilen:

---

[1] Vgl. CIOCUTI, *Le Corporazioni delle Arti nel Commune di Viterbo* (*Archivio della R. società Romana di Storia Patria*, VII, II, 2.)

Europa 495
Amerika 283
Asien 33
Afrika 20
Oceanien 5

Für Asien und Afrika bemerken wir hier nur, dass die Mehrzahl auf den Juni kommt (13 auf 53).

Für Europa und Amerika könnte das Uebergewicht der heissen Monate auf diesem Gebiet nicht klarer sein. Europa giebt das Maximum auf den Juli und Südamerika auf den Januar, den entsprechend heissesten Monat, das Minimum trifft in Europa auf November und Dezember, in Südamerika auf die entsprechenden Monate Mai und Juni, indessen ist der Parallelismus kein durchgehender. In Amerika ist der Juli, in Europa der März stark betheiligt, für die neuere Zeit, seit Dampf und Elektrizität die Verbindung vermitteln, könnte man die Bedeutung des Juli in Südamerika damit in Verbindung bringen, dass hierbei die gleichzeitigen portugiesischen und spanischen Revolutionen anregend wirken; z. B. ging im Juli 1838 dem Aufstande in Lima eine portugiesische Revolution im Juni voraus, den Aufständen in Cuba und Bogotá, Juli 1851, die portugiesische vom Mai, der mexikanischen im Juli 1840 eine gleichzeitige spanische, und ebenso steht es mit dem Aufstande in Uruguay vom Juli 1869; in den letzten Decennien, 1835—1880, zeigt sich der Juli nicht so stark betheiligt. Im März treten andre meteorologische Ursachen auf, die, wie wir sehen werden, sein Vorwiegen erklären.

Im übrigen zeigen die verschiedenen Nationen, wie die verschiedenen Epochen eine sozusagen specifische Revolutions-Chronologie, da bestimmte heisse Monate vor anderen vorwiegen. Theilt man die Aufstände Amerikas und Europas in zwei Epochen, eine von 1791—1835 und eine andere von 1835—1880, so sehen wir für diese beiden eine verschiedene Vertheilung auf die Monate. In der zweiten Periode steigen in Südamerika die Zahlen für Januar, Mai, Juli und November und in Europa die für Juni und Oktober, dagegen zeigt ein erhebliches Absinken für Amerika der Monat Dezember

und für Europa die Monate März, April, November und
Dezember. Dagegen sind in Amerika in der zweiten Periode
die Aufstände in den heissen Monaten zahlreicher, und in
Europa zeigt sich eine Verminderung in den ersten kalten
Monaten (November und Dezember) und in den ersten warmen
(März und April).

Für die Jahreszeiten — mit Rücksicht darauf, dass der
Januar in Südamerika unserm Juli entspricht — erhalten wir:

	Amerika	Europa
Frühling	76	142
Sommer......	92	167
Herbst	54	94
Winter.......	61	92

Man sieht also, dass in beiden Hemisphären der Sommer
an erster Stelle kommt und das Frühjahr immer höhere Zahlen
giebt als Herbst und Winter, gerade wie bei den Verbrechen,
vielleicht wegen des Wärmeanstiegs, aber auch wegen der zu
Ende gehenden Vorräthe, während die Zahlen für Herbst und
Winter kaum verschieden sind.

Gehen wir von ganz Europa auf die einzelnen Nationen
über, so finden wir gleichfalls die grössere Zahl von Aufständen in den warmen Monaten mit nur wenigen Ausnahmen. Aber das ausschliessliche Vorwiegen des Juli tritt
nicht mehr so stark hervor, gerade wegen jener oben er-
wähnten specifischen Chronologie. Der Juli wiegt vor in Italien,
Spanien, Portugal, Frankreich; der August in Deutschland,
England, Schottland, in der Türkei und in Griechenland
zusammen mit dem März, der März in Irland, Schweden, Nor-
wegen und Dänemark; der Januar in der Schweiz, der September
in Belgien und den Niederlanden, der April in Polen und
Russland, der Mai in der Herzegowina, Bosnien, Bulgarien,
Serbien. Somit erscheint der Einfluss der warmen Monate
grösser in den südlichen Ländern.

Gruppiren wir die Daten nach Jahreszeiten, so finden wir
folgende Zahlen:

	Spanien	Italien	Portugal	Europ. Türkei	Griechenland	Frankreich	Belgien und Niederlande	Schweiz	Slavische Balkanländer	Irland	England und Schottland	Deutschland	Oesterreich-Ungarn	Skandinavien	Polen	Europ. Russland
Frühling	23	27	7	9	6	16	7	6	7	6	5	7	3	4	6	3
Sommer .	38	29	12		7	20	8	5	3	3	9	11	6	4	1	0
Herbst ..	18	14	4	5	3	15	6	3	1	3	5	4	7	2	2	2
Winter..	20	18	6	3	3	10	2	10		3	4	3	2	2	1	1

Also findet sich bei 9 Völkern, darunter allen südlichen,
der Sommer vorherrschend betheiligt; bei 5, und darunter die
meisten nordischen, überwiegt der Frühling, bei einem, Oester-
reich-Ungarn, der Herbst und bei einem, der Schweiz, der
Winter. Mit 2 Ausnahmen hatte der Frühling immer mehr
Aufstände als der Herbst, dann finden wir fünfmal, und zwar
in den heissesten Ländern, im Herbst weniger Aufstände als
im Winter, achtmal hat der Winter weniger, dreimal ebenso
wenige wie der Herbst.

Bei 47 bekannten Attentaten, die im 19. Jahrhundert
gegen Herrscher oder Regenten gemacht wurden, merkt man
das Vorwiegen der heissen Monate an folgenden Zahlen:

Januar....... 1	April........ 7	Juli 9	Oktober...... 8
Februar...... 5	Mai 4	August 3	November.... 1
März 4	Juni......... 3	September ... 1	Dezember.... 7

und nach Jahreszeiten gruppirt, finden wir im

Winter	14	Attentate
Frühjahr....	15	„
Sommer	14	„
Herbst	5	„

5. Jahreszeiten, sociale Ursachen etc. — Eine
Studie des Advokaten Rossi über 142 europäische Aufstände
in diesem Jahrhundert,[1] die zugleich die verschiedenen Ursachen derselben und ihre Vertheilung auf Regionen und

---

[1] *Archivio di Psichiatria*, IX, 1.

Jahreszeit behandelt, lässt erkennen, wie sehr jener Einfluss
der Wärme und der geographischen Lage alle anderen socialen
Faktoren überwiegt, und ebenso den Einfluss der ökonomischen
Verhältnisse, der sich in den letzten Jahren immer kräftiger
geltend macht, wie LORIA uns bewiesen hat.

Determinirende Motive
der Revolten und Unruhen in Europa von 1793—1886.

	Zusammen	in Prozenten	Frühling	Sommer	Herbst	Winter	Norden	Centrum	Süden	Nationen mit den höchsten Zahlen
1. Gegen den König oder politische Partei, gegen fremde Occupationen, zur Erlangung od. Aenderung der Verfassung	37	26,0	10	6	10	11	2	14	21	Frankreich(4) u. Italien (11)
2. Militärische Ursachen	26	18,3	8	11	3	4	1	4	21	Spanien und Portugal (12)
3. Arbeiterverhältnisse ..	19	13,4	8	6	2	3	7	11	1	England (6) Frankreich(6)
4. Studentenunruhen	5	3,5	2	..	1	2	2	2	1	—
5. Religiöse Ursachen...	15	10,5	3	7	1	4	3	8	4	—
6. Theuerung............	16	11,2	5	6	2	3	2	10	4	Belgien (2)
*7. Oekonomische u. finanzielle Gesetzgebung ..	13	9,1	4	3	3	3	3	4	6	England (3)
8. Gegen Gesetze über die Rekrutirung..........	2	1,4	—	—	1	1	—	2	—	—
9. Aus Anlass von Wahlen	3	2,1	1	1	1	—	1	1	1	—
10. Aus anderen Ursachen	6	4,2	—	3	2	1	1	3	2	—
Summe	142	99,7	41	43	26	32	22	59	61	

* Zwei dieser Unruhen waren zugleich gegen Gesetze betreffend die Militäraushebung gerichtet.

Die rein politischen Unruhen gaben das Maximum
für den Winter und den Süden Europas; die militärischen
gleichfalls im Süden, aber im Sommer; für die Arbeiterunruhen trifft das Maximum das Frühjahr und Centraleuropa;
religiöse Unruhen waren am häufigsten im Sommer, und
im Centrum, ökonomische Ursachen im Frühjahr und im
Centrum, wobei ein fast vollständiger Parallelismus zwischen
geographischer Lage und Jahreszeit hervortritt. Es ist bemerkenswerth, dass auch im Sommer die Höhe der Lebens-
mittelpreise und Arbeitslöhne entscheidend einwirkt, obgleich

dann das Leben billiger und ärmer an Bedürfnissen ist.
Auffallend ist bei alledem das nicht ganz ausschliessliche,
aber erhebliche Vorwiegen des thermischen Faktors; das erklärt
sich bei den en masse verübten politischen Vergehen durch
eine Bemerkung SPENCERS, dass die im Sommer vorwiegend
gute Witterung das Zusammenleben unter freiem Himmel begünstigt, während die Unbilden des Winters zu häuslichem
Leben treiben und die Stimmung der Bürger entsprechend
beeinflussen.

6. Geographie des politischen Verbrechens. —
Wie sehr das Klima die politischen Unruhen beeinflusst,
ergiebt sich aus unserer Tabelle (Tafel IV.), in der die geographische Verbreitung der in Europa in der Zeit von 1791—1880
aufgetretenen Unruhen dargestellt ist. Man ersieht daraus, dass
die Zahl der Aufstände und Revolutionen parallel der Wärme
von Norden nach Süden zunimmt; in der That kämen in
Griechenland auf 10 Millionen Einwohner 95 Revolutionen
als Maximum, in Russland auf 10 Millionen 0,8, und die
kleinsten Quotienten geben die nordischen Länder England,
Schottland, Deutschland, Skandinavien, Polen, während die
grössten von den südlichen Gebieten geliefert werden, von Portugal, Spanien, der europäischen Türkei, Mittel- und Süditalien,
und eine mittlere Zahl sich gerade für die centralen Regionen[1]
findet.

Zusammengefasst findet man:

Nordeuropa 12 Revolutionen auf 10 Millionen Einwohner
Central- „   25   „   „   „   „   „
Süd-   „   56   „   „   „   „   „

Es giebt jedoch 2 bemerkenswerthe Ausnahmen: die
Schweiz und Irland, welche in ihren Revolutionen ein zu ihrer
geographischen Lage umgekehrtes Verhältniss zeigen; in der
Schweiz dürfte das Abhängen von der Buntscheckigkeit der
Canton-Regierungen und den unaufhörlichen Verfassungsände-
rungen, (von 1830 bis 79 gab es in der That 115 Revisionen

---

[1] Siehe C. LOMBROSO und V. ROSSI: *Influenza della temperatura
sulle rivoluzioni*, 1887, con 2 tav.

der Cantonalverfassungen und 3 der Bundesverfassung; von
1830—69 änderten 27 Revisionen die aristokratische Regierung
in demokratischem Sinne um, zwischen 1862—66 schliesslich
wurden 66 Revisionen durchgeführt, um zur direkten Volks-
regierung durch das Referendum zu gelangen); für Irland erklärt sich das aus den traurigen politischen und socialen Verhältnissen, die wie Tarde richtig bemerkt, dem Irländer, wenn
er nicht revoltiren will, nur die Wahl zwischen Auswanderung
und Selbstmord lassen. Gladstone hat in seinen bewunde-
rungswürdigen Entwürfen gezeigt, wie radikal die Reformen
gedacht sein müssen, um dieses Land von Wunden zu heilen,
die zugleich ethnischer, socialer und ökonomischer Natur sind.
Auch der russische Nihilismus zeigt uns, dass, wenn sociale
Missstände mit voller Wucht wirken, die klimatischen Einflüsse zurücktreten, um später vielleicht wieder hervorzutreten.
Uebrigens muss man sich erinnern, dass Irland, Dank dem
Golfstrom, ein sehr mildes Klima hat, so dass es mit seiner
mittleren Wintertemperatur von $+ 5^{\circ}$ C. sich auf derselben
Winterisotherme befindet, wie die Bretagne, das südliche
Frankreich, die nördlichen Apenningegenden und Dalmatien.
Uebrigens hat auch Irland dieselbe Vertheilung des Selbst-
mords wie diese Gebiete.[1]

7. Beziehungen zwischen politischen und nicht
politischen Vergehen etc. — Eine Bestätigung findet dieser
thermische Einfluss im Studium anderer moralischer Phänomene,
welche mit Rebellionen nah zusammenhängen und diese dem
Verständniss näher bringen, wie die Vergehen wider die Person,
Widerstand gegen die Staatsgewalt etc. So sehen wir, dass
im Norden Italiens auf 10 Millionen Einwohner 27 Aufstände
kommen, in Mittelitalien 32, und in Süditalien 33 auf 10
Millionen Einwohner, davon die Hälfte auf Sardinien, Corsika
und Sicilien. Nun entspricht diese Vertheilung auch der der
Verbrechen gegen die Person und der Gewaltthaten gegen die
Vertreter und ausführenden Beamten der Staatsgewalt, Ver-
brechen, die sich folgendermassen vertheilen:

---

[1] Morselli, *Il suicidio. — Biblioteca internazionale,* pag. 102—103,
Milano, Fratelli Dumolard, 1872.

	Verbrechen gegen die Person	Aufruhrhandlungen
Nördliche Zone.....	1 auf 5179 Einwohner	1 auf 6493 Einwohner
Centrale „	1 „ 2129 „	1 „ 4132 „
Südliche „	1 „ 849 „	1 „ 3239 „
Insuläre „	1 „ 738 „	1 „ 3623 „

Auch für ganz Europa ergiebt sich eine gewisse, an Parallelismus grenzende Aehnlichkeit in der geographischen Vertheilung dieser Verbrechen mit der der Revolutionen. So finden wir am Schluss des Buches von BODIO „*Sul Movimento della Delinquenza in Italia*", dass Italien und Spanien die meisten Verurtheilungen wegen Tödtung ergaben (im Mittel 95, resp. 83 auf 1 Million Einwohner), und diese Nationen haben auch die grösste Zahl von Revolutionen produzirt; dagegen ist die Zahl dieser Verbrechen in England und Deutschland am geringsten (5 resp. 11), und diese Nationen hatten auch die geringste Zahl von Revolutionen. In Italien wie in Frankreich wächst die Zahl der Tödtungen in direktem Verhältniss zur jährlichen Wärme und ist in den südlichen Regionen grösser. (*Uomo delinquente*, p. 54). Dasselbe gilt von Vergehen gegen die Staatsgewalt; nach der italienischen Statistik von BODIO (*Statistica decennale della criminalità*) und nach der spanischen, welche das spanische „Ministerium der Gnade und Justiz" veröffentlicht hat. Trennt man die Gesamtzahl dieser Vergehen nach einzelnen Breitengraden und reduzirt diese Zahlen nach der Bevölkerung, so findet man:

Breitengrade	Vergehen auf 100 000 Einwohner		
	Spanien[1]	Italien	
Von 36—37°.....	circa 14		
„ 37—38°.....	„ 12	 96,7	
„ 38—39°.....	„ 9	 42,0	
„ 39—40°.....	„ 8	 30,6	
„ 40—41°.....	„ 11 (Madrid)............	37,8	Neapel
„ 41—42°.....	„ 9 (Barcelona, Saragossa)	36,8	Rom
„ 42—43°.....	„ 6	 32,7	
„ 43—44°.....	„ 5	 18,7	
„ 44—45°.....		 19,8	
„ 45—46°.....		 19,2	
„ 46—47°.....		 16,2	

[1] R. MONCADA, *Il regicidio e il parricidio nel diritto penale.* — Catania 1882.

Daraus ergiebt sich mit Evidenz die Einwirkung des südlichen Klimas, wie die der Residenzen und anderer Grossstädte.

HOLTZENDORF berechnet die Anzahl der Mörder in den Südstaaten Nordamerikas auf die 15fache Zahl dieser Verbrecher in den Nordstaaten; so kommt in den Neu-Englandstaaten ein Mord auf ¹/₄ Million Einwohner, im Süden ein Mord auf 4—6000 Einwohner. In Texas kamen während 15 Jahren 7000 Morde auf 818,000 Einwohner (nach REDFIELD). Hier haben freilich die Kinder auf den Schulbänken Mordwaffen bei sich.

Eine andre Analogie untersucht CORRE bezüglich der geringeren Zahlen in Ländern mit excessiv feuchtwarmem Klima (*Facteurs généraux de la criminalité dans les pays créoles. — Arch. d'anthropologie crim.* 1889, No. 20). Er fand für die Kreolen in Guadeloupe das Minimum von Verbrechen während des Wärmemaximums im Juli, bei 29,3°, speziell bei Verbrechen gegen die Person, — während das Maximum auf den März, bei nur 17°, fällt; hier findet sich also eine Umkehrung des thermischen Einflusses, ganz ähnlich derjenigen, die sich für die Revolutionen nachweisen lässt. In diesem Klima nämlich wirkt die feuchte Wärme deprimirend, und die relative Kühle excitirend. CORRE notirte:

In der kalten Jahreszeit			53	Verbrechen gegen		das	Eigenthum
„	„	„	48	„		„	die Person
„	„ warmen	„	23	„	„	„	„
„	„	„	51	„		„	das Eigenthum.

8. Analogien mit der Genialität. — Alles dieses gilt für die Revolten. Dieser Einfluss lässt sich jedoch in einem andern Grade für die Genialität und für die Revolutionen nachweisen. Ein einfacher Blick auf die Tafeln V. und VI. genügt, um sich zu überzeugen, dass die südlichen Departements Frankreichs (82. 21. 42.) eine grosse Zahl von Radikalen wie von Genies ergeben, abgesehen von den an die Pyrenäen grenzenden Departements, wo die zum Kretinismus (Kropf) disponirenden tiefen Thäler dies Gesetz durchbrechen.

In meinem Buche „Der geniale Mensch" ist ziffermässig nachgewiesen, dass geniale Schöpfungen zunehmen bei ansteigender
und bei hoher Temperatur, wohlverstanden bei nicht excessiver
(pp. 98 und 117), indem das Maximum, 539, in den Frühling fällt,
dann der Herbst und Sommer mit 485 und 475 kommt, und
der Winter mit dem Minimum 368; und dort (pp. 120—128)
ist nachgewiesen, dass die grösste Anzahl der Genies sich in
hügligen Ländern mit milder, vorzugsweise warmer Temperatur
finden, wie denn die grossen Meister der Musik in den warmen
Ländern vorwiegen, so dass von allen 118 auf Italien 44
kommen, und davon 27 auf Neapel und Sizilien, auf Neapel,
wo auch berühmte Bildhauer und Maler zahlreich auftreten.

Die Majorität liberaler Abstimmungen sieht man jedoch
in mehr kühlen und hügligen Ländern erscheinen, und blickt
man auf die Entwicklung des Protestantismus und der industriellen, wie kolonialen Bewegung, so kommt man zu dem
Schluss, dass die wärmsten, stets von Aufständen bewegten Länder
Europas, Griechenland, Spanien, Italien, selbst Frankreich,
unter den kalten nordischen Ländern England, Deutschland,
Holland stehen, wo die Entwicklung gigantisch fortschreitet;
auch im Norden der Vereinigten Staaten ist die Entwicklung
weiter, als im Süden, und in beiden Gebieten zusammen fort-
geschrittener, als in Südamerika.

9. Luftdruck und barometrische Schwankungen.
Der Einfluss der übrigen meteorologischen Faktoren ist weniger
evident; jedoch zeigen die Erhebungen unsrer Kurve im März,
dem Monat der heftigsten barometrischen Schwankungen, und
auch die des September und Oktober (siehe Tafel III. Fig. 2,
4, 6, 7, 8) den sekundären Einfluss, welchen brüske Aenderungen des Luftdrucks haben. Im alten Rom brachen fast
alle bedeutenden Unruhen in den Frühlingsmonaten aus. So
wurden nach MACROBIUS die Tarquinier an den Cal. Junii
vertrieben; jedoch feierte man das Regifugium an den Iden
des März (KUSCHKE, Das altrömische Jahr, 1869), was ver-
muthen lässt, dass dies letzte Datum das richtige ist. Alle
wissen, dass die Iden des März für Caesar verhängnissvoll
wurden, aber wenige haben es bemerkt, dass dieser Monat es

auch für viele seiner Nachfolger war, während für die byzantinischen Kaiser die Monate Juni und Juli gefährlich waren.

RAMOS MEJA [1] erklärt die Häufigkeit der Revolutionen
Südamerikas durch die brüsken Temperaturänderungen des
Litorale und durch den in Argentinien dominirenden Nordwind, Faktoren, die dort das Nervensystem ausserordentlich
erregen.

10. Trocknes und feuchtes Klima. — Die Trockenheit hat einen grossen Einfluss auf die soziale Entwicklung.
Die Trockenheit und die hohe elektrische Spannung der Luft
in New-York, welche alle, auch den Nicht-Eingebornen, zu
energischer Hirnarbeit antreiben, würden nach einem scharf
beobachtenden englischen Zeugen (*Times*, Juli 1885) einen
erheblichen Antheil an der Zahl der sogenannten cranks
haben, jener nervös überspannten Naturen, welche zu Präsi-
dentenmorden, Aufständen und Parteizwistigkeiten ein so erhebliches Kontingent stellen. BEARD findet ein Zeichen kli-
matischer Einflüsse in dem Unterschiede zwischen dem Yankee,
den alles Neue entzückt, und dem konservativen Südstaatler,
der es den Fabrikanten fast unmöglich macht, neue Stoffe und
Maschinen anzuschaffen, weil er sie nicht als schlecht, sondern
als neu zurückweist. Die Lebensgewohnheiten, die Geldgier,
die „Revivals",[2] die Wahlunruhen wären Effekte der höchst
veränderlichen Temperatur des Nordens im Verein mit den
Bedürfnissen eines neuen Landes und des Pionierlebens. Die
schnelle Feuchtigkeits-Absorbtion durch die Luft beschleunigt
den Stoffwechsel des Nervensystems; selbst die bedeutenden
Redner der Nordstaaten sind nach BEARD ein Produkt der allgemeinen aufgeregten Nervosität (BEARD, *Il nervosismo ame-
ricano*, 1888). Aber hier kompliziren sich meteorische mit
historischen und sozialen Bedingungen, und vor allem mit der
Anhäufung von Millionen Menschen innerhalb eines relativ
kleinen Raumes, ein Faktor, auf den wir seiner Zeit zurück-
kommen werden. Uebrigens wiederholt sich das auch in

---

[1] *Las neurosis de los hombres celebres en la Historia Argentina.*

[2] Religiöse „Erweckungen", die bei Konventikeln massenhaft und
krampfhaft auftreten. — K.

Frankreich; hier verbindet sich mit dem veränderlichen Klima von Paris das Fieber einer luxuriösen Ueberkultur, um die spezifische Veränderlichkeit der gallischen Rasse zu erhöhen und sie rebellisch zu stimmen.

Die grossen Eroberer - Rassen der Welt sind hervorgegangen aus der regenlosen Region, welche die Mongolei, Thibet, Persien, Arabien und Nordafrika umfasst. Die tatarische Rasse bevölkerte China und die Länder, die dieses von Indien trennen, und brach von Zeit zu Zeit in den Occident ein, die arische Rasse verbreitete sich in Indien und eroberte ganz Europa, und schliesslich drang die semitische Rasse nach Nordafrika vor und okkupirte von dort aus einen Theil Südeuropas. Diese drei Rassen von so verschiedenem Typus, alle aus regenarmen Regionen hervorgegangen, besetzten relativ feuchte Gebiete und verloren dort einen gemeinsamen Charakterzug, ihre Energie, so dass sie ihrerseits vor Eroberern weichen mussten, die aus ihren eignen Ursitzen kamen.

So entstanden in den regenarmen Regionen zwischen Central-Amerika und Mexiko die ersten autochthonen Civilisationen, und so findet man auch in Peru in der regenlosen Zone gerade die bedeutendsten Reste einer den Inkas vorausgehenden Civilisation.

Aber den exaktesten Beweis dieses Einflusses liefert das orographische Studium (Réclus) der französischen Departements, im Vergleich mit der Verbreitung genial begabter Männer in Frankreich (Jakoby) und den drei allgemeinen Abstimmungen des französischen Volkes nach Departements untersucht (vgl. Tafel 5—6). Letztere, die uns ein enormes Zahlenmaterial liefern, geben, so zu sagen, die Momentphotographie der politischen Meinung, und innerhalb dieser Masse kompensiren sich die durch Bestechung, bureaukratische Maassregeln etc. bedingten Fehlerquellen.[1]

---

[1] Bei der Klassifikation der Departements, nach der herrschenden politischen Anschauung, haben uns folgende Grundsätze geleitet. 1. Alle diejenigen Departements, welche in den drei allgemeinen Wahlen der Jahre 1877, 1881, 1885 mehr als 40°/o monarchistischer Wähler von der Summe aller eingeschriebenen Wähler überhaupt ergeben haben, oder

11. Berg- und Hügelland. — Schon bei dem Studium der Genialität ist ein orographischer Faktor darin gefunden worden, dass gebirgiges Terrain die Genialität und republika-

Diagramm I.

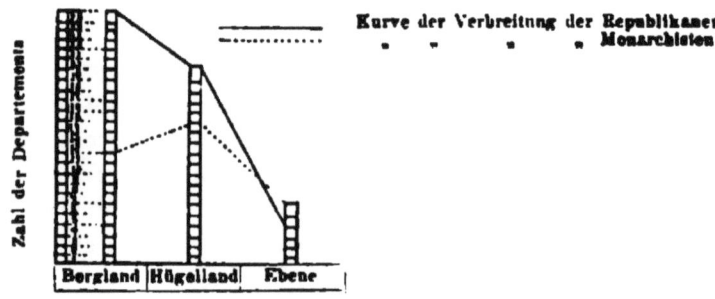

nische Anschauungen begünstigt, welche in einem, seiner Geschichte nach monarchischen Lande die eigentliche Revolution repräsentiren. Das zeigt sich schon bei dem ersten Blick auf die Tafel V.—VI., Fig. 1 und 4, deutlicher aber noch auf dem obenstehenden Diagramm der französischen Wahlen. Die Republikaner überwiegen sowohl in den gebirgigen, wie in den hügligen Departements, mehr jedoch in den ersteren (im Verhältniss von 2 zu 1 der monarchistischen Departements), als in letzteren (Proportion 1,4 zu 1). Die Monarchisten überwiegen dagegen in den Departements mit ebnem Boden (in der Proportion von 3 zu 2). Diese Differenzen zeigen sich

_____

eine von 1877—1885 immer konstante Zahl monarchistischer Stimmen, haben wir als monarchistisch notirt. — 2. Die Departements, welche in den genannten drei Wahlen monarchistische Stimmen in weniger als 40 % eingeschriebener Wähler abgaben, resp. diejenigen, in welchen dies Kontingent während dieses Zeitraums sich konstant verringert hat, notirten wir als republikanisch. Wir haben 40 % aller eingeschriebenen Wähler als Grenzlinie für die Bestimmung der Parteien angenommen, weil im allgemeinen 20 % der Wähler nicht mitstimmen. — 3. Diejenigen Departements, welche Stimmenthaltungen in noch grösserem Maasse aufweisen, haben wir unter der Bezeichnung ungewiss einer besonderen Untersuchung unterworfen.

noch deutlicher in dem Verhalten der Genialität (Diagramm II),
wo, mit einer Ausnahme (x), auf die wir noch zu sprechen
kommen, Berg- und Hügelland das Maximum, Flachland das
Minimum ergeben.

Diagramm II.

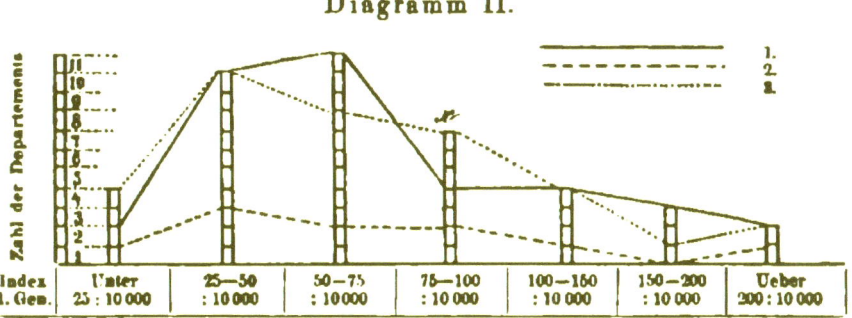

1. Departements mit gebirgiger Bodengestaltung
2.   „   „   ebener   „
3.   „   „   hügeliger   „

Die bergigen und hügligen Departements zeigen Verhältnisse, die sich fast kompensiren. Eine ganz gleiche Zahl hüg-
liger und bergiger Departements finden sich in der Gruppe,
die 25—50 auf 10,000 Einwohner für die Genialität ergiebt,
wie in den Gruppen von resp. 100—150 und mehr als 200.
Das Hügelland ergiebt eine grössere Zahl in den beiden Serien
von 10—25 und von 75—100, das Gebirge eine grössere Zahl
in den Gruppen 50—75 und 150—200. Das quantitative
Uebergewicht bleibt jedenfalls den gebirgigen Departements,
abgesehen von der Interferenz der vierten Gruppe, die sich in
der einzigen Konkavität x des Diagramm II. zeigt.

12. Bergland. — Schon aus dieser Interferenz x ergiebt sich, dass das Problem des Einflusses der Gebirge recht
komplizirt ist. Im allgemeinen kann man sagen, dass die Be-
wohnerschaft des Gebirges mehr evolutiv angelegt ist, und
die der Flachländer (was schon oft bemerkt wurde) dem Neuen
kühler gegenüberstehen. Jedoch muss man hier, wie ich glaube,
Unterschiede machen. Gebirgsstämme wissen dem Eroberer

und dem Usurpator kräftiger zu widerstehen und sind geeig-
neter, andre zu beherrschen, besonders das Flachland, als sich
beherrschen zu lassen; in diesem Sinne beeinflusst das Gebirge
Freiheitskämpfe (als legitime Reaktion gegen die Herrschaft
nicht stammverwandter Völker aufgefasst) und noch mehr Revolten, wozu die Unzugänglichkeit des Gebirges beiträgt. Das
zeigt das Beispiel der Schotten, der Bretonen, der Montene-
griner, der Piemontesen, der Kleften und der Kurden, deren zähe
moralische Kraft noch verstärkt wurde durch die jede Invasion
erschwerenden Terrain-Hindernisse. So blieb Sparta immer frei,
während Dorier und Jonier in vielen Fällen unterjocht wurden.

So sah man die Tibetaner, ein von indolenten und ser-
vilen Nachbarn umgebenes Volk, eine merkwürdige Energie im
Kampf gegen die Chinesen entwickeln, so sind die Afghanen,
besonders der Bergstamm Jussuf, wahre Eroberer, nüchtern,
ehrlich und stolz auf ihre Unabhängigkeit gegenüber der Hindu-
Indolenz. — CYRUS gestattete nach HERODOT den Persern nicht,
ihre heimathlichen Berge zu verlassen, in denen er ihre glückliche Energie wurzeln sah. Man kann sagen, dass die ersten
Freiheitsbewegungen und der letzte Widerstand gegen die
Knechtschaft immer in den Bergen zu Hause war; man denke
an die Samniten, die Marser, die Ligurer und die Kantabrer
in ihren Römerkriegen; an die Kämpfe der Asturier gegen die
Gothen und Sarazenen; an die Kämpfe der Hajduken, der
Albanesen, der Mainoten, der Drusen und Maroniten gegen
die Türken;[1] an die Tlaskalaner und Chilenen in Amerika, die
drei Urkantone der Schweiz im Kampfe gegen Oesterreich und
Burgund. So fanden sich die ersten Versuche zu Gunsten
religiöser Freiheit in Frankreich auf den Cevennen, und in
Italien in Valtellina und Pinerolo, trotz der Dragonaden und
der Martern der Inquisition.

Die Illyrer kamen nie unter die Herrschaft ihrer griechischen
Nachbarn und leisteten den Mazedoniern zähen Widerstand,

---

[1] Es waren die Mainoten des Berges Taygetos bei Sparta, die
zuerst die griechische Unabhängigkeit erklärten. (GRAVIUS, Die Erhebung
Griechenlands, 1864.)

bis sie nach dem Tode Alexanders ihre Unabhängigkeit wieder-
erlangten.

Aehnliches zeigen die modernen Kämpfe im Kaukasus.

In England war es in dem bergigen Wales schwer, die
Alleinherrschaft zu befestigen, und noch schwerer, der Central-
gewalt Anerkennung zu verschaffen. Nicht weniger als acht
Jahrhunderte verflossen bis zur Besiegung und vollständigen
Unterwerfung der Eingeborenen; der Bezirk Fens, ein reicher,
zerklüfteter Theil der Grafschaften Lincoln und Cambridge,
ein alter Räuber- und Aufrührerhorst, wurde zur Zeit der
normannischen Eroberung das letzte Bollwerk des angelsächsischen Widerstands; zwischen den Felsen, die das Land
fast unzugänglich machen, setzten die Flüchtlinge lange ihren
Widerstand fort. So wurden die Highlands nicht eher der
centralen Gewalt unterworfen, bis die von dem General VADE
gebauten Chausseen ihre wilden Schlupfwinkel aufschlossen.

Und in vielen Gebirgen kommen die Ideen politischer
Entwicklung zur Welt. — Athen war nach PLUTARCH nach
dem Aufstande des Kilon in drei Parteien getheilt, welche der
geographischen Gestaltung des Landes entsprachen; die Bergstämme wollten um jeden Preis eine demokratische Regierung,
die Flachländer eine oligarchische und die Küstenbevölkerung
war für einen Kompromiss.

13. Hemmender Einfluss sehr bedeutender Berg-
höhen. — Die evolutive Energie versagt jedoch, wenn das
Gebirge sich zu hoch erhebt. In der dünnen Luft, die das
Blut sauerstoff-arm lässt, Pulsschlag und Athmung verdoppelt,
liegt eine Analogie des thermischen Einflusses; was in mässigem
Grade Unruhen begünstigt, bewirkt in seinen höchsten Graden
politische Indolenz. — So haben hüglige oder Mittelgebirge
tragende Länder eine grosse Tendenz zu Revolten, die auf
ganz hohen Bergen sehr gering ist. In Mexiko sind die Bewohner der über 2000 m hohen Plateaus weniger fruchtbar,
(3,06 %o, während das Flachland 6,5 %o erreicht) apathisch,
leidenschaftslos, intellektuell nicht aufgeweckt; dagegen ist der
Mexikaner des Mittelgebirges thätig, entschlossen, vielseitig,
unternehmungslustig und leistungsfähig; selbst das Pferd des

mexikanischen Hochlandes kann keine 250 m laufen, ohne Emphysem zu bekommen (JOURDANET, *Influence de la pression etc.* 1871).

Nach SEMPER ist der Typus der Andenbewohner folgender: kleine Gestalt, rundes Gesicht, niedrige Stirn, grobe, oft weisse Haare, grosse Geduld, gefühlvolle Religiösität, Schwerfälligkeit, Leidenschaftslosigkeit, Schüchternheit, während sein Stammesgenosse im Mittelgebirge lebhafte Leidenschaften, mehr Intelligenz und technische Begabung besitzt und z. B. Hüte und Matten fabrizirt. SCHLAGINTWEIT fand in den höchsten Regionen der tibetanischen Hochebene die Zahl der männlichen Einwohner erheblich geringer als die der Frauen und die Zahl der Söhne gering gegenüber der der Ehen. (Reisen nach Indien und Hoch-Asien. Jena 1860—66.)

Ein ausgezeichneter Geograph und Naturhistoriker, MARINELLI, fand bei dem Studium der beiden höchstgelegenen Gemeinden Italiens (1390 m) zwar keinen besonderen Unterschied der Begabung und Leistungsfähigkeit oder der erotischen Tendenzen, jedoch bemerkenswertherweise eine erhebliche Neigung zur Blutarmuth und Blutergüssen. Beim Vergleich dieser beiden Bezirke untereinander (Sauris di sopra, 1390 m hoch, und Sauris di sotto, 1220 m hoch gelegen) fand er, dass die höher wohnende Bevölkerung mürrischer, aber weniger lebhaft, langsamer, weniger erotisch und blutarmer ist als die der andern.[1]

„Es ist,“ schreibt einer unserer scharfsinnigsten Schriftsteller, Prof. S. GIORDANO (*Alpinismo e aeronautica*, Torino 1876), „eine alltägliche Beobachtung, dass das Leben und seine Reproduktion, je näher man den höchsten Erhebungen kommt, allmählich erlöschen, sowohl in der Thier- als in der Pflanzenwelt. Die Vegetation sendet die Flechten als letzte Vertreter in eine Höhe, über der nur noch der Adler haust; andere Thiere erhalten sich dort nur mühselig, aber sie pflanzen sich nicht mehr fort; selbst das so fruchtbare Kaninchen ist hier steril; Stiere, welche die Spanier nach Paz (Bolivia,

---

[1] LOMBROSO, *Pensiero e meteore.* Milano, Dumolard, 1878.

3730 m) brachten, um sie zum Stiergefecht zu benutzen,
zeigten sich dort vollkommen feig und harmlos.

Ein uns von einem reisenden Gelehrten[1] zugegangener
Bericht zeigt, dass die Geschichte der Civilisation in Peru
und Mexiko diesem Gesetze nicht widerspricht. „Ich würde",
schreibt NIBBI, „gern zu einer Aufklärung des Gegensatzes
kommen, der Ihnen zu bestehen scheint, zwischen den Schluss-
folgerungen JOURDANETS und der historischen Erscheinung
zweier Völker, die höher als 2000 m über dem Meeresspiegel
wohnend, zwei abweichende Civilationsstufen erkennen lassen
— eine antike und eine moderne. Die ältere von beiden
wurde ausschliesslich von den Toltecas entwickelt, denen die
Azteken folgten. Man nimmt an, dass die Tolteken eine aus
dem Orient eingewanderte Rasse wären; was wir von ihrer
Religion und ihrem politischen Leben wissen, zeigt uns ihre
Verwandtschaft mit den asiatischen Völkern; sie brachten die
Morgenröthe der Kultur. Die Azteken kamen aus Nord-
Amerika in die Ebene von Mexiko, genauer gesagt, in die
Lagune von Tenochtitlan, wo sie ihre Hauptstadt bauten, ihre
Religion einführten und ihre Organisation besiegten Völkern auf-
zwangen, darunter den Tolteken, deren Civilisation sie nicht zu
überwinden wussten. Somit kommt das Verdienst, diesen Theil
Amerikas civilisirt zu haben, eigentlich auf Rechnung der
Tolteken. Die Azteken bedeuten in der amerikanischen
Kulturgeschichte einen Rückschritt."

„Es sind also weder die alten noch die neuen Kulturvölker hier autochthon; die ersteren kamen aus Asien direkt
oder aus dem amerikanischen Norden; die neuen sind Spanier
oder überhaupt Europäer. In beiden Fällen ist die Civilisation
importirt, und das scheint mir ein sehr wichtiges Moment bei
der Untersuchung der Entwicklung eines Volks unter dem
Einfluss des umgebenden Mittels. Schliesslich lehrt ein Blick
auf die eigentlich eingeborenen Rassen, dass sie hier auf der
Hochebene friedlich und vollkommen unterwürfig sind, während

---

[1] NIBBI, *Gli altipiani del Messico in rapporto alla psicologia.* LOM-
BROSOS Archiv VIII. p. 306. Brief an Prof. LOMBROSO.

die noch kriegerischen oder einer kriegerischen Erhebung
— die ernste Verwicklungen bringen könnte — fähigen
Stämme Gebiete bewohnen, die weitab von dem Plateau liegen,
meist nämlich die Küste, wie die Indianer von Yucatan, die
der Sierra Nayarit, die „Gocadahjara" der Nordgrenze, die
Guerreros von Tehuantepec, wie die Juchitanekos, eine kräftige
Rasse von schönen Körperformen, mit einer an den europäischen
Typus grenzenden Stirnbildung, aber von wildem Blutdurst."

„Es genügt, auf die Strasse zu gehen und den Arbeitern
zuzusehen; es ist ein wahrer Jammer: sie sind höcht langsam,
ruhen alle Augenblicke aus, um Athem zu schöpfen, und scheinen
sich zu fürchten, in Schweiss zu gerathen."

„Wie die Mexikaner wenig arbeiten, so sind sie auch
keine Freunde von Fussmärschen; daher mag es vielleicht
kommen, dass man in Mexiko, obwohl es Hauptstadt ist, fast
gar keine Promenaden im eigentlichen Sinne findet; die
wenigen Spaziergänge werden zu Wagen oder zu Pferd und
bei Sonnenuntergang gemacht. Deshalb ist in diesem Lande,
trotz des gemässigten Klimas, trotz der Leichtigkeit des Lebens-
unterhalts das Elend gross und der Schmutz fürchterlich."

„Im allgemeinen ist der Mexikaner — der Bewohner der
Hauptstadt — apathischen Temperaments."

„Die grossen Geister, die die Geschichte des Landes — in
Wissenschaft, Litteratur und Politik aufweist, sind gewöhnlich
nicht Eingeborene. Es dürfte lohnend sein, eine detaillirte
Statistik hierüber aufzustellen, wie z. B. die der Präsidenten der
Republik — circa 60 an der Zahl —, welche auf Grund
militärischer oder politischer Talente an die Spitze gelangten;
sie würde uns zeigen, dass fast alle, ganz besonders aber die
hervorragendsten unter ihnen, nicht aus Mexiko stammen."

„Man betrachte ferner, dass das Territorium der Republik Mexiko elfmal so gross ist wie Italien, dass es die verschiedensten Klimaformen und Menschenrassen umfasst, dass,
wenn der transatlantische Telegraph die Nachricht von einer
in Mexiko ausgebrochenen Revolution meldet, man nicht die
Hauptstadt darunter zu verstehen hat, denn die Revolution
ist ausserhalb der Residenz, nicht in ihr zu Hause, in irgend

einer weit von ihr entfernten Region. Sehr selten entstehen
Revolutionen auf der Hochebene, gewöhnlich in den Küsten-
gebieten, niemals in der Hauptstadt. Mexiko ist eine ausserordentlich friedliche Stadt. Trotz der vielen Agitationen ist
es in ihr nie zu einer Revolution gekommen, selbst nicht in
der allerbewegtesten Zeit des Unabhängigkeitskrieges; wenn
eine seltene Waffenthat gelang, so geschah es ausschliesslich
durch die Garnison. Nach den eigenen Bekenntnissen der
Mexikaner ist die Bevölkerung von Mexiko und der Umgegend
weder tapfer noch turbulent. Mexiko ist eine passive Stadt:
sie unterliegt den von auswärts her wirkenden Bedingungen.
Die Generale der Pronunciamentos bewähren sich in der Bestechung der Truppen, niemals durch Aufwiegelung der städt-
tischen Bevölkerung.“

In der That gab es nicht selten Revolten, wie die der
Mestizen von Arequipa (7800 Fuss über dem Meeresspiegel)
oder wie die in Bogotá, in Potosi, in La Paz (11,000 Fuss
über dem Meeresspiegel). Aber wie uns NIBBI erklärt, waren
das gar keine Revolutionen, sondern Rebellionen, und wurden
ähnlich wie Theateraufzüge von einigen hundert Soldaten ausgeführt; sie schwelgten in Anarchie, die sie hervorriefen, für
einen Augenblick aufhoben und wieder einsetzten, wie der
Anämische seine Krämpfe bekommt; und wie wir Italiener
leider unsere parlamentarischen Kämpfe haben, die mehr ein
Zeichen von Schwäche als von Energie sind und immer
unfruchtbar bleiben.

14. Unzugänglichkeit. — Ein sehr hohes Gebirge ist
ein Entwicklungshinderniss und ein rein konservativer Faktor,
da es nicht nur als Bollwerk dient, sondern als eine dem Verkehr der Völker und der Ideen hinderliche Scheidewand und
mit seinem rauhen Klima und seiner düstern Scenerie die
Phantasie ohne Anregung lässt.

„Wenn ein Land,“ sagt RATZEL, „überall ebnes Gebiet hat,
so hat es nach allen Seiten Möglichkeit der Expansion; eine
von andern Ebnen umgebene Ebne deutet auf eine nomadische,
nicht bestimmt abgegrenzte Bevölkerung, während in von Bergen
umgebenen Thälern Völker mit dauernden Ansiedlungen und

feststehenden Sitten und Gebräuchen wohnen. Wenn nun im ersten Falle die Kraft der Expansion eines Volkes gegen das andere freies Feld hat, setzt ihm im anderen Falle die Natur ein Hinderniss entgegen, da die natürlichen Schranken Abwehr und Konservativismus bedingen."

„Im Süden Europas sieht man die iberische und die appenninische Halbinsel ausschiesslich je einen Zweig des romanischen Stammes aufnehmen, und zwar kraft ihrer festgeschlossenen Grenzen, während die Balkanhalbinsel mit ihrer buntgemischten Bevölkerung auf die Nachbarschaft Asiens und des osteuropäischen Tieflandes deutet; nur Thessalien, von Bergen umschlossen, bewahrt die Reinheit der griechischen Rasse. Der Einfluss der Umgrenzung scheint den der Rasse zu verdrängen, denn wir sehen z. B. in England bei der Mischung mehrerer Rassen eine der politisch einheitlichsten Nationalitäten. Vergleicht man die Grenze zwischen Spanien und Frankreich und die in der Schweiz nach Italien zu, die in den Vogesen gegen Frankreich gegebenen Grenzen Deutschlands mit den Ebenen der deutsch-polnischen und deutsch-russischen Grenzgebiete, so findet man dort Ruhe, oder wenigstens das Streben danach, hier Unsicherheit und fortwährende Unruhe." (RATZEL, Völkerkunde. Stuttgart, 1882.)

Diagramm III.

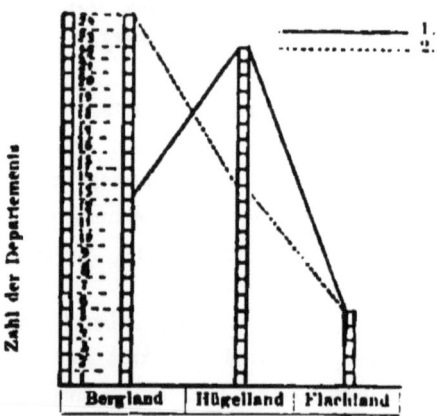

1. Kurve der Departements mit weniger als 25 % Wahlenthaltungen
2. „   „   „   „   „   25—50 %.   „

Dieser isolirende, bewegungshemmende und damit der politischen Unruhe ungünstige Einfluss der hohen Gebirge verräth sich in den zahlreichen Stimmenthaltungen der gebirgigen Departements Frankreichs. (Diagramm III.) Dieses Diagramm zeigt, wie in gebirgigen Distrikten die Stimmenthaltung vorwiegt. Das erklärt sich aus dem auf der Hand liegenden Umstande, dass dort die Kommunikation erschwert ist, während in den hügligen und ebnen Departements eine geringere Zahl von Stimmenthaltungen stattfindet, weil es den Wählern so viel leichter wird, das Wahllokal zu erreichen. Aus analogen Gründen überwiegen die Stimmenthaltungen in den industriellen Departements, welche doch am entschiedensten republikanisch sind.[1]

„Die Unzugänglichkeit der Gebirge," sagt RATZEL, „trägt dazu bei, sie vor Eroberungen zu sichern." Die grosse centrale und die anguläre Masse Frankreichs mussten Grenzvölkern immer wenig verlockend erscheinen wegen der Schwierigkeit des Zugangs, des Mangels an Handelswegen, des rauhen Klimas, und vor allem wegen ihrer Sterilität.

In der Ebne machten sich die Völker den Boden streitig, auf der Höhe besassen sie ihn in Frieden; in der Ebne herrschte ein unaufhörliches Kommen und Gehen der Menschen, auf Kriegs- oder Handelszügen, im Gebirge führten die Bewohner ein friedlicheres, gleichmässigeres Leben; sie lebten langsamer, aber auch in grösserer Sicherheit. Ein analoges Phänomen, wie man es in der Pflanzenwelt beobachtet, wuchs die „Menschen-Pflanze" mühsamer auf jenen Granitfelsen, aber sie wurde kräftiger und zäher.

15. Einfluss des Kretinismus. — Verhängnissvoller

---

[1] Eintheilung der Departements in Gruppen nach dem Verhältniss zwischen Wahlenthaltung und Wahlberechtigten:

Wahlenthaltungen in Prozenten der wahlberechtigten Franzosen	Vorwiegende politische Anschauungen	
	monarchistisch Zahl der Departements	republikanisch Zahl der Departements
unter 25 %	21	18
von 25—50 %	11	31
über 50 %	—	1

ist in gewissen Thälern der Kretinismus. Fast alle Bewohner
tief einschneidender Hochgebirgsthäler sind träge, apathisch, und
zwar gerade wegen der grossen Feuchtigkeit. In feuchter Luft,
sagt CABANIS, ist der Geist zäh, der Wille träge, die Neigungen
matt, der Reproduktionstrieb schwach, — im Chinesischen ist
der Ausdruck für feucht-warm synonym für stupide; wer
das beurtheilen will, ohne nach China zu reisen, braucht
nur den betriebsamen und flinken Comasker zu vergleichen
mit dem stumpfen und langsamen Bewohner von Pavia und
Lodi, oder mit der Bevölkerung der dem Nordwind ausge-
setzten, tief zwischen Bergrücken liegenden Alpenthälern, wie
Valtellina (Veltlin) und Aosta.

Die zwischen hohen Berglehnen eingeschlossenen und
somit, sei es durch ihre Feuchtigkeit oder durch ihr noch
unbekanntes, Kropf und Kretinismus erzeugendes Miasma, ungesunden Thäler haben eine Bevölkerung, unter der kleine Ge-
stalten vorwiegen und Genies selten sind. Dagegen geben die
auf sonnigen und gesunden Höhen gelegenen Gebiete die statt-
lichste Körpergrösse; man darf deshalb nicht mit BROCA sagen,
dass das Gebirge ohne Einfluss wäre, weil es solche mit
grossen und mit ganz kleinen Einwohnern gäbe; diese doppelte
Wirkung entspricht ganz entgegengesetzten Bedingungen,
nämlich einer sonnigen Lage nach Süden oder auf einer Hoch-
ebne und einer in der Tiefe der Thäler oder, obgleich in
grösserer Höhe, so ganz dem Norden zugewandten Lage, dass
die Sonne gar nicht eindringen kann. Das ist der Grund,
weshalb man z. B. in Valtellina Dörfer mit zahlreichen Kretins
und Zwergen neben andern mit stattlichen, geistig sehr reg-
samen Einwohnern findet. „Die Bewohner der Pyrenäen",
schreibt MARCHAUT, „lassen sich in zwei Klassen theilen: die
der Hochthäler, mit voluminösem Schädel, stattlicher Grösse,
wohlproportionirten Formen, lebhaftem Geist, und die der
Tiefthäler, die erheblich kleiner sind, kleine und asymmetrische
Schädel haben, mit kurzen, dicken Beinen, langen Armen,
massigen Gelenken. Sie sind apathisch, verlogen, diebisch und
gierig" (*Observations sur le crétinisme dans les Pyrénées*, 1842).

Dasselbe verzeichnete die berühmte sardinische Kommission

zur Erforschung der Kretinismus: „Die Einwohner der vom Kretinismus befallenen Gebiete, auch die Nicht-Kretins zeigen Rhachitis, dicke Schädel, aufgetriebene Knochen und Gelenke, kleine Figur, breite Jochbeine, kleine Augen u. s. w."

Das lässt sich bis zu einer gewissen Grenze auch ziffermässig beweisen. Wie ich z. B. für Gebiete Italiens, die von einer einheitlichen Rasse bevölkert sind, gezeigt habe, (Der geniale Mensch, 1890) findet sich bei herrschendem Kropf (AOSTA, SONDRIO, SALUZZO, SUSA) fast immer vorwiegend geringe Körperlänge, während dieselbe Rasse in Asti, Como, einen stattlichen Menschenschlag und viel Genies liefert.

Ebenso ergeben die Distrikte von Romanengo in Ligurien, Usseglio in Piemont, Crespano in Venetien, Collio und Chiesa in Valtelina, bei ihrer hohen, aber gesunden Lage Einwohner von stattlicher Grösse, die stark abstechen von ihren Nachbarn im Thal und in der Ebne, die bei gleicher Rasse dem Kropf ausgesetzt sind. Diese Thäler sind durchaus nicht revolutionär oder rebellisch; und daher findet sich die geniale Begabung und der Liberalismus der Hochländer nicht in jenen weniger feuchten, tief eingeschnittenen, von endemischem Kropf heimgesuchten Thälern. Dahin gehören in Frankreich die Departements: Corrèze, Ardèche, Ariège, Pyrénées, Basses Alpes, Puy de Dôme, die ein Minimum von Genialität und Republikanismus ergeben, und die von uns in Diagramm II bemerkte Konkavität der Kurve bedingen. — Dem entspricht in Griechenland Böotien, das nur Pelopidas und Pindar hervorbrachte, und zum Theil die Schweiz, Piemont und Tyrol, die in langen Jahrhunderten keine berühmten Revolutionen und kein Genie hervorbrachten.

Die Spartaner, die ein zwischen hohen Bergen verstecktes Thal bewohnten,[1] waren ungenial, hingen zäh am Alten und

---

[1] Sparta lag in einem tiefen Kessel, 26 km vom Meere, von rauhen Bergketten umgeben, welche den engen Raum zwischen der Stadt und dem Eurotas beherrschten. Die Landschaft Lakonien war ein langes, enges, von Norden nach Süden laufendes Thal, zwischen zwei Bergketten gelegen, die von Arkadien zum äussersten Süden des Peloponnes laufen. Alle Wasserläufe dieses Thals sammeln sich im Eurotas, der von seiner Quelle an durch ein sehr tiefes und enges Thal fliesst, das bei Sparta kaum mehr Raum lässt, als der Flusslauf selbst erfordert.

an ihrer neun Jahrhunderte alten Verfassung, während die auf
Hügelland und an der Küste wohnenden Athener und die
Jonier, ein unruhiges, neugieriges, abenteuerlustiges Volk, fort-
während Aufstände und geniale Männer hervorbrachten. —
Und als Italien schon ganz römisch war, blieben die Ligurer
widerspenstig (VIRGIL II) und waren zähe Vertheidiger ihrer
Unabhängigkeit.

16. Flachland. — Das Flachland war, seit undenklichen
Zeiten, entweder als zu warm oder zu gleichförmig, wegen
seiner konservativen und antirevolutionären Tendenz bekannt
und, wie schon im „genialen Menschen" gezeigt ist, wegen seines
Mangels an Genialität; bezüglich letzteren Punktes vergleiche
man Pisa und Padua mit Florenz und Verona. — Egypten
und Indien hatten in neunzehn Jahrhunderten niemals Revolutionen. (RENAN).

Die grossen Ebnen mit ihrem gleichmässigen Terrain bedingen ausgedehnte, kräftige, dauerhafte Staatenbildungen :
Egypten, Mesopotamien, China. Schon MONTESQUIEU[1] wies
darauf hin und hielt die Bodengestaltung für so wichtig, dass
er in ihr die Ursache der freiheitlichen Entwicklung Europas
sah, im Gegensatz zur Unterjochung der asiatischen Völker.
Asien hat in der That endlose Ebnen und im Süden niedrige
Bergketten und wasserarme Flüsse. Das begünstigt die Gründung und Erhaltung einer despotischen Herrschaft, denn wenn
die Knechtung dort nicht vollkommen wäre, würde eine Spaltung eintreten, welche die Natur des Bodens nicht gestattet,
und so wird es in Asien nie einen andern Heroismus geben,
als den der Knechtschaft.

Europa dagegen, mit seiner durch zahlreiche Bergketten
bedingten natürlichen Theilung in Einzelgebiete, begünstigt
die Entwicklung verschiedener Staaten, in denen die Liebe
zur Freiheit jeden Despotismus, besonders den einer auswärtigen Macht, erschwert und nicht zur Dauer kommen lässt.
Einen andern Umstand, der auf weiten Ebnen Revolten erschwert, erwähnt ROUSSEAU in seinem Contrat social: Je mehr

---

[1] MONTESQUIEU, *Esprit des Lois*, livre 17.

Oberfläche eine bestimmte Zahl von Bewohnern einnimmt, desto
schwieriger werden Aufstände, denn hier können Gesinnungs-
genossen nicht unbeobachtet zusammenkommen, während es der
Regierung leicht ist, sie zu überwachen und ihre Bewegung
zu hindern, zumal eine Armee sich auf ebnem Terrain am
freisten bewegt.

Man könnte Aufstände auf grossen Ebnen vergleichen mit
einem Aufgebot minimaler Kräfte gegen enorme Massen,
während in Gebieten mit natürlicher Umgrenzung selbst geringe Kräfte keinen proportionellen Widerstand finden. Gewiss
existiren Ausnahmen; z. B. ist und war die argentinische Republik, die eine 100 Meilen breite Ebne besitzt, recht revolutionär, aber dazu haben andre Faktoren beigetragen, speziell
die trockne Luft,[1] die Unruhe des städtischen Lebens und die
Nachahmung der europäischen Revolutionen; andre Ausnahmen
bilden Polen und die Niederlande, und jetzt, wie früher, alle
grossen Ebnen, in denen bedeutende Handelsstädte liegen und
grosse Ströme fliessen.

17. Bodengestaltung. — Häfen. — Verkehrswege. —
Die Apathie des Flachländers wird durch die Gleichförmigkeit der Natur bedingt; da die Empfindungen nicht wechseln,
befestigt sich der Misoneismus. Man hat den ästhetischen
Geschmack und die Lust an Neuerungen in Florenz und
Athen dem Reichthum an schönen und wechselnden Scenerien
ihrer Umgebung zuschreiben wollen; freilich darf diese Mannigfaltigkeit nicht schrecklich sein, weil, nach BUCKLE, in Ländern,
wo vulkanische oder meteorologische Katastrophen häufig sind,
wie in Spanien, Schottland, Indien, der Schrecken dieser Erscheinungen und ihre schweren Folgen die Bevölkerung in
hohem Grade zu übertriebnen religiösen Gefühlen und zum
Misoneismus treiben.

Ein andrer, der Bodengestaltung entspringender Einfluss
ist der der konzentrischen oder exzentrischen Lage. — ELIE
DE BEAUMONT dachte sich die Erdoberfläche zusammengesetzt
aus um die Achsen der Gebirgssysteme beschriebenen Kreisen

---

[1] SARMIENTO, *Civilizacion y Barbaria*, Buenos Ayres, 1869.

und kam somit zu einer Eintheilung derselben, in ein penta-
gonales Netz, in dessen Maschen er Hauptschnittpunkte unterschied. — Diese Anschauung hat heute keine Geltung mehr;
aber einer seiner Schüler, De-Chancourtais, behauptet, dass die
Hauptpunkte dieses Netzes Orte von politischer und sozialer
Bedeutung wären, und meint, deshalb wäre an diesen Punkten
der Sitz eines Erzbischofs. — Ein richtiger Gedanke in einer
falschen Theorie. Wohin die Thäler konvergiren, dahin konvergiren die moralischen, politischen und industriellen Bedürfnisse der Einwohner. Die blühende kommerzielle Entwicklung Mailands hängt offenbar mit der Thatsache zusammen,
dass alle grossen Thäler der lombardischen und piemontesischen
Alpen mit ihren Achsen in der Richtung nach Mailand
konvergiren: Val d'Aosta, Biellese, Val Sesia, Val d'Ossola,
Val Ticino, Val Tellina etc., und mit den Thälern konvergiren
auch die Eisenbahnlinien dorthin. Dasselbe gilt auch von
Bologna.

Polen verdankte vielleicht die vorzeitige Entwicklung
seiner Kultur, wie später sein Unglück, seiner keil- oder
brückenförmigen Lage zwischen Slawen, Deutschen und Byzan-
tinern. Wie Grote (*History of Greece II*, 296) berichtet,
haben die griechischen Philosophen den Unterschied zwischen
einer Binnenstadt und einer Seestadt wohl bemerkt; in den
ersteren einfaches und gleichförmiges Leben, Anhänglichkeit
an alte, Abneigung gegen neue und fremde Sitten, wenige und
nicht weittragende Ideen; in den letzteren wechselnde und
neue Eindrücke, weittragende Phantasie, Toleranz und manchmal
Vorliebe für fremde Sitten, lebhaftere Thätigkeit der Individuen
und damit ein veränderliches Staatsleben. In den Küsten-
ländern begünstigt das Meer bessere soziale Verhältnisse, besonders unter den handeltreibenden Klassen, wie schon die
republikanische Freiheit des uralten Staatswesens der Phönizier
und Karthager zeigt; so stand am Gestade des mittelländischen
Meeres die Wiege politischer Freiheit und maritimer Thätigkeit. Alle grossen Kulturen sind an der Mündung grosser
Flüsse entstanden: Nil, Ganges, gelber Fluss, Euphrat, Tigris.
Aehnlichen Einfluss haben die Häfen leicht zugänglicher

Gestade; Griechenland, speziell Athen, ward durch seine Lage am Mittelmeer in den Stand gesetzt, zuerst die Entwicklungs- resultate andrer Völker, Phöniziens, Egyptens, Indiens, zu ge- niessen und jeden dort gemachten Fortschritt zu erben und aufzu- sparen; dazu waren sie am meisten geeignet, fremde Rassen in sich aufzunehmen und die fruchtbarste Kreuzung einzugehen.

In Frankreich haben die Departements der grossen Flüsse Seine, Rhône, Loire, oder solche mit grossen Häfen, unab- hängig von andern Ursachen, grosse Genialität und zahlreiche republikanische Abstimmungen. Einer von uns hat im „Genialen Menschen" die grössere Genialität der Seestädte (Genua, Venedig, Neapel) nachgewiesen.

18. Geologische Verhältnisse. — Nach TRÉMEAUX [1] ist die Entwicklungsstufe lebender Wesen proportional der geologischen Ausbildung des Bodens, auf dem sie leben, und dieser ist um so vollkommener ausgebildet, je jüngeren Forma- tionen er angehört. So gäbe die Juraformation eine gute, das Tertiär eine kleine und magere Rasse. In Beziehung zum Fortschritt entstammten die untersten Rassen primitiven Forma- tionen, wie denen der Aequatorialregionen, Lapplands, der Nilkatarakte, der brasilianischen Gebirge, der Botokudos (wo freilich der Einfluss des Klimas den des Bodens überwiegt), während die neueren Formationen, um Bombay, in Persien, Medien, eine schöne, dem Fortschritt zugängliche Rasse ergeben. In Afrika bedingt das silurische Terrain Deformität und Ver- kommenheit der Bewohner (Betschuanen), während LIVINGSTONE die neueren Formationen fruchtbarer und civilisirter fand.

Ungarn, das so eminent revolutionär ist, hat Boden neuer Formation, während in Oesterreich ältere Schichten vorherrschen.

„Wenn wir," schreibt SAUSSURE (de l'influence du Sol, 1809) „von Granit in Kalkberge kommen, frappirt uns der Unter- schied der Vegetation. Letztere zeichnen sich durch die Ueppigkeit ihrer Pflanzen und auch ihrer Thierwelt aus; Thiere, die sich auf Granitboden nähren, sind kleiner, magerer,

---

[1] TRÉMAUX, *Origine et transformation de l'homme*, 1863.
LOMBROSO, Politischer Verbrecher. I.   6

milchärmer als die auf Kalkboden weidenden, selbst wenn sie dieselben Pflanzen verzehren." Auch in neuester Zeit erklärt Tschuriloff auf Grund seiner Beobachtungen (*Revue anthropologique* 1870), dass in den 30 Departements Frankreichs, in denen die geringeren Körpergrössen vorkommen, thoniger und sandiger Boden vorherrsche. In den Departements Doubs und Jura (die zu den kühlsten und gesündesten Frankreichs gehören), Saône und Loire, die den grössten Menschenschlag Frankreichs (die Nachkommen der riesigen Burgundionen) liefern, wiegt das jurassische Terrain vor. „Die Rasse der Franche-Comté, die sich auf den Jura-Plateaus des Doubs, Jura, Saône und Loire findet, in diesen für die Eingeborenen gesunden, Fremde zu kalten Gebieten, hat kurzen Rumpf, lange Arme und Beine; auf Kieselboden wird diese Bevölkerung jedoch unansehnlich; die Berge geben eine grosse Gestalt, welche die Ebenen der Bresse mit ihrer hohen Mortalität zerstören" (Réclus, *France*, p. 566. Paris 1887).

Auch die Côte d'Or, Meuse, Haute-Marne, Moselle, Nord, die beiden Sèvres, die an hochgewachsenen Menschen und Talenten reich sind, besitzen Kreideboden. Das grosse Centralplateau Frankreichs, das einen grossen Menschenschlag entbehrt (Auvergne, Cantal, Lot, Tarn und Loire) ist in seinen Bergen arm an Kalk und reich an Granit. In der Bretagne, diesem an Rebellen und Genies armen Lande,[1] ist die Bodenformation primitiv, wie in der Vendée, den Alpen und Pyrenäen — und ebenso in Italien der Boden Kalabriens und Siziliens, alles Wohnsitze einer elenden Bevölkerung.

Durand bemerkte, dass eine Bevölkerung gleicher Rasse (in Segalas, Auvergne) auf kieseligem, krystallinischen Boden mager und klein ist, von zartem Knochenbau, grossem Kopf, früh zerfallenden Zähnen, dabei lebhaft und sehr intelligent, während ihre Nachbarn in Caux, die kalkigen Boden bewohnen, athletisch und robust, aber wenig intelligent sind, und ähnliches gilt auch für den Rinderschlag der Gegend, der schwach und klein in Segalas, kräftig in Caux ist, obwohl beide von dem-

---

[1] Oh terre de granit recouverte de chênes! — singt Brizeux.

selben, in Aubrac heimischen, Stamm herkommen. (*Bulletin de la Société d'anthropologie* 1860—65. — LOMBROSO, *Uomo bianco* 1870.)

Diagramm IV.

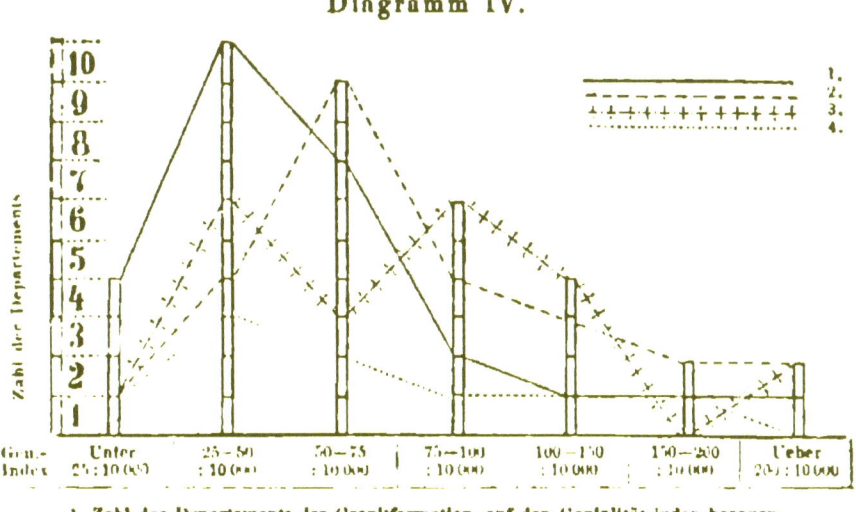

1. Zahl der Departements der Granitformation, auf den Genialitätsindex bezogen
2. "   "   "   "   " Alluvial- "   "   "   "   "
3. "   "   "   "   " Jura-Kalk "   "   "   "   "
4. "   "   "   "   " Kreide "   "   "   "   "

Dazu kommt, dass in Gebieten, wo der Boden durch Kalkdüngung verbessert wird, die mittlere menschliche Körperlänge sich um 2—4 Centimeter vergrösserte. (QUATREFAGES, *La specie umana*, Mailand, DUMOLARD, 1877, p. 630.)

Untersucht man jedoch in grossem Maasstabe die Vertheilung der Genialität in Frankreich, so findet man nur ein klares Ergebniss, nämlich, dass das Minimum der Genialität mit dem Maximum der Kreideformationen zusammenfällt (vgl. Diagramm IV). In diesen Gebieten findet sich auch ein, wenngleich nur mässiges, Uebergewicht monarchistischer, d. h. antirevolutionärer Voten (vgl. Diagramm V), und daher das Minimum von Rebellionen, von politischen Verbrechen überhaupt.

Auf allen andern Formationen überwiegen die republikanischen Departements im Verhältniss von 3 : 2. Die grösste Proportion in dieser Richtung ergeben jedoch die Departements

Diagramm V.

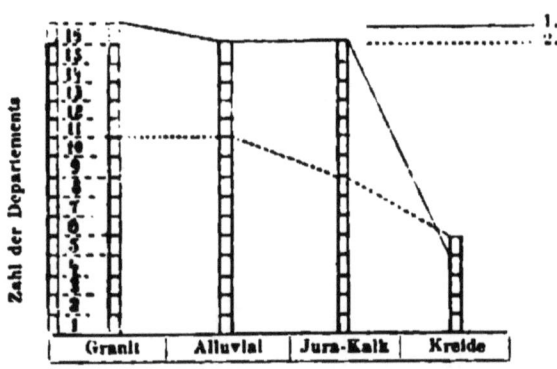

1. Kurve der Verbreitung des Republikanismus
2. „   „   „   „   „ Monarchismus

der Jura-Formation. Man findet ferner die grössten Quoten
der Genialität in Côte-d'Or, Meuse und Moselle mit Kalkboden; die geringsten in Sèvre, bei reinem Kalkboden; maxi-
male in Doubs, Jura und Meurthe in der Jura-Formation, und
minimale in Hautes-Alpes, Charente, im reinen Jura; während
Autun, auf Boden primitiver Formation, klerikale Majoritäten
hat, geben Saône, Loire und Châlons auf Alluvialboden liberale
Voten — das alles zeigt die geringe Sicherheit und die vielen
Ausnahmen solcher Aufstellungen. — Es ist vielleicht unmöglich, den Einfluss der geologischen Faktoren zu präzisiren; oft
kennt man die Geologie gewisser Gebiete kaum, und wo man
sie kennt, lässt sich dieser Faktor nicht immer von andern los-
gelöst würdigen; jedenfalls maskirt und eliminirt eine hohe
Bodenkultur diese Einflüsse.

19. Boden-Ertrag. — Einen sehr deutlich hervor-
tretenden Faktor liefert die Fruchtbarkeit des Terrains. Nach
Draper (l. c.) entwickelte sich die egyptische Kultur so
intensiv, weil die Ernten so mühelos und schnell waren, wie an
keiner andern Stelle der Welt. Der Mensch kann nicht denken,
wenn er nicht zu essen hat, und zwar genug zu essen;
vielleicht geben deshalb in Frankreich die Departements Var,
Vaucluse und Hérault, wie die fruchtbaren Gelände des

Languedoc die grösste Zahl von Genies. Wenn die Fruchtbarkeit aber excessiv ist, wirkt sie in entgegengesetzter Richtung,
und wir sehen auf Diagramm VI (p. 83) die fruchtbarsten
Departements Frankreichs eine geringere Zahl für Genialität
und republikanische Abstimmungen ergeben, gewiss wegen der
durch übergrossen Reichthum bedingten konservativen Tendenz[1],
besonders wo er agrarischen Urprungs ist, während weniger
fruchtbare, jedoch industrielle Bezirke, grössere Quoten für
geniale Begabung und republikanische Gesinnung geben. Jedoch
treten diese scheinbaren Widersprüche nur an den extremsten
Punkten auf. — Wenn, schrieb MONTESQUIEU, (l. c.) der Boden
fruchtbar ist, denkt die Landbevölkerung nur an ihre Arbeit,
ist ruhig und fügt sich leicht einem persönlichen Regime; so
veranlasste die Unfruchtbarkeit des attischen Bodens eine volks-
thümliche Regierung.

Genua hatte sterilen Boden und eine aristokratische Regierung; Genf ist republikanisch bei ganz armem Boden,
während Schweden mit seinem unergiebigen Boden lange unter
unbeschränkt monarchischer Herrschaft blieb. (VOLTAIRE.)

20. Gesundheitsverhältnisse und Körperlänge.
— Mortalität. — Einen weiteren Einfluss haben die sani-
tären Verhältnisse. Schon in meinem Buche „Der geniale Mensch"
ist gezeigt, dass in Italien die Bezirke grosser Genialität zusammen-
fallen mit denen grösster Körperlänge (Florenz, Neapel, Lucca,
Siena etc.) und dass in Bezirken mit kleinen Einwohnern das
Genie sehr selten ist (Sassari, Grosseto, Lecce etc.); das erklärt sich theils durch Rassen-Verhältnisse, theils, wie ich
anderwärts präcis nachgewiesen habe,[2] dadurch, dass die

---

[1] Nach RÉCLUS gaben die Gebiete der reichsten Getreideernte
einen grösseren Prozentsatz von Monarchisten, und zwar:

Monarchisten	Republikaner
36,6 %	23,3 %

In Gebieten mit mageren Ernten fand sich eine fast völlige Gleichheit
der Anzahl monarchistischer und republikanischer Wähler (monarchistisch
22,9 %, republikanisch 24,3 %. — Weitere Details siehe im Anhang zu
Kapitel IV).

[2] Vgl. LOMBROSO, *Sulla statura degli italiani*, 1875. — Derselbe,
Sull' influenza orografica nella statura, 1882.

Körperlänge der exakteste Maasstab für die Gesundheit eines Gebiets ist; sie nimmt auch bei Rassen von erheblicher Körpergrösse ab, wo Malaria oder Kropfgift einwirken (Sondrio, Sassari).

Der sumpfige Bezirk von Grosseto liefert kein Genie und keinen Mann über Mittelgrösse und giebt bei der Rekrutirung fast doppelt soviel Zurückstellungen wegen geringer Grösse als Florenz (50—70 gegen 35—40 auf 10,000 Einwohner) etc.; ebenso giebt Sardinien einen kleineren Menschenschlag und weniger geniale Begabungen (36 : 51) als Livorno; während die Sumpfdistrikte Matera und Lanciano ganz wenig Genies und zahlreiche (254 resp. 119) Zurückweisungen vom Militärdienst geben — Potenza und Aquila dagegen nur 158 resp. 84 und, besonders das letztere viele Genies.

Genialität und Revolution blühen in der Romagna und Ligurien, die zu den gesundesten Distrikten Italiens gehören. In Frankreich wird dieser Parallelismus noch deutlicher, da hier — in 75 von 86 Departements — Genialität und grosse Statur einander parallel gehen; von den 11 Ausnahmen erledigen sich 3, weil sie die grössten Städte betreffen (Paris, Lyon, Marseille), die als solche die Körperlänge reduziren.

In LOMBARDS Atlas findet man eine Karte der Verbreitung der Malaria in Frankreich, die einen Parallelismus derselben mit dem zunehmenden Monarchismus der Departements Landes, Creuse, Charente inférieure und Vendée erkennen lässt, und theilweis auch in Eure, nicht jedoch in Bouches du Rhône, wo die Malaria verbreitet, der Monarchismus aber infolge der Industrialität und Dichte der Bevölkerung kaum vertreten ist.

21. Mortalität.[1] — Untersucht man die Wechselbeziehungen

---

[1]

Index der Genialität in den Departements	Departements mit		
	geringster Mortalität	mittlerer Mortalität	grösster Mortalität
Unter 25 pro 10000	1	5	1
25— 50 „ „	6	11	6
50— 75 „ „	8	5	8
75—100 „ „	6	2	5
100—150 „ „	4	1	4
150—200 „ „	1	3	—
über 200 „ „	1	1	3

zwischen Genialität, Revolution und Mortalität in den französischen Departements, so stösst man auf eine umgekehrte Proportion. Eine mittlere und minimale Mortalität findet sich gerade in den Departements mit dem niedrigsten Genialitäts-Index; dagegen findet sich die höchste Mortalität gerade in Departements mit höherem Mortalitäts-Index. Dasselbe gilt von den Revolutionen; in der That ergiebt sich aus den Ziffern für diese, dass die geringste Mortalität in monarchistischen Departements vorherrscht, und noch mehr die mittlere Mortalität.[1] Dagegen hat die höchste Mortalität die weiteste Verbreitung in den republikanischen Bezirken. Das erklärt sich aber aus der geringen Vertretung der Monarchisten in den Grossstädten und den Industriebezirken, die als solche die höchste Mortalität haben, und somit liegt in diesen Thatsachen kein Widerspruch mit der von uns behaupteten besseren Salubrität genialer und revolutionärer Bezirke, da, wie oben erwähnt, die Körperlänge ein besserer Index der Salubrität ist, als die Mortalität.[2] So markirt sich der erhebliche Einfluss des endemischen Kropfs nicht in der Mortalität, wohl aber in der Statur, die sich unter diesem Faktor auch bei grossen Rassen verringert. Aosta, Biella, Saluzzo, Susa, wo 112—200 Rekruten auf 10,000 Einwohner wegen Zwergwuchses zurückgewiesen werden, haben dieselbe Rasse wie Turin, wo nur 60—70 Zurückweisungen vorkommen, und Sondrio mit 102 hat dieselbe Bevölkerung wie Como mit 30—50 Zurückweisungen. Dasselbe gilt von miasmatischen Einflüssen.

Levroux, ein fruchtbarer und gesunder Distrikt, giebt 50 °/oo niedriger Körperlänge, und Mézières, steril und sumpfig, 115 °/oo. Dasselbe gilt von Perray in Aude, von Moillié in Haute-Loire (TOPINARD, *Études sur la taille*, 1876). Hier liegt

---

[1] Mortalität der Departements

	Politische Richtung	
	republikanisch	monarchisch
Kleinste	15	12
Mittlere	14	14
Grösste	21	6

[2] LOMBROSO, *Sull' influenza orografica nella statura*, 1882.

ein andrer Grund dafür, dass die Bretagne, speziell „le Morbihan", wo die See tief ins Land einschneidet, wenig grosse
Männer und wenig Leute von hoher Statur giebt; deshalb
finden wir in den Landes eine so hohe Ziffer zwerghafter
Menschen und eine so geringe von Genies; hier deutet der
Name selbst auf miasmatische Einflüsse und auf das sprichwörtliche Medoc-Fieber.

Aehnliches gilt für die Körperformen der Hausthiere; in
Sardinien wird das aus Spanien oder Arabien eingeführte Pferd
nach wenigen Generationen klein und langnasig, während in
Holland das kleine Jütland-Rind in kurzer Zeit riesengross
wurde, um, auf die Sunda-Inseln importirt, schnell wieder klein
zu werden. In Sardinien sind auch Rind und Hund klein,
ebenso wie in der Basilicata, in Calabrien und den Abruzzen;
in Pisa findet sich der grösste Rinderschlag von ganz Toscana.
Das piemontesische Rind ist klein um Aosta, wo man es halb-
wild und mit platter Schnauze findet; es wird grösser um
Bra und Savigliano (Höhe 1,70 m). Das kleine Pferd des
Veltlin und des Bergamaskischen (Höhe 1,45 m) wird hoch
in Mailand, Udine und Crema (1,51—1,63 m) und in Neapel
— ganz wie es hier mit den Menschen geht (*Giornale delle
razze ed animali utili*, Neapel 1862).

Im allgemeinen beobachtet man, dass die Hausthiere in
Bergländern (wie den Vogesen) klein werden; in Italien ist das
Rind von Avellino und das der Abruzzen erheblich kleiner,
als das von Terra di Lavoro und Apulien. In Island misst
das Pferd 1,20 m. (VALLE, *Trattato di ippologia*, Neapel 1869).

In den Malaria-Distrikten der Vendée und des Medoc
(CRISTIN, *Sulle produzioni migliori dei cavalli* 1864) und im
Innern der Bretagne wird das normannische Pferd klein, wie
in den Marschen von Camargues und Cherbourg.

Ein Einfluss, der sich auf Mensch und Thiere gleichmässig erstreckt, muss sehr kräftig und allgemein sein, und
man versteht, dass er deshalb in der Statistik sich deutlicher
geltend macht, als der der Mortalität, der ganz hinter lokalen
Faktoren zurücktreten kann. Man denke an die hohe Sterblichkeit der grossstädtischen Kranken- und Siechenhäuser, die

gar nicht die eingeborene Bevölkerung trifft. So erklärt sich die befremdende Thatsache, dass Genialität und Revolution in direktem Verhältniss zur Statur und Salubrität, in umgekehrtem zur Mortalität stehen.

Drittes Kapitel.

Ernährung. — Theuerung. — Alkoholismus.

1. **Ernährung.** — Unzweifelhaft hat die Ernährung einen grossen Einfluss auf die Entwicklung. „Man glaubt, (schreibt RATZEL in seiner Völkerkunde[1]), „dass der Ueberfluss leicht zu erlangender Nahrungsmittel der Entwicklung ungünstig sei. Darin liegt etwas Wahres, aber nicht so viel, wie man glaubt; die verschiedenen halbcivilisirten Völker des stillen Ozeans, die Hawaianer, die Tahitier, die Tongas, die Samoaner, die Fidji zeigen, dass in Ländern, in denen eine grössere Fruchtbarkeit das Leben leicht macht, der Fortschritt bedeutender ist. Auf Sumatra und Madagaskar, wo der Boden höchst fruchtbar ist, war die soziale Entwicklung nicht unbedeutend; die Kaffern, welche im Besitz ausgedehnten Weidelands sind, bilden einen vortheilhaften Gegensatz gegen benachbarte Stämme. In Central-Afrika leben die fortgeschrittenen eingeborenen Rassen (die Ashanti und Dahomey) inmitten einer üppigen Vegetation; man hat übrigens, was Afrika betrifft, nur auf das fruchtbare Nitthal hinzuweisen, die Wiege der ältesten uns bekannten Civilisation."

Der klassische Onagrus, dieser edle Bruder des Pferdes, wurde nach seinem Uebergang aus der freien asiatischen Steppe in dem Stall der allzu sparsamen europäischen Bauern unter magerer Diät und übermässiger Arbeit zum sprichwörtlich armseligen Esel.

---

[1] Das Citat ist aus dem Italienischen zurückübersetzt.

Pferde bestimmter Rasse, z. B. Brabanter oder Bretagner, werden je nach ihrer reichlichen oder spärlichen Nahrung für die Karosse oder den Karren geeignet; sie sind einander dann kaum ähnlich, als wären sie verschiedener Rasse.

Aus einem ähnlichen Grunde sind in Polynesien die Stammes-Häuptlinge grösser und stärker als ihre Unterthanen; bei den Betschuanen Afrikas haben die Häuptlinge neben einer höheren Gestalt auch eine hellere Hautfarbe. (BASTIAN, Das Beständige der Menschenrassen. Berlin 1868.)

GOULD bemerkte, dass die Soldaten der mit einer guten Intendantur versehenen Potomac-Armee eine grössere Körperlänge (1,707 m) zeigten, gegenüber den Soldaten eines elend verpflegten Korps, die nur 1,69 m im Durchschnitt massen.

Nach LATHAM (Pat. Hist. 1850) sind die Dank der Kälte und Entbehrungen pygmäenhaften Feuerländer gleicher Abstammung mit den riesenhaften Patagoniern, deren Wohnsitze etwas weniger kalt sind und deren Nahrung aus Pferdefleisch besteht. Die geringere, gröbere Beschaffenheit der Speisen bei Naturvölkern spricht sich in der stärkeren Entwicklung der Joch- und Kieferbeine aus, wie ihr Uebergang von langem Fasten zu seltener, übertriebener Sättigung sich in der gesteigerten Geräumigkeit ihrer Eingeweide äussert. (SPENCER.)

2. Revolution. — Wir sahen oben (p. 85), dass die Fruchtbarkeit nur Andeutungen eines Parallelismus mit dem Genie ergiebt, und keinen mit revolutionären Wahlen (l. c.); was wir oben ausführten, schliesst aus, dass diese Erscheinung durch eine antirevolutionistische Wirkung der Fruchtbarkeit bedingt sein könne, vielmehr tritt die Fruchtbarkeit wirksam nur in ackerbauenden, dünn bevölkerten Gebieten hervor.

3. Theuerung. — Ebenso getrübt durch Interferenzen zeigt sich der Einfluss der Theuerung. Damit ein Volk sich erhebt, muss es sich, wie wir gezeigt haben, eines relativen Wohlbefindens erfreuen, weil ein Volk, wie der einzelne Mensch, im Zustande der Erschöpfung nicht zur Reaktion ausreichende Kräfte besitzt; so hat denn der Gipfel menschlichen Elends auf Revolten mehr einen hemmenden Einfluss, als das Maximum des Glücks. Das ist der Grund, warum ein so grosser Theil Afrikas in seinem

primitiven Zustande verharrt und sich der Knechtschaft nicht entzieht.

Deshalb zählt das Mittelalter viel mehr Unruhen in autonomen Städten, als in den Sitzen des Feudal-Systems, wo das Volk dem drückendsten Elend preisgegeben war.

Der Tunesier KAZNADAR bemerkt, dass der Araber, sobald er genug zu essen hat, sich ein Gewehr kauft und einen Aufstand beginnt.

Wenn der Hunger die Kräfte eines Volkes aufzehrt, ist es nicht zum Aufwand seines Rests von Energie, in blutigen Aufständen geneigt, die nur seine Lage verschlimmern würden, da sie die Arbeit und somit die Existenzquelle verringern würden. In Italien zeigt dies das unglaubliche Elend des ländlichen Arbeiters, der noch nie Unruhen gemacht hat, nicht einmal in der Lombardei, wo tausende von einer faulenden Nahrung leben, die sie vergiftet.

In dem Berichte der französischen Intendanten vom Jahre 1698 liest man, dass gewisse Gebiete durch Hunger und Elend ein Viertel, ein Drittel, bis zur Hälfte ihrer Einwohner verloren hätten; und die übriggebliebenen waren so elend, dass ihre Kinder vor Schwäche und Krankheit nicht leben konnten. (MICHELET, *Hist. de la Rév. franç.*, I. 53.) Und doch liebte dies elende Volk seinen König, küsste die Pferde des Kuriers, der gute Nachrichten über sein Ergehen brachte und weinte, wenn es ihn in Gefahr glaubte. (Derselbe, p. 80).

Das Volk neigt während solcher Krisen auch deshalb nicht zum Aufstande, weil die Regierung ihm — jetzt wenigstens — im Interesse der Selbsterhaltung mit allen Mitteln zu Hülfe kommt, in Erinnerung des alten: Panem et circenses!

Die 1588 in Italien herrschende Theuerung wurde besonders durch Einfuhr aus Hamburg und Danzig gemindert auf Kosten der Regierungen von Venedig und Toscana, und diesem Beispiele folgte eine grosse Zahl von Kaufleuten.[1]

England suchte in den Jahren 1846—47 die elende Lage des irischen Volkes durch Verschaffen von Arbeit und

---

[1] ROSCHER, Ueber Kornhandel und Theuerungspolitik, Stuttgart, 1847.

Brot zu lindern, so dass es damals zu keiner ernsten Revolte kam.

Die französische Regierung kaufte während der Theuerung von 1816—1817 Korn im Auslande und verkaufte es unter dem Einkaufspreise mit einem Verlust von 21 Millionen; daneben gab sie für Unterstützungen ungefähr 70 Millionen aus.[1]

Für Paris wurde die Vertheilung von Bons auf Brot eingeführt, und in kaum 20 Jahren wurde diese Vertheilung fünfmal durchgeführt. Abgesehen von dem ökonomischen Werthe solcher Maassnahmen beschwichtigen sie offenbar die Verstimmung der Massen. Erst wenn das Volk nicht nur durch Theuerung gereizt, sondern auch noch durch politischen Druck erbittert wird, erst dann treten manchmal schreckliche Reaktionen ein, besonders wenn unüberlegte Regierungs-Anordnungen die Uebelstände noch steigern; so verschärften ALEXANDER SEVERUS und COMMODUS in Rom, JULIAN in Antiochien die Theuerung durch Besteuerung des Getreides, so dass die Produzenten nicht mehr verkaufen wollten; dasselbe geschah 1771 in Deutschland[2] und 1793 in Frankreich; gelegentlich — wie in China und Spanien — schafft eine Schwäche und Unentschlossenheit der Regierung eine wahre Anarchie.

In China bilden sich, wenn die Leute vor Hunger sterben, überall Banden von vier, fünf Räubern, die anfangs leicht unschädlich gemacht werden. Aber in den vielen, entlegenen Provinzen kann es sich treffen, dass eine dieser Banden Glück hat. Sie erhält und verstärkt sich, sie wird zur Armee, marschirt auf die Hauptstadt und setzt ihren Führer auf den Thron. So wird doch eine schlechte Regierung bald bestraft.[3]

Als 1664 in Spanien Drohungen nicht zur Erzielung von Nahrungsmittelzufuhr zur Hauptstadt ausreichten, wurde beschlossen, dass der Präsident von Castilien, vom Büttel und

---

[1] G. B. SAY, *Trattato d'Economia politica*. (*Bibl. dell' Econ.*, I, 6, p. 154.)

[2] VERRI, P., *Meditazioni sulla economia politica*. (*Biblioteca dell' Economista*, I, 3, p. 581.)

[3] MONTESQUIEU, *Esprit des lois*, l. VIII, ch. 21.

Soldaten begleitet, die Einwohner der Nachbarstädte zwingen
sollte, Nahrungsmittel nach Madrid zu bringen. Viele Einwohner Madrids waren damals obdachlos, da sie wegen rück-
ständiger Steuern ihr Haus verloren hatten, und viele starben
vor Hunger. In vielen Städten waren zu Ende des siebzehnten
Jahrhunderts zwei Drittel der Häuser zerstört. Der Hunger veranlasste 1680 in Madrid Arbeiter und Händler zur Organisation
von Banden, die Raubzüge in die Häuser machten. Eine derartige Anarchie hielt 20 Jahre in der Hauptstadt an. Die
Gesellschaft löste sich auf, es gab keine öffentliche Gewalt,
keine Zügel mehr; die Polizei, die keinen Sold mehr erhielt,
lief auseinander; 1693 wurde die Zahlung der Gehälter
eingestellt; die Hungersnoth stieg, und täglich gab es Unruhen
und Streitigkeiten um Brot. Spanien fiel gegen 1700 unter
französische Herrschaft.

Unter andern Beispielen von in Hungerszeiten entstandener
Revolutionen ist die Masaniellos vom Jahre 1647 zu nennen,
der die Missernte von 1646 vorausging; nach FARAGLIA[1] waren
jedoch damals zwar nicht die Kornpreise, wohl aber die von
Obst, Fleisch, Speck und Käse niedrig, und ferner kamen zu
dieser ökonomischen Ursache andere, wie die Geistesstörung
Masaniellos, die warme Jahreszeit (die Revolution brach am
7. Juli aus), die Grausamkeit des Herzogs von Arcos, der auf
die Klagen über die unerschwinglichen Abgaben antwortete:
„Verkauft die Ehre Eurer Frauen und Töchter und bezahlt.“

So ging der französischen Revolution von 1789 eine Missernte voraus, die keinen geringen Einfluss ausübte, da sie den
schon enormen Pauperismus steigerte, der in Paris die Anzahl
der Armen verdreifachte, so dass in St. Antoine allein 30 000
Hülfsbedürftiger gezählt wurden; in den ersten Jahren der
Revolution waren übrigens — nach ROSCHER[2] — fast alle Unruhen in Paris durch absichtliche Verbreitung falscher Gerüchte
über Theuerung oder künstliche Kornvertheuerung vorbereitet;
viel ernstere und verderblichere Nothstände haben nicht so

---

[1] *Storia dei prezzi in Napoli.* Napoli 1878, p. 155.
[2] National-Oekonomie des Ackerbaues, p. 935, Fussnote.

heftige Erschütterungen hervorgerufen, manchmal nicht einmal leichte Unruhen. So war 1794 in Frankreich der Nothstand so gross, dass er den Tod von einer Million Menschen veranlasste, und doch gab es keine eigentliche Revolution. Im Departement Allier[1] blieben nach TAINE die Gasthäuser und Wirthschaften lange Zeit geschlossen, und im Departement Lozère fehlte es auch den Reichen sechs, acht Tage lang an Brot. Paris war ungeduldig, und seine absolute Regierung that, was sie konnte, um die Bevölkerung zufrieden zu stellen; doch gab es Unruhen, Miniatur-Aufstände, die in wenigen Tagen unterdrückt wurden, so die in Devrais am 28. Januar, in Dieppe am 14. Prairial, in Lille am 4. Messidor, im Verville am 9. Prairial; in Dieppe und Dervine war die Ursache die Erhöhung des Brotpreises durch die Munizipal-Behörde von 7 und 8 Francs auf 25 und 50.

Am 12. Germinal waren die enormen nach Paris gezogenen Zufuhren fast erschöpft; die Ration wurde auf $\frac{1}{4}$ Pfund reduzirt; das Volk stürmte den Konvent, wurde aber zurückgeschlagen, und erfuhr eine Ration-Minderung auf 4, höchstens 5—6 Unzen (TAINE, l. c. v. III., p. 536). Eine andere, am 1. Prairial entstehende Bewegung wurde gleichfalls unterdrückt.

Aus dem werthvollen Werk von FARAGLIA, das für fast neunhundert Jahre die jährlichen Durchschnittspreise angiebt, ergiebt sich, dass die schlimmsten Nothstände in Neapel in folgende Jahre fielen: 1182, 1192, 1257, 1269, 1342, 1496 bis 97, 1505, 1508, 1534, 1551, 1558, 1562—63, 1565, 1570, 1580, 1586—87, 1591—92, 1595, 1597, 1603, 1621—22, 1623—25, 1642, 1672, 1694—97, 1759—60, 1763, 1790—91, 1802, 1810, 1815—16, 1820—21.

Nun fallen diese 46 Nothjahre nur sechsmal (in den Jahren 1508, 1580, 1587, 1595, 1621—22, 1820—21) mit Revolutionen zusammen, und unter diesen müssen die beiden ersten mehr als blosse Zusammenrottungen, nicht als Revolutionen angesehen werden, während im Jahre 1820 die bekannten politischen Zustände für sich allein die Revolution vollständig erklären.

---

[1] TAINE, Les origines de la France contemporaine, III, p. 496.

Während der 1182 beginnenden furchtbaren Zeit der Noth, wo die Hungrigen kaum Gras und Unkraut[1] genug fanden, gab es keine Revolution, ebensowenig in dem Hungerjahr 1496—97, in dem die Städter vor der umsichgreifenden Pest aufs Land flohen[2], im Jahre 1565, in dem faule Kohlblätter wie gesunde, frische Nahrungsmittel verkauft wurden (l. c. p. 136), auch nicht 1570, als die Armen aus der Provinz in hungrigen, zerlumpten, elenden Haufen nach Neapel zogen, um ihr Leben zu retten, und ebensowenig während der Hungerzeiten von 1586 und 1802, in denen Neapel von öffentlich gratis vertheilten Brotrationen lebte.

Die Zeiten der Hungersnoth in Indien haben wir sozusagen selbst miterlebt; dort ging 1865—66 in Orissa ein Viertel, in Puri mehr als ein Drittel der Bevölkerung zu Grunde, und doch waren diese Zeiten politisch ruhig. Die schlimmsten Nothstände dieses Jahrhunderts wurden — wenigstens in der Provinz Nellore, die durch ihre häufige Regenlosigkeit und und ihre große Bevölkerungsdichte Missernten besonders ausgesetzt ist, in folgenden Jahren konstatirt: 1769—70, 1780, 1784, 1790—92, 1802, 1806—1807, 1812, 1824, 1829, 1830, 1833, 1836—38, 1866, 1876—78.[3]

Während der Missernte der Jahre 1769—70 ging ein Drittel der Bevölkerung zu Grunde; 1877—78 berechnete man die Steigerung der Durchschnittsziffer der Todesfälle auf mehr als fünf Millionen bei 197 Million Einwohnern (HUNTER, *The Indian Empire*, 1821). Keine dieser Missernten hat jedoch Erhebungen und Ruhestörungen verursacht. Die grosse indische Insurrektion von 1857—58 war wesentlich durch die aus Europa eingeführten Neuerungen (Eisenbahnen, Telegraph etc.), durch die Verschwörungen entthronter Fürsten und — nach KAYE — auch wesentlich dadurch bedingt, dass die Seapoys Patronen erhalten zu sollen glaubten, die mit Schweinefett hergestellt waren.[4] Selbst der langdauernde Hunger vermochte somit weniger als der Aberglaube.

---

[1] FARAGLIA, l. c. p. 68. — [2] Ebenda. l. c. p. 85.
[3] HUNTER, *Imperial Gazette of India*, 1881.
[4] KAYE, *History of the Seapoy sedition.*

Auch die Untersuchung andrer Revolutionen Indiens ergiebt keinen Zusammenhang mit Theuerungen, so der Aufstand
von Bokilla (1741), der der Sikhs im Pendjab 1710, der Seapoys
von 1746, die kleinen, halbdynastischen Unruhen der Sind im
Jahre 1843 und der Aufstand der Sikh von 1848. Gerade
die von Hungersnoth am häufigsten heimgesuchte Provinz Orissa
erlebte die wenigsten Unruhen.

In den oben untersuchten 142 Revolten unseres Jahrhunderts tritt Theuerung unter den Ursachen erst an der
sechsten Stelle mit 11,2 % auf, wobei der Sommer noch vorwiegt, was auf ein Mitwirken des thermischen Faktors deutet.

Die Mitwirkung des Hungers ist also bei Aufständen nur
sekundär und occasionell.

Eine Hungersnoth, schreibt ROSCHER, ruft für sich allein
nur lokale Unruhen hervor, dann aber fängt jeder Zündstoff
auch Feuer. Freilich widerspricht sich hier auch ein Soziologe
wie ROSCHER, indem er bald darauf zu dem Schlusse kommt,
dass „alle grossen Revolutionen durch eine Theuerung vorbereitet worden sind." [1] Aber seine eigenen Beispiele widerlegen
seine Behauptung. So nennt er unter seinen Beispielen den
Kreuzzug von 1095; aber ein Kreuzzug ist ebensowenig eine
Revolution, wie die Auswanderung; beide sind nur Sicherheits-
ventile gegen die Uebervölkerung. Wollte man auch die
Kreuzzüge als Revolutionen betrachten, so käme die ökonomische Ursache dort erst in zweiter Linie nach dem religiösen
Fanatismus, den glühende Apostel und berechnende Päpste im
Bunde mit Unwissenheit und Aberglauben genährt hatten. Wenn
schliesslich Kreuzzüge und Theuerungen zusammentreffen, so
dauerten diese nicht mehr fort, wenn jene sich in Bewegung
setzten; denn alle Theilnehmer suchten ihren Besitz loszuschlagen,
fanden aber keine Käufer. Die Kreuzfahrer verschmähten
alles, was sie nicht bei sich tragen konnten; landwirthschaft-
liche Produkte wurden für den geringsten Preis verkauft, und
das führte sofort da Ueberfluss ein, wo bisher das Elend auf
seinem Höhepunkte stand. (MICHAUD, *Histoire des Croisades* I.,
p. 111.)

---

[1] Vgl. ROSCHER, Ueber Kornhandel und Theuerungspolitik.

Die politische Bewegung in Schweden vom Jahre 1772 wird von ROSCHER als eine durch Theuerung beförderte Revolution bezeichnet; es handelte sich aber in der That nur um einen ebenso prompten wie unblutigen Staatsstreich, der den bis dahin das Land erregenden revolutionären Krisen ein Ende machte. „Der König, der noch am Morgen der meist eingeschränkte Monarch Europas war, fand sich zwei Stunden später so selbstherrlich wie der König von Frankreich oder der Sultan; das Volk sah mit Freuden den Uebergang der Macht von einer insolenten Aristokratie in die Hände eines von seinem Volke geachteten und geliebten Königs."[1]

Nach LINGARD wurde die grosse Revolution der Barone vom Jahre 1258 erheblich durch die damals herrschende Theuerung erleichtert. Aber diese Revolution (die am 11. Juni zum Ausbruch kam), war schon seit 1227 vorbereitet und erstrebte eine politische, nicht eine wirthschaftliche Reform des Staats: die Behauptung der Magna Charta und die Einschränkung des ausländischen Einflusses im Lande; auf der anderen Seite handelte es sich um eine Erhebung wohlgenährter Leute, bei denen von einem Einfluss der Theuerung nur insoweit die Rede sein kann, als diese die Massen für beide Parteien gleich indifferent liess; LINGARD bezeichnet die Revolution auch als begünstigt durch die Hungersnoth, nicht als veranlasst oder gefördert.

Auch die Theuerungen im Russland des XVII. Jahrhunderts, zur Zeit des falschen Demetrius, hatten keine tiefere Wirkung. Angeblich wurde damals in Moskau Menschenfleisch verkauft; und in dieser Stadt allein starb eine halbe Million Menschen. Das von Hunger entkräftete russische Volk, das überdies noch glaubte, die Reihe schlechter Ernten wären eine dem Zar von Gott gesandte Züchtigung, blieb passiv gegenüber den Drohungen der Polen und Kosaken, die keine Missernten im Lande hatten, und die Aufstände waren mehr ein Werk dieser Invasion, als des russischen Volks; deshalb

---

[1] SHERIDAN, *Storia dell' ultima revoluzione di Srezia.* London 1783.

tauchte auf Anstiften des Auslandes auch nach Aufhören der Notbstände ein falscher Demetrius nach dem andern auf.

Uebrigens können Theuerungen je nach der Nation, unter der sie auftreten, sehr verschiedene Wirkung haben. „Die Völker — schreibt G. B. SAY — wären Theuerungen weniger ausgesetzt, wenn sie mehr Abwechselung in ihre Produkte und ihre Nahrungsmittel brächten. Wenn ein einziges Produkt den Hauptbestandtheil der Volksernährung bildet, so geräth dies in Elend, wenn jenes Produkt einmal einen Ausfall erleidet." (l. c. p. 50.) — Das trifft jedesmal zu, wenn in Indien die Reisernte oder in Irland die Kartoffelernte nicht geräth. Dann sind auch die politischen Folgen einer Missernte ernst. Der schlechte Ausfall der Kartoffelernte in Irland, 1845, führte zu einem furchtbaren Pauperismus, kostete über einer Million Einwohnern das Leben (ebensoviele wanderten aus) und war der Ausgangspunkt einer Agitation, die das junge Irland im Sinne seiner Unabhängigkeitsbestrebungen auszunutzen versuchte. (ROSSI l. c.)

4. Alkoholismus. — Gewisse, von Trinkern während politischer Unruhen verübte Scheusslichkeiten finden ihren Platz unter den psychischen Störungen, da sie ganz den Charakter der von den Psychiatern als Alkohol-Epilepsie bezeichneten Störungen haben, in welcher Begierde und Halb-Impotenz neue Reizmittel im Anblick von Torturen sucht, zur Grausamkeit sich der Cynismus gesellt und die alkoholische Impulsivität zu den sinnlosesten Unternehmungen anstachelt. Diese Erscheinung haben revolutionäre Führer nicht selten für ihre persönlichen Zwecke nutzbar gemacht; so versetzte in Argentinien DON JUAN MANUEL — selbst ein Alkoholist — die ihm ergebenen Massen in Trunkenheit, um sich durch ihre Exzesse zu halten, und ähnlich handelten QUIROGA, FRANCIA, ARTIGAS und ihre wilden Anhänger, von denen manche, wie BLACITO und ORTOGUEZ, selbst an Anfällen von Delirium tremens litten (Ramōs-Meija). In ganz unglaublicher Weise war der Alkohol-Genuss 1839 in Buenos-Aires gesteigert; in diesem Jahre wurden neben grossen Mengen Sprit 3836 Frasqueras Genever, 262 Fässer und 2182 Anker desselben Getränks

konsumirt, neben 2246 Fässern Wein, 246 Fässern Bier und grossen Mengen Cognac und Portwein.

Während der französischen Revolution stachelte der Alkohol die blutigen Instinkte des Gesindels und der Männer der revolutionären Regierung; so liess MONASTIER, als er berauscht war, LASSALLES guillotiniren, und erinnerte sich, als er nüchtern war, dieses Befehls nicht mehr; die Kommissäre in der Vendée tranken in drei Monaten 1974 Flaschen Wein; eins ihrer Mitglieder, der Goldarbeiter, damalige Chef-General ROSSIGNOL war von jeher Säufer gewesen, ein anderer, VACHERON, beging im Rausch Nothzucht und liess die Frauen, die sich ihm widersetzten, erschiessen.

Frankreich behauptet heute im Alkohol-Konsum ein trauriges Primat; nach ROCHARD[1] stieg die Alkohol-Produktion von 369 000 Hektolitern im Jahre 1788 auf 891 500 im Jahre 1850 und auf 1 821 287 Hektoliter im Jahre 1881. Natürlich macht sich dieses Verhältniss auch auf politischem Gebiete fühlbar, und der Absinth macht, wie CARO[2] sagt, in Frankreich Redner und Politiker, wie das Opium in China Ekstatiker.

Während des Staatsstreichs vom 2. Dezember erhielten die Truppen grosse Mengen Wein; und der Alkoholismus, der schon in den Unruhen von 1846 eine Rolle spielte (unter den Führern befanden sich nach CHENU[3] zwei Gewohnheitstrinker, CAUSSIDIÈRE und GRANDMESNIL) wucherte in der Kommune, dank der grossen Menge der in der belagerten Stadt vorhandenen und somit den in ihr eingeschlossenen erreichbaren geistigen Getränke.

DESPINE[4] bemerkt zu dieser Frage, dass die meisten Soldaten der Kommune durch ihre Hoffnung auf Beute angezogen wurden und Trinker waren, und dass der Einfluss des Alkohols sie gleichgültig gegen Gefahren und Wunden machte. Selbst der Kommune-General CLUSERET verbirgt das nicht in seinen

---

[1] *L'alcool* (*Revue de deux Mondes*, April 1886).
[2] *La fin de la Bohème.* (*Revue des deux Mondes*, Juli 1871.)
[3] *Les conspirateurs*, 1849.
[4] *De la folie* etc. — Paris 1875.

Memoiren. „Niemals haben die Weinhändler so viel Geld gemacht, wie zu jener Zeit," schreibt er. Er selbst musste häufig Bataillons-Kommandeure festnehmen, die von Morgen bis Abend — und auch vom Abend bis zum Morgen betrunken waren. „Als die Dinge für die belagerten Insurgenten schlecht gingen, als die Versailler das Fort Issy aus der Nähe bedrohten, was thaten da die Vertheidiger? Die Wirthshäuser und Spelunken wimmelten von betrunkenen Abenteurern. In Asnières beschäftigte sich noch am Abend vor der Kapitulation die Nationalgarde nach ihrer löblichen Gewohnheit mit Rauchen, Schlafen, Essen und Trinken."

LABORDE nennt unter den Führern der Kommune zwei echte Dipsomanen: L., einen schon früher des Wahnsinns verdächtigen, eiteln und zornmüthigen, schon mehrfach wegen Gewaltthaten und Exzessen bestraften Menschen, R., Mitglied des Standgerichts, Alkoholist von erblicher Anlage zu Geistesstörung; den ehemaligen Tischler GENTON, der dem Standgericht bei der Verurtheilung der Geisseln präsidirte, ein roher Mensch mit brutaler Säuferphysiognomie; DARDELLE, der Militärgouverneur der Tuilerien, mit der heiseren Stimme des Trinkers, und PROTOT, der Delegirte im Justizministerium, der aus dem Kabinet des Siegelbewahrers eine Kneipe gemacht hatte. Gleiche Ursachen, gleiche Wirkungen: Es ist noch in frischer Erinnerung, dass in Belgien, am Jahrestage der Kommune, eine anarchistische Bewegung mit einem gewissen politischen Anstrich ausbrach, die mit Brand und Plünderung grossartige Glasfabriken zerstörte, in denen mehrere tausend Arbeiter Beschäftigung fanden. Gerade diese Gegend Belgiens betheiligte sich am stärksten an dem enormen Alkoholkonsum des Landes in jenem Jahre (1884), den die offizielle Statistik auf 500 000 Hektoliter berechnet, der aber wahrscheinlich über 600 000 H.-Liter hinausging, d. h. über die Menge des von dem fünfmal grösseren italienischen Volke verzehrten Quantums. Das bedeutet einen erschreckenden Verlust für das wirthschaftliche Leben eines Landes, wo nach einer von LAVELEYE (für England) aufgestellten Berechnung[1] bei einem Verzicht auf

---

[1] *Les troubles en Belgique.* — *Revue bleue,* April 1886.

geistige Getränke die Arbeiter innerhalb zwanzig Jahren die
Fabriken kaufen könnten, an denen sie jetzt gegen Lohn
arbeiten. —

5. Alkoholismus und Entwicklung. — In meinem
Werke „Der geniale Mensch" habe ich gezeigt, dass eine kleine
Quote von Genies oder deren Eltern Alkoholisten waren (ALE-
XANDER, AVICENNA, BEETHOVEN, BYRON, MÜRGER), aber hier
handelt es sich um eine traurige Komplikation und Begleit-
Erscheinung der Genialität, nicht um ein ursächliches Verhältniss; die Rinde eines' zur Genialität veranlagten Gehirns
verlangt bei ihrer Ausdehnung und Erregbarkeit immer neue
Reizmittel. Das gilt auch von ganzen Völkern — besonders
im Norden, die mit wachsender Civilisation immer leichter eine
Beute des Alkoholismus werden; auch hier handelt es sich nur
um eine durch die höhere Erregbarkeit bedingte Komplikation
der Kultur, die durch die Hervorrufung von Degeneration,
Verbrecherthum, Epilepsie, Mikrocephalie die Entwicklung fast
immer hemmt.

Denkt man an den Mythus vom Apfel der Eva, an die
Ambrosia, an die Verehrung der saoma und des Feuerwassers,
an den Meth der Edda oder an die Coca der Peruaner, so
begreift man, dass zur Zeit der Entdeckung narkotischer Substanzen bei ihrer ersten Einwirkung sie als gewaltige Reize
für die Entwicklung gewirkt haben und lange ein Privileg
der höheren Priesterschaft und der höchsten Kasten blieben.
(Vgl. *Uomo delinquente* II., p. 288).

Die reichliche Ernährung begünstigt also die Entwicklung
der Kultur, nicht die politische Bewegung und kaum die
Genialität, auch nicht die Aufstände, die jedoch durch Theuerungen beeinflusst werden. Das Gegentheil gilt vom Alkoholismus, der ein direkter Reiz und ein häufiges Symptom auf-
ständischer Bewegungen ist, aber zugleich ein Hinderniss jeder
kräftigen Entwicklung, ausser in ihren ersten Anfängen.

Viertes Kapitel.

Rasse. — Genialität, Kultur, Kriminalität und Wahnsinn innerhalb einer Bevölkerung.

1. Rasse. — Als wichtigster Faktor der Anthropologie des politischen Verbrechens stellt sich die Rasse dar, die ihre Bedeutung schon darin kundgiebt, dass unter gleichen klimatischen und sozialen Verhältnissen das eine Volk eine ausgesprochene Neigung zu revolutionären Unruhen hat, während ein anderes absolut ruhig bleibt. — So macht sich nach LE BONs Meinung ein Unterschied innerhalb der Bevölkerung Frankreichs geltend, der sich in dem Vorwiegen des brachy-cephalen Typus einerseits, des dolichocephalen andererseits zu erkennen giebt; jener ist der einer bedürfnisslosen, arbeitsamen, vorsorglichen, für Tradition und Gleichförmigkeit eingenommenen Bevölkerung, dieser der einer bedürfnissreichen, für Befriedigung ihrer Bedürfnisse arbeitenden Rasse, die viel verliert und gewinnt, viel wagt und den Fortschritt liebt. So fand LE BON unter 89 grossen Neuerern und Revolutionären zwanzig Brachycephale (PASCAL, HELVETIUS, MIRABEAU, VERGNIAUD, PÉTION, MARAT, DESMOULINS etc.) gegenüber 69 Dolichocephalen (RICHELIEU, SULLY, CONDÉ, TURENNE, RACINE, VOLTAIRE, LAVOISIER, DIDEROT, ROUSSEAU, CONDORCET, ST. JUST, CORDAY u. s. w.) Darnach sollen die dolichocephalen Rassen die revolutionärsten sein. In der That haben die dolichocephalen Stämme Nord-Frankreichs den Römern am kräftigsten wider-standen und sind die einzigen, die sich wiederholt gegen ihre Herrschaft empörten.[1] Und CAESAR schildert die Gallier als höchst unruhig; wir sehen, dass sie wiederaufleben in den blutsverwandten Kelten Irlands und den heutigen Parisern, für deren politische Unbeständigkeit wir täglich neue Beweise erleben.

Keltischer Rasse sind auch die belgischen Wallonen, ein zu Heftigkeit und Gewaltthat neigender Stamm, der im Lütticher Kohlenbecken die Majorität der Arbeiter ausmacht

---

[1] *Revue d'anthropologie*, 1887, p. 78.

und auf deren gewaltthätigen Charakter man die Entstehung
der während der letzten Jahre in diesem Betriebe heimischen
anarchistischen Unruhen zurückführt.[1]

Die Ligurer zählten zu den wenigen italienischen Stämmen, die der römischen Herrschaft entschlossenen Widerstand
leisteten; es gelang, nur durch Ansiedelung in andern Gebieten,
sie zu unterwerfen.

Auch LAPOUGE[2] schreibt der dolichocephalen blonden
Rasse die Bildung der herrschenden Klassen in Egypten, Babylonien und Assyrien, in Persien und Indien, ebenso einen
sehr bedeutenden Einfluss auf die graeco-romanische Civilisation zu. Ein von ADAMANTINUS überlieferter Passus des
Physiognomikers POLEMON schildert die Griechen reinen Bluts
und höheren Rangs als μεγάλοι εὐρύτεροι ὀρθῶι, εὐ᾿παγῆς.
λευκότεροι ϛεν χροάν, ξάντοι. Der blonde Typus war
zweifellos auch der der griechischen Heroen. Die Götter und
Helden HOMERS sind immer gross, blond und hellaugig. Nur
HEKTOR (der, wohlgemerkt, besiegt wurde) wird im XII. Buch
der Iliade als schwarzhaarig geschildert. In ersten Buch
rühmt MINERVA den ACHILL, den Helden par excellence, wegen
seines blonden Haars, und blond heisst er wieder im XXIII.
Buch, wo er den Manen des PATROKLOS sein Haar darbringt.
Der König MENELAOS ist blond, und in der Odysee MELEA-
GROS, AMYNTOR, RHADAMANTEUS. VIRGIL schildert selbst DIDO
als blond („flaventes abscissa comas"), die als Phönizierin doch
braun sein musste, und blond sind bei ihm MINERVA, APOLLO,
MERKUR, CAMERTES, TURNUS, CAMILLUS, LAVINIA.[3]

Blond sind die Geliebten und Freunde der SAPPHO, ANA-
KREONS, OVIDS, CATULLS. Selbst die christliche Legende, die
auf die Entwicklung unsrer Gefühle einen so grossen Einfluss
gehabt hat, stellt Christus mit blondem Typus dar. Auch in
der römischen Aristokratie muss der blonde Typus vorgeherrscht

[1] LAVELEYE, les troubles en Belgique. Revue bleue, avril 1887.

[2] De l'inégalité parmi les hommes. Revue d'anthropologie, 1888, III,
2. — Vgl. MORSELLI, Lezioni d'antropologia, Torino 1889.

[3] MORSELLI, Lezioni d'antropologia, 1889.

haben, um nach Namen wie: FLAVIUS, FULVIUS, AHENOBAR-
BUS zu urtheilen, und nach der Schilderung von Persönlichkeiten wie CATO, SULLA und TIBERIUS (MORSELLI).

DANTE und PETRARCA preisen ihre BEATRICE, MATHILDE
und LAURA als blond; übrigens braucht man nur eine Gemälde-
gallerie durchzumustern, die Bilder aus der Renaissance enthält, um das Ueberwiegen blonder Personen, besonders unter
den Frauen, über die Braunen zu bemerken.

Die Weiterentwicklung des Christenthums, der Protestantismus verbreitete sich mehr unter den blonden, als unter den
braunen Völkern (Romanen, Kelten) Europas. LAPOUGE behauptet sogar, die Kultur eines Volks wäre genau proportional des in seinen höheren Schichten enthaltenen blonden,
dolichocephalen Elements; aus diesem stammten die gallischen
und fränkischen Elemente, die Frankreich seinen Glanz verliehen;[1] ihrem Ueberwiegen verdankten auch England und die
Vereinigten Staaten ihre Entwicklung, und nur das dolichocephale, von den grossen, blonden skandinavischen Eroberern
stammende Element hätte die Macht Deutschlands gebildet.

Die braunen, brachycephalen Stämme und die Produkte
der Kreuzung mit ihnen hätten für die Entwicklung der
Menschheit nur die Masse gegenüber der herrschenden dolichocephalen Klasse geliefert, wenn sich beide auch nicht feindlich gegenüber standen; nur in Europa hätte ausnahmsweise
eine sub-brachycephale Mischrasse ein stabiles, definitives Produkt ergeben. „Wer kann leugnen,“ schreibt MORSELLI,[2] „dass
die Engländer, die Norddeutschen, die Franzosen cimbrischer
Rasse, die Belgier, Holländer und Yankees die erste Stelle in
der hierarchischen Stufenleiter der Civilisation einnehmen?
Das ist aber nicht alles; nehmen wir die anthropologische
Statistik Frankreichs, Deutschlands, Englands, Italiens, der
Schweiz, Belgiens, kurz aller an der Spitze der Kulturbewegung

---

[1] TOPINARD (Anthropologie, Paris, Reinwald, 1884) behauptet, dass
die Führer der gallischen Züge nach Rom, Delphi, Galizien, die die
Aufmerksamkeit besonders der Römer erweckten, grosse und blonde
Gallier waren, die sich selbst Belger und Cimbrer nannten.

[2] *Letteratura*, April 1889, — *Lezioni d'antropologia*, Turin 1889.

stehenden Länder Europas, überall zeigen die von einer Majorität Blonder bewohnten Bezirke die entschiedenste Befähigung
zur Kulturarbeit, die höchste Entwicklung der Industrie, des
Handels, des öffentlichen Unterrichts, des Verkehrswesens, die
geringste Zahl von Mördern, kurz, den höchsten Grad von
Intelligenz und Moralität. Es genügt, einen Blick auf die
ethnologische Karte Frankreichs von BROCA zu werfen, auf die
der Schweiz von KOLLMANN, die Deutschlands von VIRCHOW,
Grossbritanniens von BEDDOE u. s. w. In Frankreich haben
diese Stelle die Departements der nördlichen Hälfte, die cimbrischen, in der Schweiz die deutschen Kantone, in Deutschland die von Sachsen, Friesen und echten Deutschen bewohnten Gebiete, in Grossbritannien die Counties, wo die Angel-
Sachsen über die Kelten dominiren. Für Italien braucht man
nur die Karten der Vertheilung von Mord und Selbstmord
anzusehen." (MORSELLI, l. c.) Inferior sind fast alle um das
Mittelmeer wohnenden braunen Völker, die Iberer und
Kelten Westeuropas, die alten Ligurer, die Ario-Romanen, die
Semiten, ferner die Iranier Persiens und Indiens, die Zingaren,
Berber, Kopten, Abyssinier, die fast ausschliesslich die antike
Kultur repräsentiren, von Babylonien nach Assyrien, Egypten,
Phönizien bis zum Hellenismus und bis zum Romanismus und
Arabismus des Mittelalters.

Soweit die Autoren. Kein Zweifel, dass der Einfluss der
Rasse für ein Volk dieselbe Bedeutung hat, wie der der Ver-
erbung für das Individuum, besonders für die Richtung der
Entwicklung.

Für Italien ist es gewiss, dass die Genialität, dieser reinste
Ausdruck der Entwicklung, überall auftritt, wo einst die etruskische und griechische Rasse Fuss gefasst hat, während sie
zurückbleibt, wo ausschliesslich die keltische und semitische
Rasse herrscht.[1]

Die Theorie LAPOUGES bestätigt sich, wenigstens soweit

---

[1] Vgl. LOMBROSO, Der geniale Mensch, p. 118. Diese Erscheinung
frappirt besonders in Mantua, Modena, Lucca, Catania, wo der Einfluss
des Klimas der Ebene die Genialität hätte beschränken sollen, während
sie in ungemein zahlreichen Fällen hervortritt.

die höhere Entwicklung des blonden Typus in Frage kommt, beim Studium der regressiven, atavistischen Typen unserer Rasse, nämlich denen der Kretins, der Epileptiker (unter denen blonde sehr selten sind), und vor allem der Verbrecher. Sowohl einer von uns, wie Marro, Bono und Ottolenghi haben Blonde in sehr geringer Proportion und Brünette in enormer Majorität gefunden; während unter der normalen piemontesischen Bevölkerung der braune Typus nicht über 27 % hinausgeht, ist er unter den Verbrechern mit 43 %, also in fast doppelter Stärke vertreten, ja, wenn man nur Brandstifter, Diebe und Räuber berücksichtigt, mit 57 %.[1] Unter dem blonden Typus ist das verbrecherische Element nur mit 10 % vertreten; untersucht man Blonde und Rothhaarige zusammen, so wird das Verhältniss noch günstiger, und sicher ist das sprichwörtliche Misstrauen gegen Rothhaarige unbegründet, da unter ihnen das normale Element am stärksten vertreten ist.

Dolichocephalie. — Für die kraniometrischen Verhältnisse sind die Aufstellungen von Lapouge nicht in gleichem Maasse gültig, obwohl man zugeben muss, dass psychopathische, kretinische und verbrecherische Menschen vorwiegend ultrabrachycephal sind; zu einer richtigen Auffassung wird man hier aber wohl nie gelangen, da es keine Rassen giebt, in denen ein bestimmter Schädel-Index ausschliesslich vorherrscht, ausser einmal in einem entlegenen Thal, wie in der Vallata Lucchesia auf Sardinien. Uebrigens haben braune Individuen häufig dolichocephale Schädel, was die Verhältnisse noch komplizirt. Auf der anderen Seite sind wenig vorgeschrittene, und noch weniger revolutionäre Völker dolichocephal, und zwar solche brauner Rasse, wie die Sarden, Egypter, Neger und Australneger; dagegen sind echte Brachycephale, wie die Auvergnaten, speziell die der Departements Creuse und Puy-de-Dôme, evolutionistisch, wie sich aus der Karte der französischen Wahlen (Taf. V., VI., Fig. 4) ergiebt; in den Departements Jura und Doubs, die so reich an genialen Naturen sind, überwiegt die Ultra-Brachycephalie — mit einem Schädel-Index von 85.

---

[1] Vgl. Lombroso, *Uomo delinquente*, IV. Auflage, Vol. I. — Marro, *Caratteri dei delinquenti*, 1886.

In Italien ist der venetianische und piemontesische Stamm ultrabrachycephal und ultrakonservativ, Palermo, Genua und Livorno dagegen, wo die Dolichocephalie überwiegt, sind revolutionär; dagegen sind die Romagnolen, besonders im Distrikt von Ravenna, fortschrittlich und brachycephal, während Luccheaen, Toskaner und Sarden bei aller Dolichocephalie konservativ sind; letztere sind ohne Genialität, während die beiden erstgenannten Stämme überreich daran sind; der Widerspruch erklärt sich aus der Differenz der Abstammung, da der Toskaner etrurischen, der Sarde berbrischen und semitischen Ursprungs ist.

Die in Italien zwischen 1793 und 1870 vorgekommenen Unruhen vertheilen sich folgendermassen:

13 auf Sizilien (dolichocephal)	7 auf Ligurien (dolichocephal)
12 „ Neapel „	7 „ Calabrien, Apulien (dolichoc.)
9 „ Rom „	7 „ Piemont (brachycephal)
9 „ Kirchenstaat (brachycephal und dolichocephal)	6 „ Toskana (dolichocephal)
	5 „ Venetien (brachycephal)
8 „ Lombardei (brachycephal)	3 „ Sardinien (dolichocephal)

Die dolichocephalen Stämme scheinen also auf diesem Gebiete zu überwiegen, aber nicht ohne starke Betheiligung der brachycephalen (29 : 86).

Zusammenfassend lässt sich also sagen, dass die blonden Rassen (germanische Völker, Engländer) in höherem Grade evolutiv und revolutionär sind, — die braunen (Spanien, Italien, Irland) mehr zu Emeuten geneigt und konservativ.

Um diese Auffassung sicher zu machen, bedürfte es offenbar der Proben in grösserer Zahl; nach allen Indizien erscheinen aber die dolichocephalen Rassen entwicklungskräftiger.

Frankreich. — Wir haben, fussend auf den Ermittelungen der bedeutendsten Anthropologen, für dies Land Karten zu konstruiren gesucht, (vgl. Tafel V—VI), aus denen sich die Rassenverhältnisse Frankreichs ergeben (Fig. 2), während Fig. 4 das Verhältniss der republikanischen und reaktionären Abstimmungen auf die gesamte Anzahl der bei den Wahlen der Jahre 1877, 1881 und 1885 eingeschriebenen Wähler veranschaulicht.

Diagramm VI.

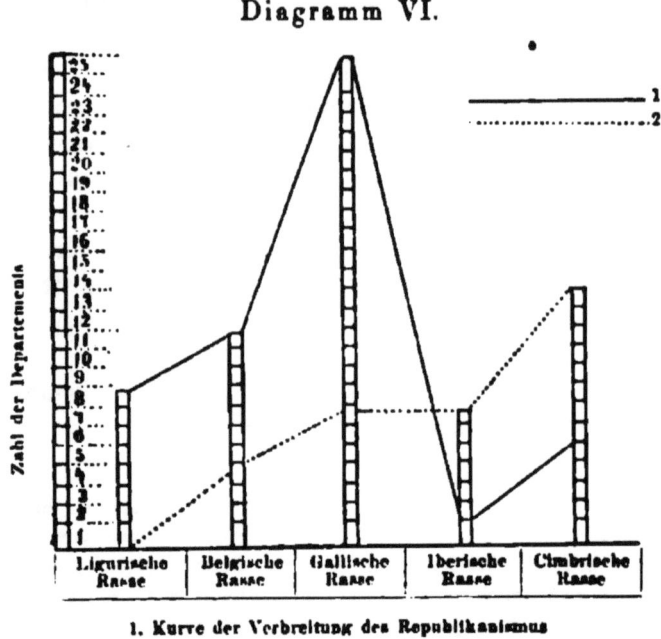

1. Kurve der Verbreitung des Republikanismus
2. „ „ „ „ Monarchismus

Schon der Blick auf diese Tafel ergiebt einen Parallelismus zwischen der Verbreitung der ligurischen, gallischen und belgischen Rasse und dem Verhältniss republikanischer Wahlstimmen. Eine im Diagramm VI gegebene Aufrechnung ergiebt als rein republikanisch nur die Departements der dolichocephalen ligurischen Rasse, was der geschichtlichen Entwicklung entspricht (s. o.).; dann zeigen ein starkes Uebergewicht der Republikaner die gallischen Departements (unter denen monarchische Departements im Verhältniss von 28 : 100 republikanischer vertreten sind); in denen mit einer Bevölkerung belgischer Rasse (dolichocephale) erreichen die monarchischen Departements nur das Verhältniss von 38 : 100 der republikanischen Departements. Dagegen überwiegt das monarchistische Element stark in der dolichocephalen cimbrischen Rasse, und fast absolut in der iberischen, bei einem ziemlich klaren Parallelismus mit der Genialität, während der orographische Faktor weniger deutlich hervortritt.

Im einzelnen zeigen sich nun sehr auffallende Widersprüche; Pas-de-Calais mit seiner ultramonarchistischen Bevölkerung hat rein belgische, dolichocephale Rasse, ebenso das
Departement Nord. Während die keltische Rasse sich in den
Departements Vendée, Côte-du-Nord, Morbihan reaktionär
zeigt, tritt diese Richtung stark oder fast ganz zurück in Loire-
Inférieure, Haute-Vienne, Creuse, Loire und Cher. Die in
Hautes-Pyrénées, Gers ganz reaktionäre iberische Rasse ist es
nicht mehr in Aude und Haute-Garonne. Und stets findet
sich ein Gegensatz zwischen der belgischen und der nah verwandten cimbrischen Rasse.

2. Rasse und Genialität. — Vergleicht man Fig. 2
mit Fig. 3 (Tafel V—VI), so ergiebt sich eine enge Beziehung
der Genialität und damit der Entwicklung zu den Rassen-
Verhältnissen, denn die Genialität ist stark verbreitet, wo die
belgische und cimbrische Rasse vorherrscht, (Marne, Meurthe-
et-Moselle, Haute-Marne, Aisne, Somme, Seine-et-Oise etc.),
und spärlich im Verbreitungsgebiet der iberischen Rasse (Basses-
und Hautes-Pyrénées, Arriège, Gers, Landes etc.) und der reinen
Kelten (Morbihan, Vendée, Deux-Sèvres, Vienne, Charente etc.)

Auch hier fehlen jedoch Widersprüche nicht, da z. B. die
Nachkommen der Burgundionen zahlreiche Genies in den
Departements Doubs und Jura, wenige in Saône und Loire
hervorgebracht haben; innerhalb derselben Rasse ergiebt Haute-
Garonne zehnmal mehr Genies (1,033 : 10000) als Arriège
(0,1919), zweimal mehr als Gers (0,3835) und fünfmal mehr
als Landes (0,2451). In Guyenne giebt Gironde (0,8096) doppelt
soviel als Lot (0,2782) und in Languedoc Hérault siebenmal
mehr (1,536) als Lozère (0,2872).

Untersuchen wir das gesamte Material, wie in Diagramm VII, so ergiebt sich, dass die grösste Anzahl genie-
reicher (5 : 8 = 66 %) Departements dem Gebiet der ligurischen
Rasse angehört, entsprechend dem dort vorwiegenden Republikanismus; es kommt in zweiter Reihe die belgische Rasse mit
33 %, ohne Parallelismus jedoch mit der gleichfalls dolichocephalen cimbrischen Rasse, der sie ethnologisch nahe steht,
und die ein einziges — von 18 Departements — mit hohem

Genialitäts-Index zählt, und 9 mit minimalem Index. In dritter Reihe steht die gallische Rasse, die etwa 19 % der Departements mit höchstem Genialitäts-Index zählt.

Diagramm VII.

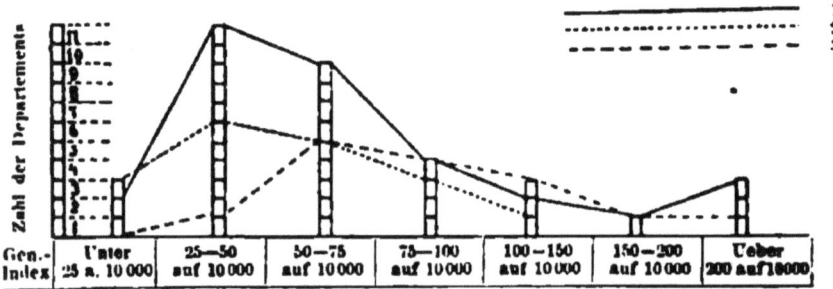

1. Kurve der Verbreitung der Genialität in der gallischen Rasse
2. „   „ „   „   „   „   „   cimbrischen „
3. „   „ „   „   „   „   „   belgischen   „

Die iberische Rasse giebt ebenso geringe Ziffern wie die cimbrische, der sie doch ethnologisch ganz fern steht. Alles das beweist den Einfluss der Genialität auf Revolutionen und Aufstände, zeigt aber auch, dass dieser Faktor so schwach wirkt, dass soziale und lokale Verhältnisse ihn aufheben können; unter letztere gehört unbedingt der Einfluss des Klimas, der für sich allein den der Rasse kompensiren kann; um das zu erläutern, genügt ein Vergleich der Diagramme II und VII.

Der klimatische Einfluss wirkt offenbar konstanter als der ethnische. Wenn auch die ältesten Rassen in der Generation von heute weiterleben, müssen sie doch beeinflusst worden sein durch die Reihe von Invasionen und Ansiedelungen neuer Volkselemente, die oft ganz verschiedene Rassen in ihre Mitte führten; so ist, wie sich auf Tafel V—VI ersehen lässt, die ligurische Rasse im Süden durch Lateiner und Griechen, die cimbrische durch Bretonen und Normannen ersetzt worden etc. Das erklärt den Mangel des Parallelismus zwischen der belgischen und der cimbrischen Rasse, die sich ethnologisch und kraniologisch so nahe stehen, während die Geschichte den

Reichthum der rebellischen gallischen Rasse an Genies und Republikanern erklärt.

3. Rassenkreuzung. — Ethnologisch klarer ist das Vorkommen von Rassenkreuzung, die beide Theile zu kräftigerer Entwicklung anzuregen pflegt; dies Phänomen erinnert an die von DARWIN festgestellte Nothwendigkeit der gekreuzten Befruchtung auch bei zweigeschlechtigen Pflanzen, und stimmt mit der Hypothese von ROMANES überein, wonach die Variation die erste Ursache der Entwicklung darstellt.

Ein Beispiel dieses Einflusses ist der jonische Stamm, der revolutionär beanlagt war und die grössten Genies hervorgebracht hat, gewiss — zumal gegenüber seiner Verwandtschaft mit den Doriern — deshalb, weil seine frühe Kreuzung mit Lydiern und Persern in den asiatischen Kolonieen und den benachbarten Inseln eine doppelte Kreuzung, des Bluts und des Klimas, herbeiführte.

Die erste und vielleicht grösste menschliche Erfindung, die der Buchstabenschrift, verdanken wir einer Kreuzung zwischen Egyptern und Semiten; die Hyksos — semitische Hirten — wurden durch das Bedürfniss, ihre semitischen Namen mit egyptischen Zeichen zu transcribiren, auf das phonetische Gebiet geführt und zur Auswahl einer gewissen Zahl hieroglyphischer Zeichen, die nun die Bedeutung eines Lauts erhielten. (ROUGÉ, *Origines égypt. de l'alphabet phénicien*, 1859. — *Acad. des Inscriptions*). Ihrerseits wurden diese Lautzeichen durch die semitisch-griechische Kreuzung zum europäischen Alphabet.

Die bergbewohnenden, jede Blutkreuzung vermeidenden Dorer behielten ihre rauhe, kriegerische, zäh am Hergebrachten hängende Art und haben der Geschichte weder Revolutionen noch grosse Männer hinterlassen; und doch entwickelte dieser dorische Stamm bei seiner Mischung mit Italikern, Sikulern und Pelasgern — eine merkwürdige Bestätigung des Gesetzes — revolutionäre Zustände, gab eine, grosse Zahl genialer Männer, (ARCHIMEDES, die Pythagoreür — PYTHAGORAS selbst war ein Jonier) und trug ein revolutionäres Element in die etruskische Kunst.

Dass diese blühende Civilisation und dieser fortschrittliche Geist nicht weiter wirkte, hat seinen Grund darin, dass der anregende Einfluss der Kreuzung im status nascendi die grössten Resultate ergiebt, denen aber, besonders wenn es sich um ein plötzliches Auftreten handelt, keine grosse Dauer beschieden ist; Irland und Polen haben unter anologen Einwirkungen das Phänomen einer schnell sprossenden Civilisation von überraschendem Wachsthum gegeben, die dem Kontakt mit dem Auslande folgte und schnell verpuffte, vielleicht weil die physischen und sozialen Voraussetzungen eines dauernden Wachsthums fehlten.

Auch unter der so wenig revolutionären Negerrasse erweckte die Mischung mit den Weissen eine unruhige Gährung, besonders auf Kuba; aber während die Berührung mit höheren Rassen die besten Resultate ergiebt, liefert die mit niederen Rassen schlechte Produkte, wie z. B. auf den Antillen Mulatten und Weisse durch die Erhebung der Neger zum Bürgerrecht in Verfall und Demoralisirung hineingezogen wurden.[1]

Eine hohe Anlage zu revolutionärer und evolutionärer Bewegung zeigen die Japanesen, die ursprünglich inferior gegenüber den Chinesen und ohne deren Handels- und Unternehmungsgeist und ihre unermüdlische Leistungfähigkeit, ihnen an Anpassungsfähigkeit überlegen sind und in kurzer Zeit europäische Kleidung, Werkzeuge, Eisenbahnen, Universität und selbst politische Formen angenommen haben[2]; zweifellos verdanken sie die Befähigung zu all dem ihrer starken Durchsetzung mit malavischem Blut, während die einer höheren Stufe der gelben Rasse angehörenden Chinesen viel weniger Mischblut besitzen.

Die Pfropfung der germanischen Rasse auf die slavische in Polen, und der status nascendi dieser Verbindung erklärt das schnelle, die andern noch rohen Slaven riesengross überragende Emporkommen der polnischen Kultur, obwohl die

---

[1] *Revue d'anthropologie*, Paris 1888.
[2] LANESSAN, *L'évolution des peuples de l'extrême Orient*, 1888.

Deutschen, welche den ersten Samen der Civilisation einführten, selbst noch nicht hoch entwickelt waren.[1] Alle Städte des alten Polen waren von deutschen Einwanderern gegründet, die ausgedehnte Öde und wüste Strecken kolonisirten, ihr munizipales Recht und deutsche Kunst und Wissenschaft einführten, denen die Polen anfangs fremd blieben (vergl. NITSCHMANN, Geschichte der polnischen Litteratur, 1889), so dass die technischen und kommerziellen Ausdrücke der Sprache deutsch waren und in den Krakauer Schulen deutsch gelehrt wurde; das erste Rechtsbuch war das Magdeburger; in den Kirchen wurde in der zweiten Hälfte des 13. Jahrhunderts deutsch gesungen; und seinem deutschen Ursprung entsprechend hiess das Wort für Urtheil: ortila.[2]

Dazu kam die Kreuzung mit anderen Rassen. STANISLAW PLATER rechnet (*Géographie de l'Europe orientale*, 1800) unter den 20 Millionen Einwohnern Polens:

6 770 000 Polen	1 640 000 Deutsche
7 520 000 Ruthenen	180 000 Russen
2 110 000 Juden	100 000 Walachen.
1 900 000 Litthauer	

Italienische Verbannte, die im 14. Jahrhundert die Kenntniss der republikanischen Städteverfassung nach Frankreich brachten, waren nach PERRENS eine der Ursachen des Aufstandes unter MARCEL.[3]

Die Einwanderung religiöser und politischer Emigranten aus Italien und Frankreich brachte der Schweiz eine Quelle der Genialität und liberaler Entwicklung (BURLAMAQUI, SAUSSURE, ROUSSEAU etc.), die nur da hervortrat, wo dies Element stark vertreten war; ähnlich hat in neuester Zeit das Vordringen deutscher und semitischer Elemente in Russland die Ausbreitung der sozialistischen Ideen befördert.

---

[1] Schon in prähistorischer Zeit muss diese Zumischung germanischen Bluts vorgekommen sein; die prähistorischen Funde Polens, Preussens und Wolhyniens zeigen dolichocephale, orthognathe Schädel von germanischem Typus (*Dict. d'anthropologie*).

[2] Im heutigen Polnisch: Ortel. — K.

[3] *Marcel*, 1888, par PERRENS.

Unzweifelhaft ist auch die reichliche Mischung mit deutschem Blut in der Bevölkerung der Franche-Comté die Ursache des in neuerer Zeit auffallend häufigen Auftretens grosser wissenschaftlicher Revolutionäre in diesem Gebiet. (NODIER, FOURIER, PROUDHON, CUVIER).[1]

Das entwickeltste Volk Europas, das der neueren Zeit ihre drei grössten Genies gegeben hat, das englische, entstand aus einer Mischung keltischer, romanischer und germanischer Elemente; Irland dagegen, mit einer weniger gemischten Bevölkerung, lieferte mehr Rebellen, ist aber viel weniger revolutionär und arm an Genies: es ist bei der Lyrik stehen geblieben.

Sizilien hat eine entschiedener evolutive Tendenz als das Gebiet von Neapel, weil seine Bevölkerung stärker gemischt ist; das zeigt sich besonders in Palermo, wo die Beimischung saracenischen und normannischen Bluts am stärksten war. — Triest, wo das slavische Blut sich mit deutschem und romanischem mischt, giebt eine ausserordentlich hohe Quote der Genialität (LUSTIG, TANZI, REVERE, FORTIS, ASCOLI, BEISSO, TEDESCHI).

Acclimatisation. — Nur der Klima-Wechsel kann, wie bei Pflanzen, mit der Wirkung der Rassenkreuzung verglichen werden.

Der moderne Nord-Amerikaner ist vom Angelsachsen, von dem er abstammt, nicht nur physisch verschieden (durch dunklere Haut, dunkleres und glänzenderes Haar, längeren Hals, rundlicheren Kopf, stärker hervortretende Backenknochen, längere Finger), sondern er ist es auch, und in noch höherem Grade, moralisch und repräsentirt die höchste menschliche Entwicklung. In der That hat er die ans Lächerliche streifende Verehrung des Engländers für die Ueberlieferung gegen ein Gesetz vertauscht, welches so neu ist, dass es noch nicht einmal einen Namen hat: das Lynchrecht, — die übertriebene Verehrung der Frau mit einer unbeschränkten Freiheit, die intolerante anglikanische Orthodoxie mit der bizarrsten Heterodoxie, die sich im Mormonen- und Shakerthum verkörpert, und mit

---

[1] *Revue des deux Mondes*, 1882.

einer an Ironie grenzenden Toleranz, so dass in der Kapelle des anglikanischen Reverend auch abwechselnd der römische Priester und der Rabbiner predigt. An die Stelle der unterwürfigen Achtung für den Adel und die Staatsbeamten ist eine oft zum Cynismus gesteigerte Gleichgültigkeit nicht nur gegen das politische Oberhaupt, sondern auch gegen die Vertreter des Volks getreten. Geist, und mehr noch Geld, finden allein Achtung und Einfluss; die Presse ist ein kräftigeres Werkzeug der Macht, als die, über welche die Regierung verfügt.

So oft diese neuen Kräfte auch von unheiliger Hand angewendet werden, darf man doch nicht verkennen, dass sie Zeichen wahrer Entwicklung sind. Der Besitz und der Ruhm unserer Vorfahren ist meist mit viel niedrigeren Mitteln erreicht worden, als durch Ueberredung und Ueberlistung. Unsere Adelstitel sind durch Raub erworben, und das Wort prädium (Beute) bedeutet Besitz.

Die Herrschaft des Geldes und Worts mag nur ein Triumph Starker über Schwache sein, aber eine intellektuelle, cerebrale Form dieses Uebergewichts, so schlecht es auch angewandt wird, ist immer menschenwürdiger, steht höher, als die brutale Muskelübermacht. Wir ziehen einen MIRABEAU oder Fox und selbst einen ROTHSCHILD einem HERKULES oder ROLAND vor. Dank der Herrschaft solcher Kräfte tritt in Amerika die individuelle Aktion an Stelle der gouvernementalen und verhundertfachte sich durch die Wirkung der Maschine, des Kapitals und der Assoziation. Die Maschine hat dort die Hausthiere verdrängt: sie druckt, näht, kocht, malt und führt Krieg, sie gab dem Yankee jenes Uebergewicht, das dem Farbigen gegenüber der Weisse genoss, der das erste Pferd, das erste Rind bändigte.[1] Während die Bevölkerung Spaniens und Italiens, von Vorurtheilen beengt, arm an Assoziationen, Kapital und Maschinen und vor allem an Aktivität, und trotz ihrer entwickelten Individualität stets von Misstrauen gegen sich und andere erfüllt, ihrer eigenen Impotenz durch

---

[1] LOMBROSO, *L'uomo bianco e l'uomo di colore*. — Padova, 1870.

8*

gehässigen Klatsch Ausdruck giebt und von der Willkür einer
Regierung abhängt, die sie nach Kräften herunterzureissen
sucht, erhebt sich ihr gegenüber die weisse Bevölkerung Nord-
Amerikas ebenso riesengross, wie der Spanier gegenüber dem
Mongolen.

Der Nordamerikaner bedeutet also eine Umgestaltung der
weissen Rasse, deren Höhe wir erst nach Jahrhunderten werden
erreichen können.

Und wie kam das alles?

Es ist weniger die Folge einer Rassenmischung, die in
Amerika erst spät grösseren Umfang gewann, als die der Ueberführung einer der kräftigsten Stämme weisser Rasse in ein
anderes Klima; dazu kommt der Kampf ums Dasein auf
unbebautem Boden, unter feindlichen Eingeborenen, der die
Schwächeren wegfegte, die Starken sich kräftiger entwickeln
liess und Eigenschaften verschärfte, die im Kopf des friedlichen
Briten träge schlummerten, so lange er ruhig am mütterlichen
Herde sass.

Ein ebenso schlagendes Beispiel des modifizirenden Einflusses der Acclimatisirung gewähren die Juden. Sicher hat
ein bedeutender Theil dieser in Europa zerstreuten Rasse ihre
ursprünglichen Merkmale bewahrt, wie die Dolichocephalie, das
schwarze Haar, das prognathe Gesicht, die Kreuzung der dichten
Augenbrauen an der Nasenwurzel, die dicken Lippen, die im
Verhältniss zum Rumpf kurzen Beine; aber viele Individuen
zeigen kein einziges Merkmal der ursprünglichen Art. Freilich
behaupten viele Anthropologen, dass neben der geschilderten
Rasse unter den Juden stets eine andere rundköpfige, rothhaarige Rasse bestanden habe, die solche Abweichungen erkläre.
Aber wenn es rothhaarige Juden giebt, giebt es auch solche
mit kastanienbraunem und blondem Haar, mit mesocephalem
Schädel; ferner bleibt die Seltenheit dieses rothhaarigen Typus
in südlichen Ländern zu erklären, der im Norden so häufig
ist, der in England selbst in einen hochstirnigen, blond- und
feinhaarigen Typus übergeht, mit blauen Augen, wie sie
der echte Brite hat. Warum sind in Piemont die meisten
Juden rothhaarig und rundköpfig, in Venetien langköpfig und

schwarzhaarig? Warum haben die Juden der Oase Waregh, bei 32° s. Breite, die Haut der Schwarzen und die Physiognomie der Weissen[1] und in Abyssinien Plattnase, dicke Lippen, Prognathismus und fast so welliges Haar wie die Neger, bei einer Haut, die so hell ist, wie die der Europäer.[2]

Fast alle Statistiker Europas stimmen darin überein, dass die Juden eine grössere Zahl männlicher Geburten, eine geringere Mortalität als die christliche Bevölkerung Frankreichs, Ungarns und selbst Deutschlands ergeben.[3]

Für die Juden Veronas lässt sich eine solche Differenz kaum nachweisen und ist nur bedingt durch die grosse Sterblichkeit in den Findelhäusern und Spitalen, die allein der katholischen Bevölkerung zugänglich sind.[4]

Dies Verhältniss und die geringe Zahl unehelicher Geburten in der jüdischen Bevölkerung erklärt auch den Ueberschuss männlichen Geburten unter der jüdischen Bevölkerung Deutschlands und Frankreichs (120 : 100), da eheliche Geburten stets einen Knabenüberschuss ergeben.

Von den moralischen Eigenschaften und Fehlern des modernen Juden finden sich viele im Keim schon in ihrer alten Geschichte angedeutet.

Hierher gehört ihre oft bis zur Hartnäckigkeit getriebene Zähigkeit, ihr lebendiges Nationalgefühl, das sie von jeher, wie heute, in hochherziger Weise bewährt haben, noch mehr ihre Habsucht, ihre Geldgier, ihr religiöser Aberglaube, das übertriebene Festhalten an den bizarrsten und sonderbarsten Traditionen, ihr enges Zusammenhalten, ihre Schlauheit und

---

[1] BEDDOE, *Ethnolog. Transactions*, 1861.

[2] BROCA, *Bulletins de la Soc. d'anthropol.*, 1869.

[3] In Preussen 113 männliche auf 100 weibliche Geburten unter den Juden; in Livland 120 männliche auf 100 weibliche (BABBAGE, *Edinb. Journ. of Science*, 1825). — In Preussen kommt 1 Todesfall auf 34 Christen, und 1 auf 40 Juden etc.

[4] *Studii statistico-igienici sull' Italia*, di C. LOMBROSO, Bologna, 1867. Unter der katholischen Bevölkerung Veronas betragen die unehelichen Geburten 20 %, bei den Juden kaum 1 %; deshalb ist die Kindersterblichkeit unter den Juden geringer, 30 %, während sie in der katholischen Bevölkerung bis 60 % beträgt.

Geriebenheit, die ihnen in der Handelswelt einen so hohen
Rang sichern. [1] Ihre Talentlosigkeit für die plastischen Künste
ist bei ihnen, wie bei allen Semiten, so eingewurzelt, dass sie
schon in den strengen ikonoklastischen Gesetzen der Bibel
hervortritt.

Unleugbar tritt jedoch unter modernen Juden nicht selten
eine Geistesrichtung auf, die dem ursprünglichen Typus widerspricht; sie sind schon unter den Malern und Bildhauern zu
finden, und, was noch wunderbarer ist, unter den Ungläubigen
und den Verschwendern. Im allgemeinen erscheinen bei den
Juden Anlagen, die der Richtung des sie beherbergenden Volks
entsprechen; sie sind gelehrt in Deutschland, lächerlich aber-
gläubisch in Polen, redegewandt in Venetien, sparsam und
wortkarg in Piemont; Acosta und Spinoza, die kräftigsten
Kämpfer gegen die ihr Volk beherrschenden Vorurtheile und
Glaubenssätze, kamen in Holland zur Welt, in der Mitte eines
Volkes, dem die hartnäckigsten Gegner der katholischen Orthodoxie entstammten.

Die Juden haben in der That manche ihrer grossen historischen Eigenschaften verloren. Muth und Lebensverachtung
waren die hervorragendsten Eigenschaften dieser kräftigen
Rasse, die von Gott Sieg und Niederlage ausgehen sah und
Ströme eigenen Bluts auf den umstrittenen Mauern von Massad

---

[1] Man denke an den Kontrakt Jakobs mit Esau und mit Laban. —
Schon die alten Hebräer entwickelten grossen Handelsgeist, bildeten
Buchhändler-Vereinigungen in Jabes, Gesellschaften von Byssus-Fabrikanten
in Bath-Aschbea. Von der Zeit Alexanders an liessen sie sich in den
Handelscentren, wie Antiochia, Kreta, Korinth, nieder; in Kreta ver-
bargen die babylonischen Juden während unruhiger Zeiten ihre Schätze.
(Ewald, Die Alterthümer des Volkes Israel, IV; II, p. 296. Göttingen
1864.) Die Assyrer verliehen alle Beamtenstellen in der Finanz- und
Handelsverwaltung an Juden (Daniel, II). Dass sich hier schon eine
Rassenanlage aussprach, zeigt schon ihre Rassen- und Sprachverwandt-
schaft mit Phöniziern und Karthagern. Die Phönizier kannten den
Gebrauch des Geldes schon früher, als die Egypter, ähnlich wie die
europäischen Juden die Wechsel erfanden. Die Sidonier waren durch
ihre Glas- und Textilproduktion berühmt. Die Schlauheit und Habgier
der Punier ist notorisch.

vergoss, wo der Sieger bei seinem Einzuge ein auch für römische Herzen neues Schauspiel erblickte, eine Bevölkerung, die ohne Ausnahme Selbstmord begangen hatte, um die gemeinsame Schmach nicht zu überleben. Nun zeigt die ausserordentliche Seltenheit des Selbstmords bei den Juden und die geringe Zahl hervorragender Soldaten unter ihnen, dass dieser Mannes-muth sie nicht mehr wie früher auszeichnet, vielmehr häufig einer fast instinktiven Aengstlichkeit und einer grossen Furcht vor dem Tode Platz gemacht hat. Dagegen haben sie Eigenschaften gewonnen, die ihnen vor ihrer Einwanderung nach Europa fremd waren. Die gegenseitige Liebe in der Familie, die unter den europäischen Rassen immer lauer wird, wurde bei ihnen wahrhaft gewaltig; die sprichwörtliche Apathie des Asiaten, seine vollkommene Gleichgültigkeit gegen alles ausser seinem Geld und seinem Gott, die dadurch bedingte Unwissenheit verschwanden vor einer fieberhaften, unermüdlichen Thätigkeit nicht nur im geduldigen und zähen Geschäftsbetrieb, sondern auf allen Gebieten menschlicher Thätigkeit. So glänzten in der Politik ABARBANEL u. a., in der Dialektik SPINOZA, in der Ironie HEINE, im Journalismus YUNG, WEILI, etc., in der Musik MEYERBEER, HALEVY, COHEN; in Deutschland sind die hervorragendsten Physiologen und Aerzte — CASPER, SCHIFF, VALENTIN, HIRSCH, TRAUBE, COHNHEIM — jüdischer Abkunft.

Kurz, im Vergleich mit ihren nicht-semitischen Mitbürgern lieferten sie mit Rücksicht auf ihre Anzahl eine mindestens gleiche, wenn nicht grössere Reihe produktiver Intelligenzen, selbst in den exakten Wissenschaften, für die die semitische Rasse[1] sich früher stets ganz unbegabt zeigte. Nur in den

---

[1] Vgl. RENAN, *Histoire des langues sémitiques*, I, Paris 1855. „Die Semiten besitzen keine Wissbegier. Gott ist gross — das ist ihre ganze Erklärung. Da sie überall die unausweichliche Macht des höchsten Wesens erblicken, läuft ihre Wissenschaft auf Sentenz und Lyrik hinaus, wie die der Griechen zur Zeit der sieben Weisen."

Was die Trägheit und Apathie der Araber betrifft, erinnere man sich der Aeusserung von DESPINE, dass „die Araber in Afrika die ausgedehnten Bewässerungsanlagen der Römer, die das Land befruchteten,

bildenden Künsten und auf dem technischen Gebiete haben sie keinen bedeutenden Mann hervorgebracht.

Sie erhoben sich also nicht nur über das tiefere Niveau der semitischen Rasse, die den intellektuellen Gipfel der arischen Rasse nur in der Lyrik und Epopöe erreicht, sondern sie erhoben sich manchmal über die Arier und hielten in der Entwicklung mit ihnen gleichen Schritt. Wir haben hier also eine Rasse vor uns, die unter Wahrung ihres ursprünglichen Typus sich weit über ihre Stammesanlage erhebt und eine Transformation erfährt.

Es ist bekannt genug, wie es dazu kam. Die gezwungene Auswanderung unterwarf diese Rasse, die wie die übrigen Semiten wenig progressiv geblieben wäre, dem Einflusss eines ganz abweichenden Klimas; die fortwährende, Jahrhunderte dauernde Verfolgung fungirte — um einen Ausdruck DARWINS zu gebrauchen — als Selektionsfaktor für die Spezies, und verschärfte, steigerte diejenigen, die sie nicht unterdrücken konnte, — und das müssen viele gewesen sein. Und da nur Rührigkeit, Schlauheit und anscheinendes Elend sie den wildesten Verfolgungen entziehen konnte, gegen die ein kühner Widerstand unmöglich gewesen wäre, müssen allmählich diese Charaktere vorwiegen, und die Eigenschaften mussten verschwinden, die mehr zum Schaden als zum Nutzen gereicht hätten, wie Muth und Hochherzigkeit. Dazu kam, wie wir später sehen werden, die Nervosität.

Der kombinirte Einfluss des Klimas und der Umstände zeigt sich auch deutlich darin, dass in anderen Gebieten die Juden sich gar nicht entwickelt haben, besonders in warmen Ländern und in solchen, in denen sie keine Verfolgung zu

---

zu Grunde gehen liessen. Während einer Theuerung wird der Araber lieber verhungern, als seine Arbeit zu verdoppeln oder den Verlust aus neuen Ernten zu decken. Er liebt das Geld, aber aus Habsucht, nicht um es vortheilhaft zu verwerthen, und vergräbt es im Boden. Napoleon und Monge suchten in Egypten die Araber durch grossartige Experimente auf physikalischem und mechanischem Gebiete zu verblüffen, aber der Elektriker, der Leichen zum Zucken brachte, und selbst der Luftballon liess sie unbewegt." (DESPINE, *Psychologie naturelle*, Paris 1868.)

erleiden hatten. So zeichnen sie sich in keiner Weise in Abyssinien aus, obwohl sie dort, ihrer Gewohnheit entgegen, viel Proselyten gemacht haben, und obgleich — oder vielleicht weil — sie dort nie verfolgt wurden; sie sind ganz verthiert in ihrer Heimath Palästina, wo sie von der Gunst aller ihrer europäischen Glaubensgenossen überschüttet werden, die aus dem Lande ein zweites Rom machen, mit demselben Nutzen und für gleiche Verdienste, wie Rom selbst von der katholischen Welt verehrt wird.

In Bombay behaupten die dort als Bauern, Maurer, Zimmerleute, Soldaten beschäftigten Juden, von den zur Zeit des HOSEA durch die Assyrer exilirten Juden abzustammen; sie beobachten den Sabbath, die Beschneidung, verehren die Bibel, die sie nicht mehr verstehen, und standen, bis zur Ankunft der Europäer, in Korporationen unter bestimmten Chefs eingetheilt, nicht höher als die untersten indischen Kasten.

In Leghuhat arbeiten die jüdischen Männer als Schmiede und Goldarbeiter, die Frauen als Wollweberinnen, jedoch mit primitiven Werkzeugen und ohne je zu Wohlstand zu gelangen; sie haben die Sitten, die Ernährungsweise und den fatalistischen Aberglauben der Araber. Im Atlas fand DAVIDSOHN unter den Berbern ganz arme, in keiner Weise höher als ihre Landsleute civilisirte Juden leben.

In China, wo sie seit mehr als zweitausend Jahren sitzen, haben sie keinen Fortschritt gemacht, obwohl sie nie verfolgt worden sind. Sie haben viele Sitten und Gebräuche ihrer Väter vergessen; wie die Chinesen, sprechen sie kein b und r aus, und haben von diesen gewisse Gebräuche zum Andenken Verstorbener angenommen, z. B. die Aufstellung von Tafeln mit den Namen der Ahnen in den Tempeln.

Die Nachkommen der seit NEBUKADNEZAR in Hille (Chaldaea), um das Grab des EZECHIAS zu beweinen, gebliebenen 5000 Juden, zeigen in Physiognomie und Tracht den ursprünglichen Typus der Rasse, erheben sich aber nicht über ihre halbbarbarischen Landsleute und haben die niederen Gewohnheiten derselben, unter anderem die Polygamie angenommen. (LOMBROSO, *L'omo bianco e uomo di colore*, 1870.)

4. Rassengegensatz. — Eine bemerkenswerthe Ursache
politischer Unruhen liegt in Rassengegensätzen, die als Folge
der Einwanderung oder Eroberung innerhalb eines Landes
existiren.
Schon ARISTOTELES (*Politic.*, Lib. V) hatte beobachtet,
dass die Verschiedenheit des Ursprungs der Elemente einer
Bevölkerung Revolutionen veranlasst, bis die Rassen sich assimiliren oder eine die andere zurückdrängt. So vertrieben die
Achäer die Tresenaten, mit denen zusammen sie Sybaris gegründet hatten, sobald ihre Zahl hinreichend zugenommen
hatte; so wurden die Zankleer von den Einwanderern aus Samos
vertrieben, und die Kolonisten aus Chalcis vertrieben ihre Gast-
freunde in Amphipolis aus der Stadt.
Aus der Rassenfremdheit erklärt sich der Hass der Slawen
gegen die Türken, der Slowaken gegen die Magyaren, der
Basken gegen die Spanier, der Europäer gegen ihre jüdischen
Landsleute und dadurch der Antisemitismus.
Die Mohamedaner im Norden Sumatras leben in perma-
nenter Revolution gegen die Holländer; weder das Klima, noch
die tolerante, intelligente Regierung, die ihnen fast absolute
Freiheit lässt, ist als Ursache zu betrachten, und in der That
sind die buddhistischen Javanesen unterwürfig und ruhig; die
Ursache kann nur in einem Rassengegensatz liegen, für den
die Religion nur die Bedeutung eines Symptoms hat. (LA-
NESSAN, l. c.)
5. Dichtigkeit der Bevölkerung. — Die Untersuchung
der Beziehung zwischen Bevölkerungsdichtigkeit und Verbreitung monarchistischer Gesinnung in Frankreich (vgl. Tafel V
bis VI, Fig. 5) gab das Resultat, dass in den Departements
mit dichtester Bevölkerung die republikanischen Anschauungen
vorwiegen, und umgekehrt.[1] Die Departements Basses-Alpes,
Landes, Indre, Cher und Lozère, in denen nicht mehr als 40
Einwohner auf den Quadratkilometer kommen, ergaben in den
drei Wahlperioden 1877—81—85 hohe Zahlen von Abstimmungen für die monarchistische Partei; dasselbe gilt für die

---

[1] Nähere Zahlenangaben giebt der Anhang zum vorstehenden Kapitel.

Departements Vendée, Nord, Hautes-Pyrénées, Gers, Lot und
Aveyron, in denen kaum 60 Einwohner auf den Quadratkilo-
meter kommen, und dasselbe Resultat hatten die Plebiscite.
(JACOBY).

Diagramm VIII.

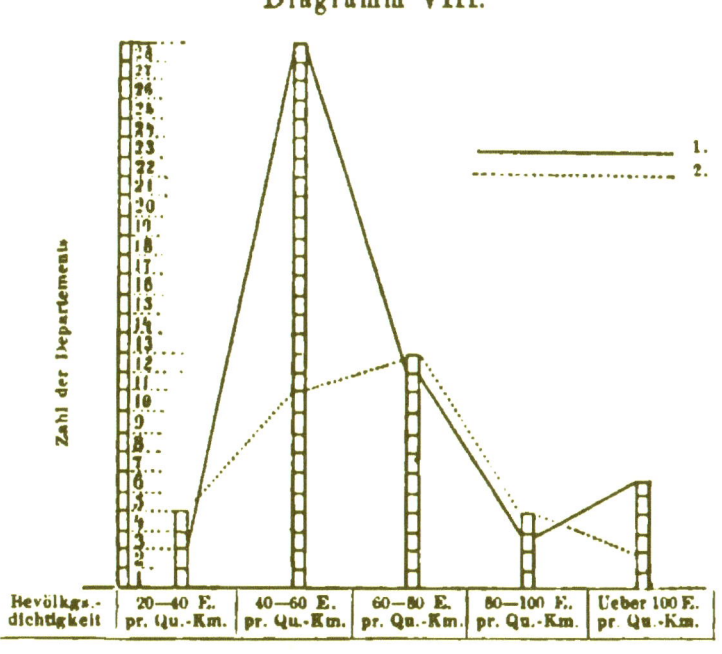

1. Kurve der Verbreitung des Republikanismus
2. „   „   „   „   Monarchismus

Umgekehrt ist der Republikanismus kräftig entwickelt in
den dicht bevölkerten Departements, wie Rhône, Loire, Seine
und Seine-et-Oise. Darauf hat schon JACOBY hingewiesen.
Diagramm VIII erläutert das. Die grössten Zahlen für die
Republikaner ergeben die Departements mit der dichtesten
Bevölkerung und nach ihnen die mit mittlerer Bevölkerungsdichtigkeit, obwohl in geringerem Maasse. In den dünn bevölkerten Departements überwiegen die Monarchisten; in den
übrigen stehen die beiden Parteien gleich.

Es ist leicht begreiflich, dass innerhalb einer dicht ge-
drängten Stadtbevölkerung die politische Agitation stärker ist.

Das zeigt sich besonders in Paris, wo (vgl. Viollet le Duc, *Mémoires sur la défense de Paris* 1871), „die civilisirte bürgerliche Welt ihren Abschaum ergiesst, der Paris zu einer kosmopolitischen Stadt macht, so dass eine Schar ohne Heimath, ohne Vaterland, ohne Prinzipien die Stadt beherrscht und absorbirt, und das Unglück des Landes ausnutzt, um seine Regierung zu zerstören und sich selbst zu erheben." So fanden sich unter 36 309 verhafteten Kommunarden 1725 Ausländer und 25 648 Provinziale. „Das ist — sagt Maxime du Camp — das Unglück der zu stark zentralisirten Völker, wo das Leben in der Provinz nicht recht zur Entwicklung gekommen ist. Die grossen Hauptstädte sind eine stete Gefahr für die politische Ruhe; sie wirken, wie ein glänzender Festzug, anziehend und unterhaltend. Frankreich hat einen zu umfangreichen Kopf und ist, wie die Hydrocephalen, Anfällen von Raserei ausgesetzt. Die Kommune war ein solcher Anfall."

„Der echte, eingeborene Pariser hat sich an diesen Gewaltthaten nur in sehr geringem Maasse betheiligt, der Abschaum der Provinz gährte in Paris; alle Impotenz, Missgunst und Eitelkeit geht, von Selbstgefühl geschwollen, in diese Stadt und glaubt sich zur Herrschaft berufen, weil sie in den Kneipen in Exaltation geräth. Paris muss ihre Träume erfüllen oder untergehen; aber Paris kennt nicht einmal ihren Namen, und ein so schweres Vergehen muss es mit seinem Verderben büssen."

6. Beziehung zur Genialität. — Zwischen Bevölkerungsdichtigkeit und Genialität lässt sich — obschon Jacoby anderer Meinung ist — kaum eine Beziehung feststellen, wie sich aus Diagramm IX ergiebt, das der Auffassung Jacobys widerspricht. Während für die Hauptstädte und die an Häfen und Strömen liegenden Grossstädte die beiden Erscheinungen parallel gehen, ist das nicht der Fall für die mittelgrossen Zentren (Nord, Pas de Calais, Loire), die dicht bevölkert, aber arm an Genies sind.

Auch die Häufigkeit der Genialität in den grossen Zentren ist eigentlich scheinbar; einer von uns hat gezeigt, dass die meisten Genies wohl in der Stadt sterben, aber auf dem Lande

geboren werden, und dass sie in den grossen Städten nur auftauchen; weil sie nur dort zur Geltung kommen können, dass
sie hier also wohl Ruhm, aber nicht günstige Entwicklungs-
bedingungen finden (LOMBROSO, Der geniale Mensch).[1]

Diagramm IX.

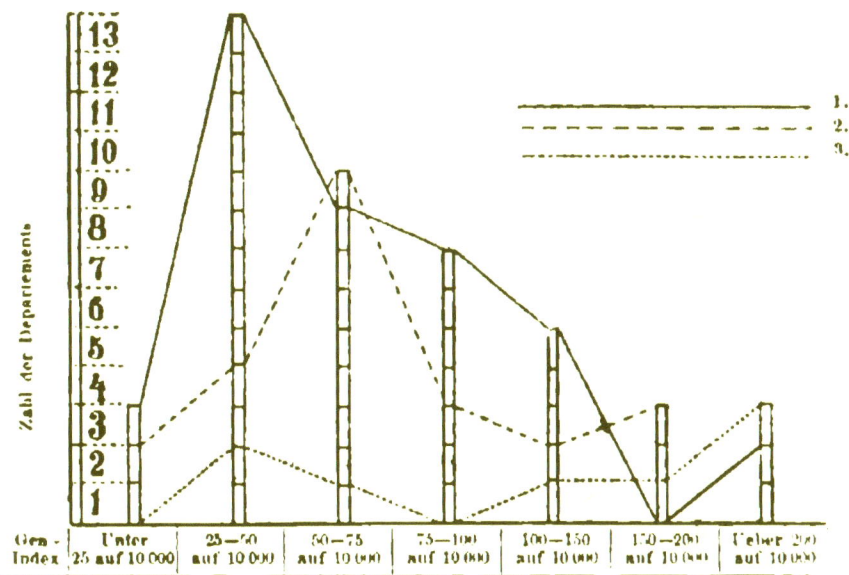

1. Kurve der Verbreitung der Bevölkerungsdichtigkeit zwischen 40—60 E. per ☐ km.
2. „ „ „ „ „ „ „ 60—80 „ „ „
3. „ „ „ „ „ über 100 „ „ „

Eine dichte Bevölkerung begünstigt Revolten und Ent-
wicklungskrisen, jene jedoch in höherem Grade; das begreift
sich mit Rücksicht auf die geringe Bedeutung dieses Faktors
für den höchsten Ausdruck der Entwicklung, die Genialität.

---

[1] Dieselbe Meinung haben BAGEHOT: „Dem ausgesogenen Boden der
Hauptstädte entsprossten wenige grosse Männer", CARLYLE, GUTHRIE
(Autobiographie), SMILES (Life and labour, p. 375), RICHTER in seiner
Autobiographie: „Kein Poet wird in einer Hauptstadt geboren."

Wenn wohl im Anfang der Civilisation eine dichte Bevölkerung zu Fortschritten führte, sehen wir einen derartigen Einfluss doch nicht weiterhin in Egypten und China und, caeteris paribus, in Neapel oder Madrid hervortreten.

7. Fortschritte der Landwirthschaft und Industrie. — Parallel den Wirkungen der Bevölkerungsdichtigkeit gehen die der industriellen Entwicklung; diese hat durch Anhäufung grosser Arbeitermassen um einen Mittelpunkt künstlich die Nachtheile und Vortheile der Zusammendrängung, die neuen Ideen eine schnelle Verbreitung verschafft, gesteigert, während die neuen und schnellen Verkehrs- und Verständigungsmittel — die allerdings auch Repressivmaassregeln erleichtern — die enge Ansammlung rebellischer Elemente begünstigen; despotische Regierungen wussten wohl, was sie thaten, wenn sie der Einführung von Eisenbahnen und selbst einer guten Briefpost nicht wünschten. Gewöhnlich haben neue Entdeckungen, welche die Industrie förderten, auch den rebellischen Elementen Waffen geliefert; so hat das Petroleum für die Kommunarden, das Dynamit neuerdings für die Anarchisten eine Rolle gespielt, und letzteres scheint in ähnlicher Weise zum Vorgehen gegen die Bourgeoisie zu animiren, wie seinerzeit das Pulver zum Aufstand gegen den Adel.

Diagramm X ergiebt, dass in Frankreich das Maximum republikanischer Stimmen in den industriellen, das der monarchistischen Stimmen dagegen in den ländlichen Bezirken abgegeben worden ist; dementsprechend stimmt die von Réclus gegebene Karte der Getreide- und Weinkultur, von wenigen Ausnahmen abgesehen, mit der Karte der Verbreitung des Monarchismus zusammen. [1]

In Gebieten, wo Ackerbau und Industrie gleich entwickelt sind, halten die politischen Tendenzen einander die Wage, oder die Monarchisten besitzen ein geringes Uebergewicht.

Dasselbe könnte man von der in industriellen Bezirken vorherrschenden Genialität sagen; da die Industrie aber oft in

[1] In *La Terre* zeigt Zola, warum jede Landbevölkerung monarchistisch ist: „Ils étaient pour le bon ordre, le maintien des choses, l'obéissance aux autorités qui assuraient la vente." (p. 156.)

Diagramm X.

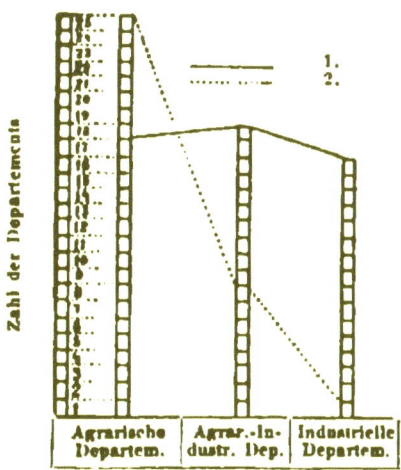

1. Kurve der Verbreitung republikaniacher Geainnung
2. „ „ „ mooarchistischer „

Gebirgsgegenden, in denen die Landwirthschaft keinen lohnen-
den Ertrag giebt, vorwiegt, kann hier der orographische Faktor
verschleiernd wirken. Aus demselben Grunde liesse sich vielleicht auch die grössere Anzahl von Stimmenthaltung in Industriebezirken erklären.

Das Uebergewicht der Industriebezirke in der Entwicklung
stimmt mit dem von SPENCER aufgestellten historischen Gesetze
überein, welches das industrielle Stadium für die letzte Entwicklungsstufe der Menschheit erklärt und das Nebeneinander von
grösserem Reichthum und höherer Entwicklung feststellt.

8. K ultur, elementares Wissen. — Die höchste Entwicklung findet sich also, wo die Kultur am allgemeinsten
verbreitet ist; und in der That sind die Departements mit dem
grössten Index elementarer Bildung (90—95 %) alle republi-
kanisirt, und dies Element herrscht auch in Departements vor,
wo dieser Quotient hoch ist.

In Departements mit mittlerem Unterrichts-Index sind die
beiden politischen Richtungen annähernd gleich.

Einen mir unerklärlichen Gegensatz zu diesem sonst durch-
gehenden Parallelismus bildet die Thatsache, dass in den

Diagramm XI.

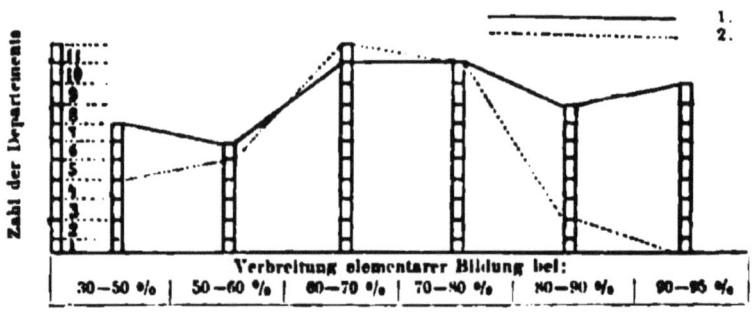

Verbreitung elementarer Bildung bei:

| 30—50 % | 50—60 % | 60—70 % | 70—80 % | 80—90 % | 90—95 % |

1. Kurve der Verbreitung republikanischer Gesinnung
2.   ,,   ,,   ,,   monarchistischer   ,,

Departements mit dem grössten Quotienten von Analphabeten die Republikaner vorherrschen.

9. Genialität. — Wie schon JACOBY bemerkt hat (*De la select*, p. 577), und wie Diagramm XII und das Studium von Fig. 3 und 4, Tafel V—VI schärfer erkennen lässt, besteht zwischen der Verbreitung der Genialität und der republikanischen Gesinnung ein ausnahmsloser Parallelismus. So giebt das Departement Seine ein Maximum der Genialität und ein Minimum reaktionärer Abstimmungen, und ebenso sind die

Diagramm XII.

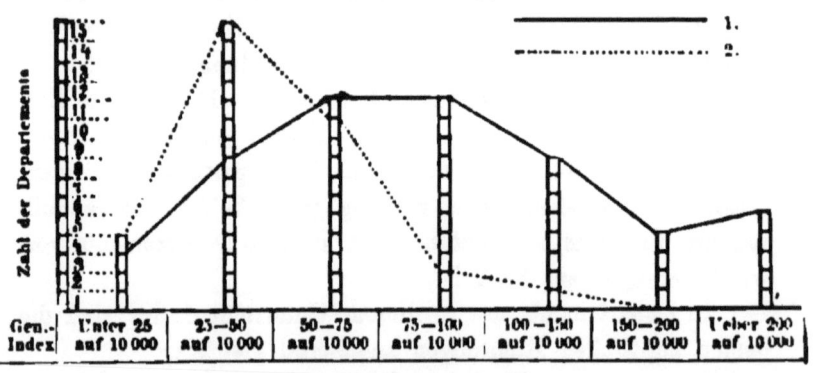

| Gen.-Index | Unter 25 auf 10 000 | 25—50 auf 10 000 | 50—75 auf 10 000 | 75—100 auf 10 000 | 100—150 auf 10 000 | 150—200 auf 10 000 | Ueber 200 auf 10 000 |

1. Kurve der Verbreitung republikanischer Gesinnung
2.   ,,   ,,   ,,   monarchistischer   ,,

republikanischen Departements Var, Rhône, Seine-et-Oise, Yonne, Seine-et-Marne u. s. w. reich an Genies, während die Vendée, Morbihan, Pas-de-Calais, Nord, Basses- und Hautes-Pyrénées, Gers, Dordogne und Lot reaktionär sind und sehr wenig geniale Menschen hervorgebracht haben. Diese Analogie ist so gross und vollständig, dass sie vielleicht — und das wäre natürlich — den Einfluss der Rasse, der Bevölkerungsdichtigkeit etc. verschleiert.

Die Genialität ist einer der Charaktere und Indizien der Entwicklung, nicht sowohl, weil sie dieser entspringt, sondern weil sie nur in ihr klar hervortreten kann. CARLYLE *(Heroes and Hero-Worship)* schreibt, dass das sicherste Anzeichen der Kultur einer Zeit die Aufnahme ist, die sie dem Genie bereitet.

Griechenland bereitete das Volk durch die olympischen Spiele, durch seine ästhetische Erziehung auf das Verständniss und die Würdigung des Genies in Kunst und Denken vor. — SOKRATES' Schicksal lehrt freilich, dass diese Schulung nicht überall ausreichte.

„Ich konnte mich auf meinen Reisen überzeugen," schreibt LE BON, „dass die mittleren Bevölkerungsschichten in Indien und China den entsprechenden Schichten unter Europäern nicht inferior sind; der Unterschied liegt in den über das Mittelmässige sich erhebenden Männern, die bei uns zahlreicher sind; ihr Einfluss bedeutet jedoch nicht die Schöpfung, sondern die Synthese der Leistungen einer Rasse." *(Les premières civilisations*, 1889.)

„Die beiden grossen Revolutionen der Religion der Hebräer," schreibt RENAN,[1] „verdankt man dem Prophetenthum, der einzigen Form, in der die Genialität in diesem Volke hervortreten konnte."

Bekanntlich neigen die Völker, die sich durch geistige Beweglichkeit auszeichnen, auch besonders zu Insurrektionen; das gilt von den Florentinern wie von den Parisern; in der Schweiz war Genf, das um 1500 die Stadt der Unzufriedenen hiess, gewiss der höchstgebildete Ort des Landes; dasselbe

---

[1] *Histoire du peuple d'Israel*, II.

gilt in Griechenland für die Athener, die in der Blüthezeit
ihrer Kultur 56 berühmte Dichter, 21 Redner, 12 Historiker
und Litteraten, 14 Philosophen und Naturforscher und 2 bedeutende Gesetzgeber zählten, wie Drakon und Solon, während
Sparta fast gar keine Revolutionen und wenige geniale Männer
hervorgebracht hat (nach SCHOELL nicht mehr als 6;[1]) hier
spielen jedoch orographische Faktoren mit.

In Italien finden wir die fortgeschrittensten Anschauungen
vorherrschen in der Landschaft, wo nach D'AZEGLIO „die
Menschenpflanze schöner und kräftiger gedeiht, als im übrigen
Italien — in der Romagna.“

Polen. — Ein schlagendes Beispiel liefert uns Polen,
das in seinem ebenen Boden, seinem kalten Klima und der
slawischen, brachycephalen Rasse, die es bewohnt, eine Menge
antirevolutionärer Elemente vereinigt und doch zu den rebellisch-
sten Ländern Europas gehört. Das erklärt sich auch nicht
aus dem Wahlkönigthum, dem liberum veto und andern, sekundären, erst nach der Periode politischer Unruhe geschaffenen
politischen Institutionen, sondern durch die überstürzte, weit
ausgedehnte Verbreitung seiner Kultur, die theils bedingt war
durch die geographische Lage des Landes zwischen den
Nordslawen, den Deutschen und dem byzantinischen Reich, das
damals im Anfang seiner Auflösung stand, theils durch eine
Mischung zahlreicher Rassen.

BOLESLAW der Grosse gab im Jahre 1008 durch Berufung
des Benediktinerordens der polnischen Kultur den ersten äusseren Impuls; ihm folgte KASIMIR I., der aus Lüttich zahlreiche
französische Gelehrte mitbrachte; zu Anfang des 12. Jahrhunderts standen Schulen und Bibliotheken in Polen in hoher
Blüthe; ein Jahrhundert später fanden sich nicht nur zahlreiche polnische Studenten, sondern auch Professoren polnischen
Ursprungs auf den Universitäten Padua, Bologna und Paris;
wir nennen unter diesen NIKOLAUS von Krakau, JAN GROT
von Slupce und PRZECLAW. Schon ein Jahrhundert vorher
waren die Chronisten MARTIN GALLUS (1110—1135), MATTIAS

---

[1] *Histoire de la littérature grecque profane.* — Paris, 1823—25.

CHOLEWA, VINCENT KADLUBEK, MARTIN POLONUS bekannt
geworden, und als Physiker und Mathematiker war damals
WITEW berühmt.

1364 erhob URBAN V. die Universität Krakau, die älteste
des europäischen Nordens, (sie war gegen 1347 gegründet) auf
die Höhe der übrigen Hochschulen Europas, so dass dort Physik,
Medizin und die Rechte neben der Theologie gelehrt wurden;
so kam es, dass im folgenden Jahrhundert auf dem Konzil von
Basel die polnischen Doktoren die zweite Stelle, unmittelbar
nach denen von Bologna, einnahmen. Um diese Zeit zeichnete
sich GREGOR von Sannok als Philosoph und Naturforscher
aus, und gab MATTHEUS von Krakau seine, 1440 in Harlem
gedruckte *Ars moriendi* heraus.

ERASMUS von Rotterdam nennt in seinem Briefe an SE-
WERYN BONAR Polen das Vaterland der Gelehrten.

Selbst die erste europäische Buchdruckerei soll 1474 in
Krakau errichtet worden sein; sicher treten um diese Zeit polnische Buchdrucker in ganz Europa auf: in Neapel ADAM
(1478), SAKRZECKI in Wien u. a. m.

Die Regierung der beiden SIGISMUND (1502—1622) war
überreich an hervorragenden Männern, darunter KOPERNIKUS
und der Historiker JAN DLUGOSZ. Der Unterricht verbreitete
sich bis in die untersten Volksschichten; trotz der grossen
Privilegien des Adels stand dem Talent die glänzendste Lauf-
bahn offen. KLEMENS JANICKI, DANTISCUS, KROMER, HOSIUS
waren alle von obskurer Herkunft.

Die nationale Geschichte fand damals ausgezeichnete Dar-
steller in MARTIN KROMER, MATHIAS STRYJKOWSKI, MARTIN
und JOACHIM BIELSKI, STANISLAW SARNICKI, ST. ORZECHOWSKI,
MODRZEWSKI, LUK. GORNICKI, ST. HOSIUS und in KLEMENS
JANICKI, der mit 20 Jahren von CLEMENS VII. zum Poeta
laureatus gekrönt wurde. Dazu kamen in der Litteratur RAB-
BULS, ANDREAS KRZYCKI (der Juvenal und Cicero Polens), der
als polnischer Theokrit bezeichnete SIMON SZYMONOWICZ, die
drei Dichterbrüder KOCHANOWSKI, von denen einer, PETER,
TASSOS Jerusalem übersetzte, ferner JOHANNES HACKSLBEUDNER,
JAN TURCO, Poet und Prosaist, der Grammatiker und Jurist

9*

STANISLAW ZABOROWSKI, der Historiker und Mathematiker BERNHARD WAPOWSKI, GROJECKI, HERBART, WARSZAWSKI, GRZEBSKI, SPIESZYNSKI, SIENNIK, SENDZIWOJ. Das Polnische war damals die litterarische Sprache in Litthauen und Russland, und Polen zählte 47 Buckdruckereien. Die aus dieser Zeit stammenden Werke der Juristen BERNHARD von Lublin und JAN von Pilzno zeigen manche Berührungspunkte mit den Ideen von BECCARIA und FILANGERI. [1]

Das Elend, eine Frucht der Kriege und inneren Zwistigkeiten, das Eindringen der Jesuiten in die Schulen, und selbst die Universitäten (1528) unter SIGISMUND III., führten zum Verfall, der durch die Verfolgung und Auswanderung der besten Elemente beschleunigt wurde. Immerhin zählt SIANCZYNSKI in seinem Diktionär der berühmten Männer Polens unter SIGIS-MUND noch 1149 berühmte Männer, 711 Schriftsteller und 110 Krieger. Aber der Verfall nahm immer schneller zu, und unter WLADISLAW III. wird nur noch ein Prediger (?) und ein Dichter, SKARBINOWSKI, namhaft. (FORSTER l. c.)

Wie in Athen und Florenz verfiel in Polen die üppige Genialität der Degeneration und führte es zu fortwährenden Aufständen. Denn die Kultur hat einen verderblichen Einfluss, wenn sie zu hoch gesteigert, zu frühreif ist oder einer ungesunden Richtung zustrebt; so trug in Italien seinerzeit der in den Jesuitenschulen herrschende Klassizismus, der Kultus der Form und der klassisch-archäologische Patriotismus viel dazu bei, den der Jugend eigenthümlichen revolutionären Schwung und Hass gegen Priester und Fremde erschlaffen zu machen; und die heutige klassische Bildung, die das Moralische vernachlässigt und nicht, wie die exakten, mechanischen Fächer, fürs Leben vorbereitet, vermehrt die Zahl der Berufverfehler und steigert damit das Missverhältniss zwischen Bildungsstufe und Subsistenzmitteln, in dem eine stete Bedrohung des sozialen Friedens liegt.

Nihilistinnen. — Nach SCHERR[2] war die höhere

---

[1] C. FORSTER, *La Pologne*, 1859. — NITSCHMANN, Geschichte der polnischen Litteratur, 1889.

[2] Die Nihilisten.

Bildung der Frau in Russland eine der Ursachen, die sie dem Nihilismus in die Arme trieb; wenn anfangs Ehrgeiz und Bildungsdrang die russischen jungen Mädchen in die von ALEXANDER II. ihnen geöffneten Gymnasien und Universitäten führte, folgte sehr bald die grösste Zahl diesem Beispiel nur, weil es zur Mode wurde; und die wirklich aus innerem Beruf arbeitenden wandten sich den Naturwissenschaften zu und wurden Anarchisten.

Hier spielt vielleicht ein ethnisches Moment mit; so zeigt BOURGET,[1] wie der aus dem Kontrast zwischen der Wirklichkeit und den Träumereien einer allzu verfeinerten Geistesbildung entspringende Pessimismus stärker in den Slawinnen hervortreten muss, deren zum Theil asiatisches Blut eine erregbare Phantasie bedingt.

So sind in Russland junge Mädchen zwischen 15 und 18 Jahren aus den besten Familien ins Ausland gegangen, um dort ihren Emanzipationsdrang und ihr Verlangen nach einer moderneren Kultur zu befriedigen, sich mit ähnlich erzogenen und herangebildeten Studenten zu vereinigen und nach einer Reihe von Abenteuern im Nihilismus zu enden.

Die Babù. — Nichts ist gefährlicher für ein Volk, als eine seinen Traditionen widersprechende oder gar übereilte und überstürzte Kultur. Das zeigte sich in dem Auftreten der Babù unter dem Einfluss der europäisch organisirten, den Indiern geöffneten englischen Schulen; die Babù zählen zu tausenden, kopiren die europäische Kultur, ohne sie zu verstehen, und sind moralisch und intellektuell geschwächt; die Worte, die der Babù weiss, drücken für ihn unverständliche Begriffe und Vorstellungen aus; er steht ihnen gegenüber wie der Blinde den Farben; die Königin von England, ihr Premierminister und der Prinz von Wales sind für ihn etwas wie die indische Dreieinigkeit. Er hat seine eigene Sprache, seine Litteratur und Religion vergessen, ja seine moralischen Anschauungen verloren, ohne die Eigenschaften eines Europäers erworben zu haben.

---

[1] *Etudes psychologiques*, 1889.

Gegen die Europäer so kriechend, dass er Schläge hin-
nimmt, ist er despotisch und arrogant gegen seine Landsleute;
er hat die Verwaltung Indiens in der Hand und hofft, auch
die Regierung des Landes an sich ziehen zu können; deshalb
neigt er zu Verschwörungen und Unruhen.

Bedeutsam ist der Kontrast zwischen ihnen und den Pandi,
den ernsten, unterrichteten, ehrenhaften Eingeborenen, die aus
den indischen Schulen hervorgegangen sind. Der Vicekönig,
der das europäische Unterrichtssystem in Indien beförderte,
war der schlimmste Feind Englands in Indien, denn die Babù,
die jetzt Zeitungen und Broschüren schreiben, werden eines
Tages das Volk zu Gunsten Russlands aufrühren.[1]

10. Presse und Litteratur. — Der Einfluss revolutionärer Führer und der der Kultur finden eine mächtige Stütze
in der Presse, die heute die öffentliche Meinung leitet und in
unserem Jahrhundert die wichtigste Verbündete der grossen
Agitatoren war. Durch sie bereiteten die Encyclopädisten den
Sturz des ancien régime vor, und in Mably und Brissot findet
das Wort „La propriété c'est le vol" schon Vorläufer; der
Kommunismus fand selbst am Anfang des XVIII. Jahrhunderts
schon seinen Vorläufer in dem Abbé Morelly; es ist zu einem
Gemeinplatz geworden (und mit voller Richtigkeit, wie Taine
nachweist), dass ihr Einfluss die Ueberstürzung der Bewegung
von 1789 veranlasste: C'est la faute à Voltaire etc. Die
Presse ermöglichte es Lassalle und Marx, die ersten Keime
der Arbeiter-Emanzipation auszustreuen, und sie lieferte Herzen,
Bakunin und Tshernishewsky die Waffen für den Kampf
gegen den Despotismus des Zaren, wie die Popularisirung des
Darwinismus den religiösen Aberglauben an der Wurzel ergriff.

Wenn wir den Untersuchungen eines englischen Schrift-
stellers glauben dürfen,[2] fände der Kampf Irlands gegen England in der Presse gleichfalls die reichste Nahrung. Während
in Irland einst keine andere Lektüre populär war, als Räuber-
und Hexengeschichten, beginnt jetzt die Verbreitung einer

---

[1] *Revue scientifique*, 1885.
[2] *The Irish Problem*, London, 1881. — *Edinburgh Rev.*, Jan. 1882.

Volkslitteratur aus Biographien irischer Freiheitshelden, die
das nationale Gefühl und den Patriotismus anfachen; dazu
kam seinerzeit die den Rassen- und Religionshader schürende
Darstellung der irischen Geschichte O'Connells und andere,
weniger fesselnde, aber ähnlich wirkende historische Schilde-
rungen von d'Arcy, Gee, Sullivan, zusammen mit den anti-
englischen Gedichten des hypernationalen Dichters Th. Davis.
Dazu kommt die grosse Verbreitung von Kalendern, wie
Nuggents Almanach, *The Old Moore*, die immer wieder auf
die irische Revolution hinweisen, ähnlich wie in der Lombardei
der „*Nipote del Vesta Verde*" die revolutionären Hoffnungen
wach hielt.

Vor allem aber wirkt die periodische Presse; nicht weniger
als 59 von 163 irischen Zeitungen treiben revolutionäre Propaganda, ohne die New-Yorker Fenier-Organe, wie *Irish
World* zu zählen, die auf dem Lande weit verbreitet ist. Der
Einfluss der Presse ist also durchaus nicht immer friedlich,
und nicht immer gilt das Urtheil Quetelets[1] von dem regu-
lirenden Einfluss der Presse, die die Konzentration der revolutionären Kräfte zu bedrohlichen Bildungen verhüten soll,
indem sie eine Reaktion unmittelbar nach der Aktion, und oft
ehe diese sich verbreiten könne, einleite.

Das erhellt schon aus den zahlreichen Tagesblättern und
Flugschriften, die heut in Frankreich und Deutschland unter
den niedersten Schichten zirkuliren und den Klassenhass schüren.
Besonders der Anarchismus bringt eine wahre Sündfluth
solcher Publikationen hervor, die häufig eine verbrecherische
Tendenz haben, wie in der periodischen Presse die *Explosion*,
das *Journal des assassins*, was schon ihr Titel zeigt, und von
deren Tendenz folgendes Bruchstück der „Freiheit"[2] eine
Probe giebt:

„Erwürgt, vernichtet! Furchtbar sei die Rache! Das sei
der Kehrreim der Rebellenlieder, das der Schrei, den der

---

[1] *Physique sociale*, livr. V.
[2] Das Citat ist nicht nach dem Original gegeben, sondern aus dem
Italienischen zurückübersetzt. — K.

Sicherheits-Ausschuss nach dem Siege des Proletariats erheben
wird. In kritischen Augenblicken muss ein revolutionärer Konvent immer das Dilemma vor Augen haben: entweder die
Köpfe möglichst vieler Feinde fallen zu lassen, oder sich auf
den Verlust der eigenen Köpfe gefasst zu machen. Die
Wissenschaft liefert heut die Mittel, ruhig und im Grossen
diese Rasse von Ungeheuern zu vernichten."

Damit vergleiche man einen Satz aus dem vor einigen
Jahren in Mantua erschienenen *Ciclone* (der Orkan):

„Diese Masse hat verstanden, dass sie den Herrn ab-
schlachten, die stinkende Bude anbrennen, die von ihr selbst
gebauten Paläste beziehen muss, dass sie die Geldschränke
erbrechen, jeden Vertreter der Autorität, ob König, Minister,
Senator, Deputirten, Staatsanwalt, Advokaten, Quästor oder
Präfekten und ihre Schergen aufhängen muss. Diese erniedrigte
Masse wird nicht eher die Majorität sein, als am Tage der
Revolution selbst . . . ."

Man kann sich unschwer die Wirkung derartiger Publikationen auf eine unwissende, ausgehungerte Masse, wie die
italienischen Landarbeiter, ausmalen.

11. Endemische und epidemische Geistesstörungen. — Das Band, das Genialität und Nervenkrankheiten
nicht nur in den Individuen, sondern auch in den Völkern
verbindet, lässt uns a priori annehmen, dass die eine Erscheinung nicht ohne die andere auftritt, und dass die Entwicklung,
als Ursache oder Folge der Neurose, sich immer mit ihnen ver-
knüpft; in meinem Buche „Der geniale Mensch" ist schon nachgewiesen, dass zu Beginn der Wärmeperiode, wo die Zahl der
Geistesstörungen steigt und die Erregung zunimmt, auch die
grösste Zahl genialer Werke produzirt werden, dass geniale
Familien reich an Geistesstörungen sind und umgekehrt. Natürlich gilt diese Beziehung auch für ein Volk im ganzen.

BEARD hat in dieser Richtung genaue Beobachtungen gemacht; er zeigte, dass in den Vereinigten Staaten eine Nervosität endemisch ist, die einerseits Ursache der Entwicklung jenes
Volkes ist, anderseits dasselbe erregt macht und es intolerant
gegen Geräusche und Gerüche, refraktär und zugleich gierig

nach Nervenmitteln wie Wein und Spirituosen macht, während
schon kleine Quantitäten Wein die stärksten Wirkungen zeigen. [1]
Daher stammen die verderblichen Folgen der Trunksucht
in Amerika; der Wilde und der Neger berauschen sich, aber
sie werden nicht trunksüchtig, wie das Opium sie nicht morphium-
süchtig macht; Neger und Indianer haben, so lange sie nicht
civilisirt werden, eine unvergleichlich geringere Zahl von Geisteskranken — in den Neu-England-Staaten, deren Bevölkerung
im höchsten Maasse Gier nach Neuem und eine hohe redne-
rische Begabung zeigt, ist die Zahl der Irren grösser, als in
den Südstaaten, wo die Konservativen vorherrschen; unter den
Yankees nimmt die Geistesstörung selbst epidemische Formen
an, wie die sonderbaren Sekten der Perfektionisten, der Barker
und Shaker zeigen.

Einer von uns hat gezeigt (in: *Pensiero e meteore*, 1878),
dass in Ländern mit hügeligem Boden die Zahl der Irren und
epidemischen Geistesstörungen grösser ist (VERZEGNIS, MARZI-
NOS, M. AMIATA), und wir haben oben gesehen, dass diese
Bodenbeschaffenheit auch eine grössere Zahl von genialen
und rebellischen Köpfen bedingt.

Die Juden mit ihrem hohen Genialitäts-Index geben eine
ganz bedeutend höhere Zahl von Geistesstörungen, und zwar gehen
nach JACOBS diese Zahlen denen der Genialität parallel. [2]

JACOBY zeigte, dass die Zahl der Irren mit der Kultur
wächst; in 33 Jahren stieg die Bevölkerungsziffer Frankreichs um 11,2 %, die Zahl der Irren im Lande um 530, 5 %,
also siebenundvierzigmal schneller. In England kam ein Irrer
auf je 802 Einwohner im Jahre 1844, einer auf 432 im Jahre
1868. Diese Zunahme ist mehr eine Begleiterscheinung, eine
Komplikation, als eine eigentliche Folge der Civilisation, aber

---

[1] *North American Review*, Dezember 1879.

[2] Nach JACOBS (*Compared Distribution of the Ability of the Hebrews*,
London, 1885—86) haben:

Engländer	3050 Irre auf 1 Million Einwohner und 24 Genies
Schotten	3400	„	„	„	„	„	26	„
die Juden in England	3900	„	„	„	„	„	27	„

sie ist zugleich ihrerseits eine ihrer mächtigsten, wenn auch meist unbemerkt wirkenden Faktoren.

Diese Beziehung zwischen Genialität und Neurosen (fast immer degenerativen Neurosen) erklärt unseres Erachtens die paradoxe Thatsache, dass die politisch und religiös ultrakonservativen Völker grosse Revolutionäre auf den verschiedensten Gebieten menschlicher Thätigkeit hervorbringen; so haben die Semiten, die der römischen Herrschaft mit so ungeheurer Zähigkeit widerstanden haben, die beiden grössten religiösen Umwälzungen, mit Christus und Mohammed, hervorgebracht; heut sind sie, vielleicht infolge der Senilität der Rasse, politisch ganz überwiegend ultrakonservativ. Auch in neuester Zeit haben sie nun eine grosse Zahl von Männern hervorgebracht, die auf den verschiedensten Gebieten menschlicher Thätigkeit wahrhaft revolutionär gewirkt haben, wie NEANDER, KLOOTZ, CRÉMIEUX, HEINE, MARX, LASSALLE etc.

Auch in Italien sind aus dem Schoosse politisch und religiös so konservativer Rassen, wie der Venetiens und Toskanas, Neuerer in Litteratur, Wissenschaft und Religion hervorgegangen, wie TREZZO, ARDIGO, MARZOLO, FUSINIERI, CARDUCCI. Dagegen haben von Natur neuerungssüchtige Völker, wie die Russen, die Süd-Amerikaner, keinen grossen religiösen oder wissenschaftlichen Reformator hervorgebracht, aber sie haben sich die Entdeckungen und revolutionären Ideen Anderer schnell angeeignet. So blühen sozialistische Ideen in Russland, und die moderne italienische Strafrechtsschule hat dort ihre hauptsächlichsten Anhänger.

Die so häufig von politischen Unruhen erregte Bevölkerungen Frankreichs, Spaniens, Süd-Amerikas dagegen zählen sehr wenige Schöpfer von wahren Umwälzungen in Politik und Wissenschaft.

Dieser auffallende Widerspruch findet, wie mir scheint, seine Erklärung darin, dass die ältesten und somit konservativsten Rassen zahlreicheren Fällen von Geistesstörungen ausgesetzt sind, und damit der Transformation oder Substitution derselben, welche die Genialität darstellt, die sich nur bei wenigen Individuen offenbart, während die ganze übrige Rasse

unter dem Einfluss ihrer Traditionen, Gewohnheiten und der
senilen Erschöpfung immer mehr der Stabilität, dem Misoneismus zuneigt.

Dagegen haben junge, von den Schäden der Civilisation
noch nicht berührte Rassen Neuerungen gegenüber noch kein
Motiv zum Widerstande; zugleich fehlt ihnen aber das hohe
Alter des Stamms und damit die verzweigte Blutsverwandt-
schaft, der alte Adel etc., d. h. Momente, die das Auftreten
zahlreicher nervöser und damit nach Neuem begieriger Individuen bedingen.

Solche Faktoren begünstigen die Epidemieen von auf
Nachahmung begründeten Psychosen, von Selbstmord, die im
Verlauf mancher Aufstände und während grosser Umwälzungen
auftreten und den Gang der Ereignisse sicher beeinflussen, sei
es dadurch, dass sie Parteien zum Aeussersten treiben, sei es,
dass sie genialen Unternehmungen die Färbung des Bizarren,
Absurden und leider auch des Blutdürstigen geben.

Esquirol[1] bemerkt, dass politische Unruhen „allen menschlichen Fähigkeiten eine grössere Spannkraft verleihen, den Ehrgeiz und die Rachsucht steigern, die Geistesstörungen vermehren";
so bedingten die Unruhen von 1789 eine grosse Zahl von
Geistesstörungen und Selbstmorden, die durch die revolutionären
Ereignisse einen eigenthümlichen Stempel erhielten. In Frankreich betonte ferner Belhomme[2] die durch die Unruhen von
1831, 1832 und 1848 angeregten zahlreichen Fälle psychischer
Erkrankungen in Paris, und dasselbe konstatirt für die Revolution von 1848 Bergeret.[3]

Nach Lunier[4] haben die Ereignisse der Jahre 1870—71
in Frankreich mehr oder weniger direkt in 1700—1800
Fällen während des Zeitraums vom 1. Juli bis 31. Dezember
1871 den Ausbruch von Geistesstörung herbeigeführt. Legrand

[1] *Traité des maladies mentales.*
[2] *Influence des commotions politiques.* — Paris, 1872.
[3] *La politique et la folie.* — *Gazette des hôpitaux,* avril et mars, 1896.
[4] *Influence des événements et des commotions politiques sur le développement de la folie.* Mémoire. — Paris, 1849.

DU SAULLE[1], der freilich die starke Betheiligung Geisteskranker an politischen Bewegungen vor allem der individuellen Prädisposition zuschreibt, giebt zu, dass die politischen Unruhen und besonders bei sozialen Krisen die Wahnvorstellungen den Stempel der herrschenden Ideen und Stimmungen an sich tragen, und dass gerade während der Kommune die schwersten Formen der Geistesstörung, die akuten maniakalischen und melancholischen Delirien, zur Beobachtung gelangt sind.

RAMOS-MEIJA erklärt die lange Reihe schnell einander folgender Revolutionen in Buenos-Ayres, besonders im Jahre 1816, durch eine echte Epidemie moralischer Hysterie, die sich bei gewissen blutigen Episoden zum Delirium steigerte, wie bei den Scheusslichkeiten der Comision civil de justicia und der Comision militar-ejecutiva, die an die Tribunale der Kommune erinnern. Besonders die Unruhen von 1870 treten in der argentinischen Geschichte als ein Anfall allgemeiner verwirrter, wüthender Tobsucht auf; in dieser Zeit der schlimmsten Anarchie sah Buenos-Ayres in wenigen Stunden drei Gouverneure durch ebensoviel Revolutionen gehoben und gestürzt werden. Dass dieser unselige Geisteszustand der argentinischen Bevölkerung wesentlich die Folge wirklicher Neurosen war, zeigt die damals, und besonders unter dem Diktator ROSAS, auffallende Zunahme der Hysterie. Unter dem Einfluss hysterischer Erregung lebte ein Theil der Bevölkerung in einer Mord-Manie, die, durch Alkohol gesteigert, in den Exzessen von Mazorca bis zum Nekrophagie anstieg, während ein anderer Theil in einem Zustand neuropathischer moralischer Erschöpfung und Fetisch-Anbetung ROSAS zu Füssen lag, dessen Namen zu Ehren sie alles roth anstrichen. Den Exzessen folgten dann Zustände von Schwäche, wie sie in mit heftiger Exaltation verbundenen Fällen von Geistesstörung vorkommen, und die Zahl der Irren verzehnfachte sich.

Alle diese Krankheiten zeigen einen bestimmten, durch ihre radikalen Ideen bedingten Charakterzug; so hielt sich im

---

[1] *Cas nombreux d'aliéniation mentale d'une forme particulière.* — Paris, 1848.

Jahre 1848 eine Irre für die Mutter der Republik und berufen, die Ketten der politischen Gefangenen zu brechen, mit ihnen den Despotismus niederzuwerfen; eine andere, eine gute Mutter und ehrliche Arbeiterin, kommentirte auf den Strassen politische Journale und schrie in ihren Wuthanfällen: Nieder mit der Religion, die wahren Priester der Menschheit sind ROBESPIERRE, PROUDHON, LEDRU-ROLLIN; — kurz, alle reflektiren in ihren Krankheitserscheinungen die Ereignisse, deren Zeugen sie eben waren.

FLAUBERT, dessen Romane als Kulturdenkmäler werth-voller sind, als viele historische Werke, schildert in der *Education sentimentale* einen Tag eines Aufstandes in Paris und die Vorgänge in Volksversammlungen, in denen die Mattoiden dominiren und die Stimmen für sich gewinnen.

Ein anderer, unverdächtiger Zeuge, SÉGUIN, schildert[1] die verrückten Scenen, die sich in einem Ministerium, als er dessen Sekretär war, abspielten: „Von 11 Uhr früh bis 7 Uhr abends kamen Deputationen von Offizieren, um gegen die Generale auszusagen, Abgeordnete der Soldaten, die sich über die Offiziere beschwerten, und durchgefallene Kandidaten, die über die Wähler, gewählte, die über Proteste Beschwerde führten; und vor allem Erfinder. Ein sonderbarer Vertreter dieser Klasse verlangte von mir die Errichtung einer besonderen Bühne für seinen Sohn, der die Marseillaise so ausgezeichnet sänge, dass man dabei eine Gänsehaut bekäme." — BARRON[2] spricht von den verrückten Vorstellungen, die gewisse Kommune-Führer hegten; so wollte ROSSEL über die Leiber der Versailler vorrückend die Preussen zermalmen, während die Kommune-leitung über ein einziges zuverlässiges Bataillon verfügte.

12. Selbstmord. — Die Selbstmorde wachsen bekannt-lich, zusammen mit den Geisteskrankheiten, in civilisirten Ländern und unter den gebildeten Klassen zu wahren Epide-mieen an, und diese Form zeigt auch manchmal der politische Selbstmord, wie zur Zeit der französischen Revolution.

---

[1] *Le Ministère de la guerre sous la Commune,* 1889.
[2] *Sous le Drapeau rouge,* 1889.

„Die Aufhebung der Privilegien — schreibt BRIERRE DE BOISMONT,[1] „die Beseitigung der bisher geachteten Autoritäten, die Abschaffung von Missbräuchen, die Verkündigung von Freiheit und Gleichheit, die Volksherrschaft, der exaltirte Patriotismus, waren ebensoviel Flammen, die die Gemüther auf dem Siedepunkte hielten und die öffentliche Ruhe weithin stören mussten. Deshalb ist es nicht zu verwundern, dass in einem bis ins tiefste Innere erregbaren Volke die Menschen durch solche Momente bis zum Selbstmord aufgerührt wurden."

In den Septembertagen von 1793 kamen in den Gefängnissen zahlreiche Selbstmorde vor; die Gefangenen tödteten sich mit Messerstichen oder rannten sich den Kopf an der Mauer ein. Aus diesem Anlasse verkündete FOUQUIER-TIONVILLE, dass auf Konvents-Beschluss jeder Selbstmord eines Angeklagten in fiskalischer Beziehung wie eine Verurtheilung betrachtet werden sollte. Unter 76 Führern im Konvent kamen 3 Selbstmorde vor; unter 124 anderen berühmten Politikern 9 Selbstmorde.[2]

Opfer und Henker, Angeklagte und Richter, Sieger von heute, Besiegte von morgen wetteiferten im Selbstmord; der Geistliche ROUX, von MARAT „l'enragé" genannt, der mit einem anderen, nicht weniger wilden Geistlichen den König zum Schaffot begleitet hatte, brachte sich nach seiner Verurtheilung durch das Revolutions-Tribunal fünf Messerstiche bei und starb bei der Ankunft in Bicêtre. Unter den vielen freiwilligen Opfern dieser furchtbaren Zeit verdienen besondere Erwähnung die Girondisten VALAZÉ, BARBAROUX, BUZOT, PÉTION, LIDON, CHAMBON und ROLAND. BR. DE BOISMONT bemerkt, dass um die Zeit der Krise der Revolution die allgemeine Spannung nachzulassen schien, die Selbstmorde werden selten; etwas Aehnliches liess sich auch bei den Revolutionen von 1830 und 1848 beobachten; zwischen 1848 und 49 nahmen die Selbstmorde sogar ab, und zwar in ganz Europa, besonders in den Gebieten der heftigsten politischen Kämpfe, wie in Dänemark, Preussen, Württemberg, Sachsen, Bayern und Oesterreich; nur in Skandinavien und Belgien blieb es bei einer Zunahme.

---

[1] *Du suicide et de la folie suicide*, chap. I, p. 184—191. — Paris.
[2] DES ETANGES, *Sur le suicide politique contemporaine*, 1860.

Ebenso zeigt die aufsteigende Tendenz der Selbstmord-
ziffer in Frankreich eine Hemmung in der Zeit von 1870—71;
sie nahmen 1870 um 1041, 1871 um 708 ab, verglichen mit
dem Durchschnitt der Jahre 1866—69, der 5198 Fälle ergab.
In Dänemark wirkte das Jahr 1864, in Oesterreich 1866, in
Deutschland 1870—71 in demselben Sinne.[1]

Von den Führern der Kommune war ein einziger, RAN-
VIER, Selbstmörder; das erklärt sich vor allem durch die Seltenheit echter Leidenschaftsverbrecher unter den Kommunarden,
und das Vorwiegen von Verbrechern und Irren unter ihnen.

Gewiss sind diese Selbstmorde nur eine der Neben-
wirkungen der Entwicklung, sie müssen hier aber als Zeichen
der nervösen, oft epidemisch auftretenden, Affektion genannt
werden, die bei Revolutionären vorkommt.

13. Hallucinationen. — Epidemische Hallucinationen
spielen eine nicht unwesentliche Rolle bei vielen politischen und religiösen Umwälzungen, wie bei dem Suchen nach
dem „Untore" in Mailand, bei der Spionenhetze in Paris; zugleich treten, noch schlimmer, impulsive Geistesstörungen auf,
wie bei dem Massacre der Geisseln unter der Kommune und
dem Wüthen gegen die herrlichsten Kunstwerke Frankreichs
zur selben Zeit, wie bei der Zerstörung der grössten Kunst-
schätze von Florenz durch die Piagnoni.

Nun sind diese Nachahmungs-Epidemien zwar durch
spezielle äussere Bedingungen, wie Theuerung, Kriegsunglück
etc. begünstigt, und noch mehr durch die seltsamen krankhaften persönlichen Eigenthümlichkeiten gewisser Apostel, von
denen der erste Anstoss ausging: ihre gesteigerte Kraft, ihre
Unempfindlichkeit gegen Kälte und Wunden, ihr Prunken mit
göttlicher Inspiration, die Gesinnung und Beredsamkeit, die in
ihrer Propaganda hervortritt, ziehen die Massen nach, denen
die Thatsachen der Psychiatrie noch fremder sind, als den gebildeten Klassen.

In meinem Buche „Der geniale Mensch"[2] finden sich zahl-

---

[1] H. MORSELLI, Der Selbstmord. — Leipzig, 1887.
[2] Vierte italienische Ausgabe, Cap. X; vgl. LOMBROSO, *Pazzi ed
anomali*, Cap. XII.

reiche Beispiele solcher Irrsinns-Epidemien, besonders auf religiösem Gebiete; von den arabischen und indischen Santons bis
zu den Besessenen, an die man heut noch in Italien und Spanien
glaubt (VERZEGNI), bis auf die Anabaptisten und Jansenisten
tritt die Uebertragung der seltsamsten Irreseins-Formen durch
Berührung deutlich hervor, womit sich manchmal grossartige
Ideen, die dem Kulturgrad der befallenen Bevölkerung unan-
gemessen sind, verbinden.

So glaubten die Wiedertäufer in Münster, Appenzell und
Polen leuchtende Engel und Drachen am Himmel miteinander
kämpfen zu sehen, hörten Befehle, ihre Brüder, ihre Lieblings-
kinder zu tödten (Mordmanie) oder sich monatelang aller Speisen
zu enthalten, oder Heere durch Blick und Hauch anzuhalten;
einen analogen Ursprung hatten, in etwas späterer Zeit, die
Sekten der Kalvinisten und Jansenisten, die zu so viel Blut-
vergiessen Anlass gaben.

Eine genaue Betrachtung zeigt, dass besonders litterarische
und religiöse Umwälzungen von epidemischen Delirien begleitet
oder eingeleitet waren. Die Zeit der eigentlichen deutschen
Renaissance (1749—1832) ist bekanntlich anfangs mit zwei
halbverrückten Bewegungen verbunden, der mit Recht sogenannten Sturm- und Drangperiode und der ihr vorauf-
gehenden Fetisch-Verehrung für KLOPSTOCK, die sich in der
von einem verrückten Hass gegen WIELAND erfüllten Gesellschaft des Hainbundes manifestirte.

Die grosse christliche Umwälzung hatte als Vorläufer und
Begleiter eine wahre psychische Epidemie, in Gestalt einer
religiösen Manie; dahin gehörte die Sekte Judas des Gauloniten.
die des Teuda (im Jahre 44), der den Jordan trockenen Fusses
überschreiten lassen wollte (eine auf Befreiung deutende Form
der Taufe); wenige Jahre darauf wurde Samaria durch die
Behauptung eines Predigers aufgerührt: er wüsste auf Grund
einer Offenbarung. wo MOSES gewisse heilige Kultusgeräth-
schaften verborgen hätte. Vom Jahre 45 an herrschte in
Jerusalem eine eigenthümliche Erregung, in der Menschen unter
der Menge auf den Strassen umherliefen und Begegnende nieder-
stiessen, die angeblich gegen das Gesetz gefehlt hatten (RENAN).

»Des rêveries analogues à celles de Theudas se renouve-laient de toutes parts. Des personnages, se prétendant inspirés, soulevaient le peuple et l'entrainaient avec eux au désert, sous prétexte de lui faire voir, par des signes manifestes, que Dieu allait le délivrer. L'autorité romaine exterminait par milliers les dupes de ces agitateurs. Un juif d'Égypte qui vint à Jérusalem, vers l'an 56, eut l'art, par ses prestiges, d'attirer après lui trente mille personnes, entre lesquelles quatre mille sicaires. Du désert il voulut les mener sur la montagne des Oliviers, pour voir de là, disait-il, tomber à sa seule parole les murailles de Jérusalem. Felix, qui était alors procurateur, marcha contre lui et dissipa sa bande. L'Épyptien se sauva, et ne parut plus depuis. Mais comme dans un corps malsain les maux se succèdent les uns aux autres, on vit bientôt après diverses troupes mêlées de magiciens et de voleurs, qui por-taient ouvertement le peuple à se révolter contre les Romains, menaçant de mort ceux qui continueraient à leur obéir. Sous ce prétexte ils tuaient les riches, pillaient leurs biens, brûlaient les villages, et remplissaient toute la Judée des marques de leur fureur. Une effroyable guerre s'annonçait. Un esprit de vertige régnait partout et maintenait les imaginations dans un état voisin de la folie.«[1]

Aehnliche Nebenerscheinungen traten vor und mit der nihilistischen Bewegung in Russland auf. Zu Hunderten, ja Tausenden haben sich religiöse und politische Sektirer, nicht selten geistig abnorme Menschen, in den letzten 50 Jahren in Russland verbreitet; TSAKNI berechnet sie auf nicht weniger als 13 Millionen (*La Russie sectaire*). Darunter giebt es „Sol-daten Christi“, Vagabunden, die sich nirgends dauernd nieder-lassen wollen, und Christen, die einen Gott in sich zu tragen glauben, Asketen, die Stillschweigen gelobt haben und sich lieber martern lassen, als dass sie sprächen, die Niemoliaki, die den Priester zurückweisen, die „Leugner“, die alles negiren, die Stundisten, die absolutem Kommunismus huldigen und Kräftigung des Körpers zur Rettung der Seele erstreben, die

---

ekstatischen Chloputy, Geisterverehrer, die gemeinsamen Besitz
haben und jeden Handel, jede andere als die Feldarbeit verwerfen, die Skopzen, die sich kastriren etc. Man könnte fast
mit den Worten RENANS sagen, dass das Landvolk grosse Ereignisse erwartet, nur nimmt die Agitation die Form religiöser
Thesen an. Ueberall auf dem Lande — schreibt PRUGABIN
— kann man bemerken, dass in der Masse eine dumpfe, un-
klare, aber beständige Bewegung herrscht.

„Fanatischer Aberglaube“ — schreibt LE BON (l. c.) — „und
Illusionen gehörten zu den mächtigsten Faktoren der Entwick-
lung; wohl sind das Hirngespinste, aber sie haben eine All-
gewalt, der die Menschheit nicht widerstehen kann; eine
Illusion liess die Pyramiden emporwachsen und bevölkerte
Egypten mit Steinkolossen, eine Illusion liess im Mittelalter
unsere mächtigen Kathedralen emporwachsen. Nicht auf dem
Wege zur Wahrheit, sondern im Gefolge des Irrthums hat die
Menschheit die grösste Kraft entfaltet; sie hat ihre chimärischen
Ziele nicht erreicht, aber im Suchen nach ihnen Wahrheiten
gefunden, nach denen sie am wenigsten suchte, wie KOLUMBUS,
der Indien suchte und Amerika fand.“

14. Epidemische Kriminalität. — Zur epidemischen
Verbreitung von Psychosen und Neurosen gesellen ´ich verbrecherische Instinkte, die mit jenen so viel Berührungspunkte
haben, und die wir schon mit ihnen auftauchen und besonders
bei Aufständen die Oberhand gewinnen sahen.

„Der Mordtrieb“ (schreibt AUDBAL), „der im Kinde schon
sich regt und im Erwachsenen oft riesenstark wird, kann unter
dem Einfluss politischer und religiöser Leidenschaften epidemisch werden.“

Die Zeugen der Metzeleien von 1792 versichern, dass am
dritten Tage die Würgerbanden zügellos über alle herfielen. [1]

Der blosse Anblick des Bluts erregt den Gedanken, selbst
mehr zu vergiessen (BARBASTE). Der Mordtrieb gleicht einem
Feuer, das ein Funke anfacht; wenn die Erregung nur einen
aus der Menge ergreift, werden die übrigen mitergriffen, wie durch

---

[1] AUBRY, *La contagion du meurtre*, 1888.

ein Kontagium. Diese Vereinigung heterogener menschlicher Monaden (schreibt ein Schilderer der Strikes) wird durch den Kitt gemeinsamen Handelns zu einer zusammenhängenden Masse verbunden; eine zufällige Ansammlung blosser Neugieriger wird durch einen Redner gefesselt, dessen Worte sie kaum hört, und nimmt an Handlungen theil, die man ihr vorschlägt, ohne zu wissen, warum (FLAUBERT). Mancher, der mit den besten Absichten in den blutigen Strudel hineinkam (sagt TAINE, *Les origines de la France cont.* I. p. 39), verwandelte sich, durch die revolutionäre Inspiration erregt, in einen Bekenner der Religion des Mordes. So nahm ein gewisser GRAPINE, den seine Sektion zur Rettung von zwei Gefangenen aussandte, einen Platz neben MAILLARD im Revolutions-Tribunal ein und blieb 63 Stunden Beisitzer der unaufhörlichen Verurtheilungen.

MAXIME DU CAMP schreibt (*Les convulsions de Paris*, 1881): „Die Menge metzelte während der Kommune ganz unbewusst, sie hat das Bedürfniss, Opfer zu haben. Sie schlachtet Freunde gerade so hin wie Feinde, oder mit Denen, die sie für Feinde hält, und wartet nicht erst, ob einer sich ausweisen kann. Während der Füsilirung der Geisseln warf ein Kommunarde das Gewehr hin, ergriff unter dem Beifallklatschen der Volksmenge einen der Geistlichen nach dem anderen und warf sie über die Mauer, an der die Exekution stattfinden sollte. Der letzte dieser Geistlichen wehrte sich und stürzte im Ringen mit seinem Angreifer zu Boden; die Zuschauer wurden ungeduldig, gaben Feuer und erschossen ihren Genossen mit dem Geistlichen zusammen."

Wie schon in meinem Buche über den „Verbrecher" (Kap. XIV) angedeutet wurde, schlummern die Keime des Diebstahls, des Mordes, der sexuellen Verbrechen in embryonaler Form in jedem Individuum, so lange es isolirt lebt, besonders wenn der hemmende Einfluss der Erziehung einwirkt, um in der Berührung mit anderen plötzlich riesengross anzuwachsen; diese Keime verwandeln sich in giftige Stoffe bei der Berührung mit aufgeregten Massen.

Der Verbrecher ist infolge seiner krankhaften, impulsiven

10*

Natur und durch seinen Hass gegen die Institutionen, von denen er Hemmung oder Nachtheile erfährt, ein beständiger politischer Rebell, dessen latente Impulse sich in einem Aufstande doppelt befriedigen können, wobei er noch die Zustimmung eines grossen Publikums findet. Er ist von Natur und aus Interesse anti-misoneistisch; er hasst die bestehende Ordnung, da er nur durch die gerade bestehenden Zustände, nicht durch eine natürliche Nothwendigkeit gezügelt und gestraft zu werden glaubt; dazu kommt seine durch eine höhere Impulsivität bedingte stete Schlagfertigkeit, seine Bereitschaft, jeder Fahne zu folgen, unter der er seinen Begierden freien Lauf lassen zu können glaubt.

Schon griechische Philosophen haben auf diese Erscheinung hingewiesen; SOKRATES schrieb: Revolutionen stammten daher, dass auf der Erde nichts von Dauer ist, und dass in gewissen Perioden (die er, wie neuerdings FERRARI, durch eigenthümliche geometrische Formeln bestimmen wollte) lasterhafte und radikal unverbesserliche Menschen auftreten. ARISTOTELES, der diese Vorstellungen wiedergiebt, bemerkt: „Das ist wahr, denn es giebt von Natur gegen Erziehung und Tugend unempfängliche Menschen; aber warum tritt eine Umwälzung bei ganz vollendeten Zuständen auf?"

Unter den Anarchisten der Londoner Unruhen von 1888 fiel einem Augenzeugen die grosse Zahl von Tättowirten auf, — und das heisst so viel wie von Verbrechern. „Sie haben Herzen, Todtenköpfe, gekreuzte Knochen auf dem Handrücken, Anker, die bis unter die schmutzigen Hemdärmel reichen, oder feine, netzförmige Zeichnungen, die ihnen grosse Quälereien gemacht haben müssen. Manche haben ihr Märtyrerthum selbst in Verzierungen des Gesichts gezeigt. Auf der Stirn eines jungen Mannes sah ich eine Tättowirung in Form eines Lorbeerkranzes, auf der eines andern die Inschrift: „I love you."

Unter 50 politisch Verurtheilten, (schreibt GAUTHIER, *Arch. d'anthropol. crimin.*, 1888) mitten aus der Masse, wenn nicht der Crême der grossstädtischen Arbeiterbevölkerung (Lyon) herausgegriffen, kann man stets ein halbes Dutzend finden, die sich im Gefängniss in ihrem Element fühlen und die Gesellschaft gemeiner Verbrecher aufsuchen, von denen sie, kraft einer merkwürdigen Prädestination, Sprache, Gewohnheiten, Moden, selbst eine negative Ethik annehmen, deren Brutalität, Bösartigkeit, Geriebenheit, Diebssinn und widernatürliche Gelüste sie adoptiren. Ich meine, wohlverstanden, nicht Die, die schon früher einmal verurtheilt waren und sich im Gefängniss auf vertrautem Terrain fühlen.

Die Geschichte hat übrigens zahlreiche Beispiele der Verschmelzung von Kriminalität und Rebellenthum, in denen bald die politische Leidenschaft, bald der verbrecherische Instinkt vorwiegt.

Während POMPEJUS alle Ehrenmänner — CATO, BRUTUS, CICERO, auf seiner Seite hat, zählt CAESAR nur äquivoke Elemente zu seinen Anhängern — den Lüstling und Trunkenbold ANTONIUS, den Bankerotteur CURIO, den Narren CLELIUS, DOLABELLA, der seine Frau zu Tode quält und auf Schuldenstreichung spekulirt, und vor allem CATILINA und CLAUDIUS.

In der neapolitanischen Revolution wurden die dem Brigantaggio und Diebswesen am meisten ergebenen Gebiete wie Isernia, Melfi und Longano, Centren der bourbonischen Reaktion und des Anhangs des Kardinals RUFFO;[1] in Griechenland waren die in friedlichen Zeiten das Räuberhandwerk betreibenden Kleften während des Freiheitskampfes die kräftigsten Kämpfer ihres Vaterlandes.

In Italien bedienten sich 1860 der Papst und die Bourbonen des Brigantaggio gegen die nationale Partei und ihre Truppen; mit GARIBALDI erhob sich in Sizilien die Maffia, wie in Neapel die Camorra mit den Liberalen zusammenwirkte und von dieser Verbindung durch Aufstellung verbrecherischer Banden, Oeffnen der Gefängnisse und Ausübung grausamer Racheakte Gebrauch machte (TOMMASI-CRUDELI).

Dass dieser bedauerliche Einfluss der Camorra in Neapel noch nicht ganz erloschen ist, zeigen die während der neuesten parlamentarischen Kämpfe aufgetauchten düstern Gerüchte, die Vorgänge in der Verwaltung dieser Stadt; sie ist noch

---

[1] Coco, *Saggio storico della Ricoluzione di Napoli.* — Torino, 1852.

heute thätig, ohne dass eine Hoffnung auf bessere Zustände
sich zeigte.

Von wenigen Fällen abgesehen muss man bei politischen
Bewegungen immer an ein Hineinspielen der Kriminalität denken,
die sich nur selten verleugnet und sich in ihrer wahren Gestalt zeigt, sobald die sie verdeckende politische Leidenschaft
nachlässt. Uebrigens ist es schwer, den Punkt zu bestimmen,
wo der geborene Verbrecher aufhört, politischer Gelegenheits-
Verbrecher zu sein, und seine kriminelle Natur deutlich zeigt;
leise Nuancen könnten hier irre führen, wenn die anthropologische Beurtheilung hier nicht die Bestimmung erleichterte.

Verbrecher treten ganz besonders in den Anfangsstadien
von Revolutionen und Aufständen hervor, da gerade dann die
anormalsten, krankhaftesten Naturen die Schwachen und
Schwankenden bestimmen und in ihnen durch epidemische Nachahmung Gefolgschaft zu allen Ausschreitungen finden.

Chenu[1] zeigt von den aufständischen Bewegungen von
1848, wie die politische Leidenschaft allmählich bei gewissen
Vorläufern des heutigen Anarchismus zu offenem Verbrecherthum degenerirte, z. B. bei den Anhängern Coffineaus, der
in Uebertreibung kommunistischer Grundsätze schliesslich den
Diebstahl zu einem politischen Prinzip machte; sie plünderten
die Lager der Kaufleute, die nach ihrer Auffassung ihre Kunden
ausplünderten; damit nähmen sie sich nur das wieder, was
ihnen selbst gestohlen wäre, und schüfen Unzufriedene, die
ihnen in einer Revolution folgen würden. Daneben gaben sie
auch gefälschte Banknoten aus; sie wurden deshalb nicht nur
von den wirklichen Republikanern abgewehrt, sondern 1847
von den Assisen zu entehrenden Strafen verurtheilt. Die
Ciompi in Florenz traf auch die Schuld an zahlreichen Brandstiftungen und Tödtungen, darunter die an der Ermordung des
Ser Nuto. (Perrens.)

In England nahm zur Zeit der Unzufriedenheit mit der
Regierung Cromwells die Zahl der Räuber in der Nachbarschaft der Städte zu, die ihrem Gewerbe einen politischen

---

[1] *Les conspirateurs*, 1845—46.

Mantel umhingen, und die Ueberfallenen nach der Antwort
auf die Frage, ob sie der Republik den Treueeid geleistet
hätten oder nicht, verschieden behandelten; schliesslich mussten
gegen die Banden, die sie bildeten, Truppen gesandt werden,
die nicht immer Erfolg hatten.[1]

Auch die Vorboten der französischen Revolution zeigten
sich in dem Auftauchen von Vagabunden-, Räuber- und Mörder-
banden. MERCIER berechnet die Menge Derer, die sich um
Paris sammelten, um allmählich in die Stadt einzudringen und
bei Beginn der Schreckensherrschaft die Massen-Exekutionen
zu übernehmen, wie später die Fusilladen von Toulon und die
Morde in Nantes, auf eine wahre Armee, 10 000, während die
revolutionären Komitees und das Heer, nach einem Ausdruck
MEISSNERS[2] „wahre Verbrechergesellschaften waren mit einer
auf Mord, Plünderung und Raub jeder Art abzielenden Organisation." „1790 kamen 490, 1791 etwa 1200 Verbrecher in
die Conciergerie; damals wurde der Diebstahl „à l'améri-
caine" erfunden; die Diebe schrieen, wenn sie festgenommen
wurden „Nieder mit den Aristokraten", sie verhöhnten die
Richter, wenn sie verurtheilt wurden; verurtheilte Diebinnen
masturbiren sich am Pranger."[3]

Aehnliche Vorgänge waren während des Pariser Kommune-
Aufstandes häufig. Wenn in dieser in ihren patriotischen
Hoffnungen getäuschten, durch erfolglose Kämpfe, Hunger und
Alkoholismus erschöpften Bevölkerung sich Jemand erhob, so
war es — von seltenen Ausnahmen abgesehen — ein De-
klassirter, ein Verbrecher, ein Alkoholist oder ein Irrer, die
kraft ihres abnormen Zustandes sich noch einmal erregen
konnten; das zeigen die an wehrlosen Gefangenen verübten
Scheusslichkeiten, die neu erfundenen Todesarten, wie die: einen
Verurtheilten zu erschiessen, während er auf eine Mauer stieg,
die zwecklose Abgabe mehrerer Schüsse auf einen Menschen; —

---

[1] GUIZOT, *Discours sur l'histoire de la Révolution d'Angleterre.* —
Paris, 1850.

[2] TAINE, *L'ancien régime et la révolution,* t. I, III. — Paris, 1885.

[3] GONCOURT, *Histoire de la Soc. Franç. etc.,* p. 250. — 1854.

so fand man im Körper eines Erschossenen 69 Kugeln;[1] der Pater BENGY war durch 62 Bajonettstösse siebähnlich durchlöchert.

Diese verbrecherischen Exzesse hörten auch nach der blutigen Unterdrückung durch die Kriegsgerichte nicht auf; in Paris selbst zeigten sie sich wieder während der Anarchisten-Unruhen von 1883, in denen sich unter 33 Verhafteten 13 wegen Diebstahls Vorbestrafte fanden; dieselben Erscheinungen haben sich jüngst in Belgien wiederholt während des Aufstandes der Glasarbeiter; unter 67 damals wegen Zerstörung und Plünderung Verhafteten fanden sich 22, die wegen Diebstahls und Gewaltthaten gegen die Person zehn-, zwölf- bis vierzehnmal vorbestraft waren.

Indessen brauchen wir zum Beweise dieses Zusammenhangs nicht weitere Zahlen aufzuführen. Wir sehen überall in Italien Männer, die voll Fortschrittsdrang schnell neue Ideen (auch die der neuen Strafrechtschule) aufnehmen, und im öffentlichen Leben sich viel weniger vorwurfsfrei zeigen, als die Klerikalen, die meist beschränkt, aber von makelloser Sittlichkeit sind; in jeder Stadt Italiens stösst man auf einen Volksmann von gewandter Rede und vulgärem Sarkasmus, wie sein Gewissen vulgär und stumpf ist, der das öffentliche Vertrauen schrankenlos lenkt und missbraucht, so dass auch in Italien bald der „politician" gleichbedeutend sein wird mit Intrigant.

15. Entwicklung. — Die Geschichte lehrt, dass auch die kräftigste Entwicklung sich nicht ohne Mitwirkung verbrecherischer Elemente vollzieht; einer von uns hat in seinem Buche über den Verbrecher gezeigt, dass die Gerechtigkeit und Sittlichkeit durch das Verbrechen in die Welt gebracht worden ist. „Der Betrug" — schreibt RENAN[2] — „hat die Brutalität der werdenden Menschheit besiegt; die Familie ist durch grausame Maassregeln begründet worden, auf tausenden gesteinigter

---

[1] Man vergleiche das Verfahren des Lynchgerichts gegenüber den italienischen Gefangenen in New-Orleans, März 1891. — K.

[2] *Histoire du peuple d'Israel*, t. I, p. 6.

Frauen ruht die eheliche Treue." „Die Ordnung ist von Räubern geschaffen worden, die sich in Gensdarmen verwandelt haben." — In meinem Buche „Der geniale Mensch" ist die häufige Kriminalität des Genies nachgewiesen.

Sucht man in dieser Beziehung nach dem Unterschiede zwischen Revolution und Revolte, so ergiebt sich, dass die Urheber dieser auch stets die sie begleitenden Verbrechen begehen, während bei jenen die begleitenden Verbrechen nicht von den Anhängern, sondern den Gegnern des Fortschritts begangen werden, deren Opfer die Männer der Revolution werden; diese schreiten erst nach wiederholten Niederlagen dazu, durch verbrecherische Massregeln zu reagiren. Die durch Christus und LUTHER begonnenen Umwälzungen, die

Diagramm XIII

über die Beziehung zwischen der Zahl der Angeklagten (auf 100000 Einwohner) und der politischen Gesinnung.

Diagramm XIV

über die Beziehung zwischen der Zahl der Beschuldigten (auf 100000 Einwohner) und der politischen Gesinnung.

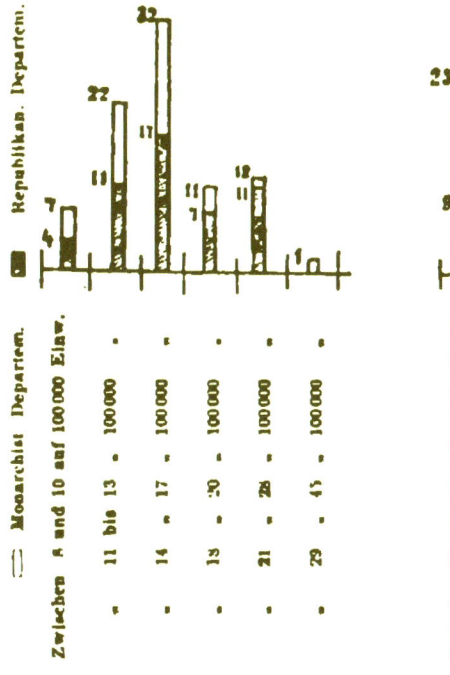

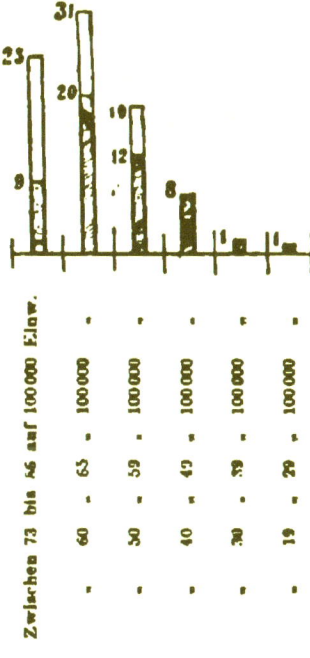

Norditaliens zählen nur unter ihren Anhängern Opfer, und das gilt zum Theil auch für die Nihilisten und die nordamerikanischen Freiheitskämpfer. Die französische Revolution und die sizilianischen Vespern sind durch Verbrechen befleckt worden, aber sie enthalten viele Elemente der Revolte, und häufig folgten in ihrem Verlauf Verbrechen auf Missgriffe der Gegenpartei.

16. Kriminal-Statistik. — Alle diese Verhältnisse werden durch die moderne Staatistik erläutert, die für die Revolution eine Bewegung aufweist, welche der der Vergehen gegen die Person und der Aufruhrbewegung, bezogen auf geographische und meteorologische Verhältnisse, parallel geht.

Die Diagramme XIII und XIV (s. v. S.) stellen für die verschiedenen französischen Departements die Zahl der Beschuldigten und Angeklagten dem Zahlenverhältniss zwischen Republikanern und Monarchisten gegenüber; es ergiebt sich daraus, dass die Zahlen der Kriminal-Statistik bei vorherrschendem Republikanismus ihr Maximum erreichen. Während unter den Departements mit hoher Kriminalität der Antheil der republikanischen Departements mit steigender Kriminalität wächst, finden sich die höchsten Kriminalitätsziffern nur noch in republikanischen Departements.

Von den 51 republikanischen Gouvernements haben 19 eine die Mittelzahl für Frankreich übersteigende Kriminalität, von den 34 monarchistischen nur 9.

Neuere Untersuchungen (die wir im 3. Bande des „Verbrechers" publiziren werden) zeigen, dass der Mord in industriellen Ländern häufiger auftritt, und zwar in der ligurischen, belgischen und gallischen Rasse, die das Maximum der Entwicklung zeigen und wo der allgemeine Unterricht und republikanische Anschauungen am weitesten verbreitet sind.

Somit wächst die Kriminalität, wie die Genialität, in den grossen Centren und den Industriebezirken, und zwar von Jahr zu Jahr, — gerade wie die Kultur und Entwicklung — und gewinnt dadurch neue Formen, neue Elemente, wie z. B. die Betheiligung des weiblichen Geschlechts, das bei uncivilisirten Nationen ihr ganz fremd ist, oder es zu sein scheint.

Appendix zu Kapitel IV.

Diagramm I.

Eintheilung der Departements in Gruppen nach der Orographie und nach den vorherrschenden politischen Prinzipien.

Bezeichnung des Bodens	Monarchistisch Zahl der Depart.	Republikanisch Zahl der Depart.
Bergland	11	25
Hügelland	15	21
Flachland	6	4

Klassifikation der Departements nach ihrer Orographie.

Bergland	Hügelland	Flachland

Republikanisch

Bergland	Hügelland	Flachland
Arriège	Cher	Loire-et-Cher
Allier	Creuse	Indre-et-Loire
Tarn	Nièvre	Seine-Inférieure
Pyrénées-Orientales	Dordogne	Bouches-du-Rhône
Loire	Eure	
Haute-Loire	Haute-Saône	
Finistère	Haute-Vienne	
Meuse	Corrèze	
Vosges	Eure-et-Loire	
Saône-et-Loire	Aisne	
Puy-de-Dôme	Seine-et-Marne	
Aude	Yonne	
Drôme	Aube	
Ille-et-Vilaine	Ain	
Ardennes	Calvados	
Isère	Loiret	
Basses-Alpes	Marne	
Jura	Gard	
Haute-Marne	Seine-et-Oise	
Var	Seine	
Meurthe-et-Moselle	Rhône	
Hérault		
Vaucluse		
Doubs		
Côte-d'Or		

Monarchistisch

Bergland	Hügelland	Flachland
Cantal	Nord	Landes
Côtes-du-Nord	Morbihan	Loire-Inférieure
Basses-Pyrénées	Charente	Vendée
Gers	Mayenne	Maine-et-Loire
Hautes-Pyrénées	Sarthe	Charente-Inférieure
Lozère	Deux-Sèvres	Gironde
Orne	Vienne	
Tarn-et-Garonne	Indre	
Aveyron	Lot	
Hautes-Alpes	Ardèche	
Haute-Garonne	La Manche	
	Oise	
	Pas-de-Calais	
	Lot-et-Garonne	
	Somme	

Diagramm II. — Theilung der Departements in Gruppen nach ihrem Genialitätsindex.

Orographische Beschaffenheit

Genialitätsindex in den Departements	Bergland Zahl d. Depart.	Hügelland Zahl d. Depart.	Flachland Zahl d. Depart.
Unter 25 pro 10000 ...	2	4	1
Zwischen 25 u. 50 auf 10000	10	10	3
" 50 " 75 " 10000	11	8	2
" 75 " 100 " 10000	4	7	2

Genialitätsindex in den Departements	Bergland Zahl d. Depart.	Hügelland Zahl d. Depart.	Flachland Zahl d. Depart.
Zwischen 100 u. 150 auf 10000	4	4	1
" 150 " 200 " 10000	3	1	1
Ueber 200 auf 10000	2	2	1

Klassifikation der Departements nach dem Genialitätsindex und der orographischen Beschaffenheit.

	Unter 25 auf 10000	Zwischen 25 und 50 auf 10000	Zwischen 50 und 75 auf 10000	Zwischen 75 und 100 auf 10000	Zwischen 100 und 150 auf 10000	Zwischen 150 und 200 auf 10000	Ueber 200 auf 10000
Bergland	Côtes-du-Nord, Arriège	Allier, Basses-Pyrénées, Gers, Hautes-Pyrénées, Cantal, Tarn, Pyrénées-Orientales, Loire, Haute-Loire, Lozère	Finistère, Orne, Meuse, Vosges, Saône-et-Loire, Tarn-et-Garonne, Puy-de-Dôme, Aveyron, Aude, Drôme, Hautes-Alpes	Ille-et-Vilaine, Ardennes, Isère, Basses-Alpes	Jura, Haute-Marne, Haute-Garonne, Var	Meurthe-et-Moselle, Hérault, Vaucluse	Doubs, Côte-d'Or
Hügelland		Mayenne, Sarthe, Deux-Sèvres, Vienne, Indre, Nord, Nièvre, Dordogne, Lot, Ardèche	La Manche, Eure, Oise, Pas-de-Calais, Haute-Saône, Haute-Vienne, Lot-et-Garonne, Corrèze	Eure-et-Loire, Somme, Aisne, Seine-et-Marne, Yonne, Aube, Ain	Calvados, Loiret, Marne, Gard	Seine-et-Oise	Seine, Rhône
Flachland	Landes	Loire-Inférieure, Vendée, Loir-et-Cher	Maine-et-Loire, Charente-Inférieure	Indre-et-Loire, Gironde	Reine-Inférieure		Bouches-du-Rhône

Diagramm IV. — Eintheilung der Departements in Gruppen nach ihrem Genialitätsindex.

Unterabtheilung der Departements nach ihrer geologischen Bodenbeschaffenheit

Genialitätsindex in den Departements	Alluv. Zahl d. Dep.	Jura-Kalk Zahl d. Dep.	Granit Zahl d. Dep.	Kreide Zahl d. Dep.
Unter 25 auf 10000	4	6	4	1
Zwisch. 25 u. 50 auf 10000	4	6	10	8
„ 50 „ 75 „ 10000	9	3	7	2
„ 75 „ 100 „ 10000	10	6	3	1

Genialitätsindex in den Departements	Alluv. Zahl d. Dep.	Jura-Kalk Zahl d. Dep.	Granit Zahl d. Dep.	Kreide Zahl d. Dep.
Zwisch. 100 u. 150 auf 10000	5	4	1	1
„ 150 „ 200 „ 10000	2	...	1	1
Ueber 200 auf 10000	2	2	1	—

Klassifikation der Departements nach dem Genialitätsindex und der geologischen Bodenbeschaffenheit

Geologie	Unter 25 auf 10000	Zwischen 25 und 50 auf 10000	Zwischen 50 und 75 auf 10000	Zwischen 75 und 100 auf 10000	Zwischen 100 und 150 auf 10000	Zwischen 130 und 200 auf 10000	Ueber 200 auf 10000
Allu.	Landes	Tarn, Mayenne, Sarthe, Gers	Eure, Meuse, Vosges, Haute-Saône, Aude, Maine-et-Loire, Oise, Lot-et-Garonne, Tarn-et-Garonne	Eure-et-Loir, Ardennes, Aube, Gironde	Var, Haute-Marne, Haute-Garonne	Seine-et-Oise, Meurthe-et-Moselle	Seine, Bouches-du-Rhône
Jura-Kalk	Charente		Aveyron, Drôme, Orne	Isère, Ain, Yonne, Indre-Loire, Seine-et-Marne, Aisne	Gard, Loiret, Jura, Calvados	Côte-d'Or, Doubs	
Granit	Côtes-du-Nord, Morbihan, Cher, Creuse	Vendée, Deux-Sèvres, Dordogne, Lot, Loir-et-Cher, Nord		Finistère, La Manche, Haute-Vienne, Corrèze, Saône-et-Loire, Puy-de-Dôme, Hautes-Alpes; Ille-et-Vilaine, Basses-Alpes	Marne	Hérault	Rhône
Kreide	Pyrénées-Orientales, Hautes-Pyrénées, Basses-Pyrénées, Ariège	Charente-Inférieure, Pas-de-Calais	Somme		Seine-Inférieure		Vaucluse

Diagramm V.

Eintheilung der Departements in Gruppen, nach ihrer geologischen Bodenbeschaffenheit und den vorherrschenden politischen Prinzipien.

Eintheilung der geologischen Boden- beschaffenheit der Departements	Monarchistisch Zahl der Depart.	Republikanisch Zahl der Depart.
Granitboden	10	16
Alluv. „	10	15
Jura-Kalkboden..............	8	15
Kreideboden	5	4

Klassifikation der Departements nach der geologischen Bodenbeschaffenheit.

Granit	Alluv.	Jura	Kreide
		Republikanisch	
Finistère	Tarn	Dordogne	Pyrénées-Orientales
Ille-et-Vilaine	Eure	Gard	Arriège
Haute-Vienne	Meuse	Drôme	Vaucluse
Corrèse	Vosges	Isère	Seine-Inférieure
Haute-Loire	Haute-Saône	Ain	
Rhône	Aude	Côte-d'Or	
Saône-et-Loire	Eure-et-Loire	Yonne	
Loire	Ardennes	Loir-et-Cher	
Puy-de-Dôme	Aube	Indre-et-Loire	
Allier	Var	Doubs	
Nièvre	Seine-et-Oise	Jura	
Cher	Meurthe-et-Moselle	Calvados	
Creuse	Seine	Seine-et-Marne	
Hérault	Bouches-du-Rhône	Aisne	
Marne	Haute-Marne	Loiret	
Basses-Alpes			
		Monarchistisch	
Côtes-du-Nord	Landes	Vendée	Hautes-Pyrénées
Morbihan	Mayenne	Deux-Sèvres	Basses-Pyrénées
Loire-Inférieure	Sarthe	Charente	Charente-Inférieure
La Manche	Gers	Lot	Somme
Vienne	Maine-et-Loire	Aveyron	Pas-de-Calais
Cantal	Oise	Orne	
Lozère	Lot-et-Garonne	Nord	
Ardèche	Tarn-et-Garonne		
Indre	Gironde		
Hautes-Alpes	Haute-Garonne		

Diagramm VI.

Eintheilung der Departements in Gruppen nach den vorherrschenden Rassen und den vorwiegenden politischen Prinzipien.

Vorherrschende Rassen in den Departements	Monarchistisch Zahl der Depart.	Republikanisch Zahl der Depart.
Ligurische	—	8
Belgische	4	11
Gallische	7	26
Iberische	—	1
Cimbrische	13	5
Ruthenische	1	—

Klassifikation der Departements nach den vorherrschenden Rassen.

Ligurisch	Belgisch	Gallisch	Iberisch	Cimbrisch

Republikanisch

Ligurisch	Belgisch	Gallisch	Iberisch	Cimbrisch
Pyrénées-Orientales	Meuse	Cher	Arriège	Finistère
Aude	Vosges	Creuse		Ille-et-Vilaine
Basses-Alpes	Haute-Saône	Loir-et-Cher		Indre-et-Loire
Gard	Aisne	Allier		Eure-et-Loire
Var	Ardennes	Nièvre		Calvados
Hérault	Aube	Dordogne		
Vaucluse	Seine-Inférieure	Tarn		
Bouches-du-Rhône	Marne	Loire		
	Haute-Marne	Haute-Loire		
	Meurthe-et-Moselle	Eure		
	Doubs	Saône-et-Loire		
		Haute-Vienne		
		Corrèze		
		Puy-de-Dôme		
		Drôme		
		Seine-et-Marne		
		Yonne		
		Ain		
		Isère		
		Loiret		
		Jura		
		Seine-et-Oise		
		Seine		
		Côte-d'Or		
		Rhône		

Monarchistisch

Ligurisch	Belgisch	Gallisch	Iberisch	Cimbrisch
	Nord	Indre	Landes	Côtes-du-Nord
	Oise	Lot	Cantal	Morbihan
	Pas-de-Calais	Lozère	Haute-Garonne	Charente
	Somme	Ardèche	Basses-Pyrénées	Loire-Inférieure
		Lot-et-Garonne	Gers	Mayenne
		Tarn-et-Garonne	Hautes-Pyrénées	Sarthe
		Hautes-Alpes	Gironde	Vendée
				Deux-Sèvres
				Vienne
				La Manche
				Orne
				Maine-et-Loire
				Charente-Inférieure

Diagramm VII.

Eintheilung der Departements in Gruppen nach dem Genialitätsindex und den vorherrschenden Rassen.

Genialitätsindex in den Departem.	Belgisch Zahl d. Dep.	Gallisch Zahl d. Dep.	Rutenisch Zahl d. Dep.	Iberisch Zahl d. Dep.	Cimbrisch Zahl d. Dep.	Ligurisch Zahl d. Dep.
Unter 25 auf 10 000	—	2	—	2	3	—
Zwisch. 25 u. 50 auf 10000	1	11	—	4	6	1
» 50 » 75 » 10000	5	9	1	—	5	1
» 75 » 100 » 10000	4	4	—	1	3	1
» 100 » 150 » 10000	3	2	—	1	1	2
» 150 » 200 » 10000	1	1	—	—	—	1
Ueber 200 auf 10000	1	3	—	—	—	1

Klassifikation der Departements nach dem Genialitätsindex und den vorherrschenden Rassen.

Unter 25 auf 10000	Zwischen 25 u. 50 auf 10000	Zwischen 50 u. 75 auf 10000	Zwischen 75 u. 100 auf 10000	Zwischen 100 u. 150 auf 10000	Zwischen 150 u. 200 auf 10000	Ueber 200 auf 10000
Belgisch						
	Nord	Oise Pas-de-Calais Meuse Vosges Haute-Saône	Somme Aisne Ardennes Aube	Seine-Infér. Marne Haute-Marne	Meurthe-et-Moselle	Doubs
Gallisch						
Cher Creuse	Loire-et-Cher Indre Allier Nièvre Dordogne Lot Tarn Loire Haute-Loire Lozère Ardèche	Eure Saône-et-Loire Haute-Vienne Lot-et-Garonne Corrèze Tarn-et-Garonne Puy-de-Dôme Drôme Hautes-Alpes	Seine-et-Marne Yonne Ain Isère	Loiret Jura	Seine-et-Oise	Seine Côte-d'Or Rhône
Rutenisch						
		Aveyron				
Iberisch						
Landes Arriège	Basses-Pyrénées Gers Hautes-Pyrénées Cantal		Gironde	Haute-Garonne		
Cimbrisch						
Côtes-du-Nord Morbihan Charente	Loire-Infér. Mayenne Sarthe Vendée Deux-Sèvres Vienne	Finistère La Manche Orne Maine-et-Loire Charente-Inf.	Ille-et-Vilaine Indre-et-Loire Eure-et-Loire	Calvados		
Ligurisch						
	Pyrénées-Orientales	Aude	Basses-Alpes	Gard Var	Hérault Vaucluse	Bouches-du-Rhône

Diagramm VIII.

Eintheilung der Departements nach ihrer Bevölkerungsdichte (auf den Quadrat-Kilometer) und nach den vorherrschenden politischen Prinzipien.

	Monarchistisch Zahl der Depart.	Republikanisch Zahl der Depart.
Zwischen 20 und 40 Einwohner pro Kilometer	4	2
„ 40 „ 60 „ „ „ „	10	23
„ 60 „ 80 „ „ „ „	12	11
„ 80 „ 100 „ „ „ „	4	3
Ueber 100 Einwohner pro Kilometer	2	6

Klassifikation der Departements nach ihrer Bevölkerungsdichte pro Kilometer.

Zwischen 20 u. 40 Einw. pro Kilometer	Zwischen 40 u. 60 Einw. pro Kilometer	Zwischen 60 u. 80 Einw. pro Kilometer	Zwischen 80 u. 100 Einw. pro Kilometer	Ueber 100 Einw. pro Kilometer
		Republikanisch		
Loire-et-Cher	Cher	Tarn	Finistère	Loire
Basses-Alpes	Creuse	Eure	Ille-et-Vilaine	Seine-Inférieure
	Arriège	Vosges	Calvados	Seine-et-Oise
	Allier	Saône-et-Loire		Seine
	Nièvre	Puy-de-Dôme		Rhône
	Dordogne	Aisne		Bouches-du-
	Pyrénées-Orient.	Isère		Rhône
	Haute-Loire	Gard		
	Meuse	Hérault		
	Haute-Saône	Vaucluse		
	Haute-Vienne	Meurthe-et-		
	Corrèze	Moselle		
	Aude			
	Drôme			
	Indre-Loire			
	Eure-et-Loire			
	Ardennes			
	Seine-et-Marne			
	Yonne			
	Aube			
	Ain			
	Loiret			
	Marne			
	Jura			
	Haute-Marne			
	Var			
	Doubs			
	Côte-d'Or			
		Monarchistisch		
Landes	Cantal	Morbihan	Côtes-du-Nord	Nord
Indre	Vendée	Charente	Loire-Infér.	Pas-de-Calais
Lozère	Deux-Sèvres	Mayenne	La Manche	
Hautes-Alpes	Vienne	Sarthe	Somme	
	Basses-Pyrénées	Ardèche		
	Gers	Orne		
	Hautes-Pyrénées	Maine-et-Loire		
	Lot	Oise		
	Lot-et-Garonne	Charente-Infér.		
	Aveyron	Tarn-et-Garonne		
		Gironde		
		Haute-Garonne		

Diagramm IX.

Eintheilung der Departements nach ihrem Genialitätsindex und der Bevölkerungsdichte pro Kilometer.

Genialitätsindex in den Departements	Zwischen 20 u. 40 Einw. Zahl d. Dep.	Zwischen 40 u. 60 Einw. Zahl d. Dep.	Zwischen 60 u. 80 Einw. Zahl d. Dep.	Zwischen 80 u. 100 Einw. Zahl d. Dep.	Ueber 100 Einw. Zahl d. Dep.
Unter 25 pro 10 000	1	3	2	1	—
Zwischen 25 u. 50 auf 10 000	3	13	4	1	2
„ 50 „ 75 „ 10 000	1	8	9	2	1
„ 75 „ 100 „ 10 000	1	7	3	2	—
„ 100 „ 150 „ 10 000	—	5	2	1	1
„ 150 „ 200 „ 10 000	—	—	3	—	1
Ueber 200 auf 10 000	—	2	—	—	3

Klassifikation der Departements nach ihrem Genialitätsindex und ihrer Bevölkerungsdichte pro Kilometer.

Unter 25 pro 10 000	Zwischen 25 u. 50 auf 10 000	Zwischen 50 u. 75 auf 10 000	Zwischen 75 u. 100 auf 10 000	Zwischen 100 u. 150 auf 10 000	Zwischen 150 u. 200 auf 10 000	Ueber 200 auf 10 000

20—40 Einwohner pro Kilometer

Landes	Loire-et-Cher Indre Lozère	Hautes-Alpes	Basses-Alpes			

40—60 Einwohner pro Kilometer

Cher Creuse Arriège	Vendée Deux-Sèvres Vienne Allier Nièvre Basses-Pyrénées Dordogne Gers Hautes-Pyrénées Lot Cantal Pyrénées-Oriental. Haute-Loire	Meuse Haute-Saône Haute-Vienne Lot-et-Garonne Corrèze Aveyron Aude Drôme	Indre-et-Loire Eure-et-Loire Ardennes Seine-et-Marne Yonne Aube Ain	Loiret Marne Jura Haute-Marne Var		Doubs Côte-d'Or

60—80 Einwohner pro Kilometer

Morbihan Charente	Mayenne Sarthe Tarn Ardèche	Orne Maine-et-Loire Eure Oise Vosges Saône-et-Loire Charente-Inférieure Tarn-et-Garonne Puy-de-Dôme	Aisne Gironde Isère	Haute-Garonne Gard	Meurthe-et-Moselle Hérault Vaucluse	

80—100 Einwohner pro Kilometer

Côtes-du-Nord	Loire-Infér.	Finistère La Manche	Ille-et-Vilaine Somme	Calvados		

Ueber 100 Einwohner pro Kilometer

	Nord Loire	Pas-de-Calais		Seine-Inférieure	Seine-et-Oise	Seine Rhône Bouches-du-Rhône

Diagramm X.

**Eintheilung der Departements nach den vorwiegenden Erwerbs-
zweigen und den verherrschenden politischen Prinzipien.**

Art des vorwiegenden Erwerbszweiges	Monarchistisch Zahl der Depart.	Republikanisch Zahl der Depart.
Ackerbau	26	17
Industrie	1	16
Ackerbau und Industrie......................	8	18

**Eintheilung der Departements nach der Art des vorwiegenden
Erwerbszweiges.**

Ackerbau	Ackerbau u. Industrie	Industrie
	Republikanisch	
Cher	Nièvre	Creuse
Loire-et-Cher	Dordogne	Arriège
Tarn	Haute-Loire	Allier
Pyrénées-Orientales	Eure	Loire
Finistère	Meuse	Corrèze
Haute-Saône	Vosges	Ardennes
Haute-Vienne	Saône-et-Loire	Seine-et-Marne
Aude	Puy-de-Dôme	Aube
Ille-et-Vilaine	Drôme	Marne
Indre-et-Loire	Aisne	Seine-et-Oise
Eure-et-Loire	Ain	Meurthe-et-Moselle
Yonne	Isère	Seine
Basses-Alpes	Seine-Inférieure	Doubs
Calvados	Jura	Rhône
Loiret	Haute-Marne	Bouches-du-Rhône
Vaucluse	Gard	Alpes-Maritimes
Côte-d'Or	Var	
	Hérault	
	Monarchistisch	
Landes	Nord	Aveyron
Cantal	Charente	
Côtes-du-Nord	Deux-Sèvres	
Morbihan	Lozère	
Loire-Inférieure	Ardèche	
Mayenne	Maine-et-Loire	
Sarthe	Pas-de-Calais	
Vendée	Oise	
Vienne		
Indre		
Basses Pyrénées		
Gers		
Hautes Pyrénées		
Lot		
La Manche		
Orne		
Haute-Savoie		
Charente-Inférieure		
Lot-et-Garonne		
Tarn-et-Garonne		
Hautes-Alpes		
Somme		
Gironde		
Haute-Garonne		
Savoie		

11*

Diagramm XI.

Prezentsatz der Verbreitung des elementaren Wissens	Monarchistisch Zahl der Depart.	Republikanisch Zahl der Depart.
Zwischen 30 und 50%	5	7
„ 50 „ 60 „	5	6
„ 60 „ 70 „	11	10
„ 70 „ 80 „	10	10
„ 80 „ 90 „	2	8
„ 90 „ 95 „	—	9

Klassifikation der Departements in Gruppen wie oben.

Zwischen 30 und 50%	Zwischen 50 und 60%	Zwischen 60 und 70%	Zwischen 70 und 80%	Zwischen 80 und 90%	Zwischen 90 und 95%

Republikanisch

Zwischen 30 und 50%	Zwischen 50 und 60%	Zwischen 60 und 70%	Zwischen 70 und 80%	Zwischen 80 und 90%	Zwischen 90 und 95%
Finistère	Indre-Loire	Hérault	Marne-et-Seine	Calvados	Seine
Arriège	Nièvre	Gard	Loire	Seine-et-Oise	Meuse
Pyrénées-Orient.	Allier	Vaucluse	Ain	Ardennes	Meurthe-et-Moselle
Cher	Creuse	Var	Isère	Marne	Vosges
Haute-Vienne	Tarn	Ille-et-Vilaine	Drôme	Aube	Doubs
Corrèze	Aude	Loire-et-Cher	Seine-Infér.	Côte-d'Or	Jura
Dordogne		Loiret	Eure	Haute-Saône	Haute-Marne
		Saône-et-Loire	Eure-et-Loire	Rhône	Bouches-du-Rhône
		Puy-de-Dôme	Aisne		Basses-Alpes
		Haute-Loire	Yonne		

Monarchistisch

Zwischen 30 und 50%	Zwischen 50 und 60%	Zwischen 60 und 70%	Zwischen 70 und 80%	Zwischen 80 und 90%	Zwischen 90 und 95%
Morbihan	Côtes-du-Nord	Ardèche	La Manche	Orne	Hautes-Alpes
Vendée	Vienne	Lot	Gironde		
Landes	Charente	Gers	Basses-Pyrénées		
Indre	Lot-et-Garonne	Haute-Garonne	Hautes-Pyrénées		
	Tarn-et-Garonne	Nord	Aveyron		
		Mayenne	Cantal		
		Sarthe	Losère		
		Loire-Infér.	Pas-de-Calais		
		Maine-et-Loire	Somme		
		Deux-Sèvres	Oise		
		Charente-Inférieure			

Diagramm XII.

Eintheilung der Departements in Gruppen nach ihrem Genialitätsindex und den vorherrschenden politischen Prinzipien.

Genialitätsindex in den Departements	Monarchistisch Zahl der Depart.	Republikanisch Zahl der Depart.
Unter 25 auf 10 000	4	2
Zwischen 25 und 50 auf 10 000	15	8
„ 50 „ 75 „ 10 000	10	11
„ 75 „ 100 „ 10 000	2	11
„ 100 „ 150 „ 10 000	1	8
„ 150 „ 200 „ 10 000	—	4
Ueber 200 auf 10 000	—	5

Klassifikation der Departements in Gruppen nach dem Genialitätsindex.

Unter 25 auf 10 000	Zwischen 25 u. 50 auf 10 000	Zwischen 50 u. 75 auf 10 000	Zwischen 75 u. 100 auf 10 000	Zwischen 100 u. 150 auf 10 000	Zwischen 150 u. 200 auf 10 000	Ueber 200 auf 10 000
Republikanisch						
Cher	Loire-et-	Finistère	Ille-et-Vilaine	Calvados	Seine-et-Oise	Seine
Creuse	Cher	Eure	Indre-et-	Seine-Infér.	Meurthe-et-	Doubs
Arriège	Allier	Meuse	Loire	Loiret	Moselle	Côte-d'Or
	Nièvre	Vosges	Eure-et-	Marne	Hérault	Rhône
	Dordogne	Haute-	Loire	Jura	Vaucluse	Bouches-du-
	Tarn	Saône	Aisne	Haute-		Rhône
	Pyrénées-	Saône-et-	Ardennes	Marne		
	Orient.	Loire	Seine-et-	Gard		
	Loire	Haute-	Marne	Var		
	Haute-Loire	Vienne	Yonne			
		Corrèze	Aube			
		Puy-de-	Ain			
		Dôme	Isère			
		Aude	Basses-			
		Drôme	Alpes			
Monarchistisch						
Côtes-du-	Loire-Infér.	La Manche	Somme	Haute-		
Nord	Mayenne	Orne	Gironde	Garonne		
Morbihan	Sarthe	Maine-et-				
Landes	Vendée	Loire				
Charente	Deux-Sèvres	Oise				
	Vienne	Pas-de-				
	Indre	Calais				
	Nord	Charente-				
	Basses-	Infér.				
	Pyrénées	Lot-et-				
	Gers	Garonne				
	Hautes-	Tarn-et-				
	Pyrénées	Garonne				
	Lot	Aveyron				
	Cantal	Hautes-				
	Lozère	Alpes				
	Ardèche					

Fünftes Kapitel.

Soziale, ökonomische und politische Faktoren.

1. **Der Kampf der verschiedenen Gesellschafts-klassen um die Suprematie** ist eine Folge der Ungleich-heit, die ARISTOTELES die Quelle aller Revolutionen nennt. „Auf der einen Seite“ — sagt er[1] — „stehen die, welche die Gleich-heit verlangen und sich erheben, wenn sie weniger als die Anderen zu haben glauben, auch wenn sie ihnen gleich stehen; auf der anderen Seite erheben sich die, welche nach der Ge-walt streben, wenn sie eine Ungleichheit empfinden, die sie für nicht berechtigt halten.“

Nun erklärt sich dieser Kampf nicht nur durch den instinktiven Drang der Unterdrückten, die über ihnen Stehenden zu stürzen, sobald sie Kraft und Mittel besitzen, sich an ihre Stelle zu setzen, sondern noch mehr aus dem Naturgesetze, wonach ein Organismus oder ein Theil eines solchen, der ungeübt bleibt, abnimmt zu Gunsten besser geübter Organe. Das zeigt sich in der Entwicklung der ältesten Civilisationen, in Indien und Egypten, wie später in Etrurien und Rom; hier herrschten erst die Priester, dann die Krieger, die Edeln und schliesslich der König über die unteren Klassen; aus den nomadisirenden Jägern oder Hirten wurden erst die Knechte der Priester und Krieger, dann Bürger; prähistorische Doku-mente dieser Entwicklung sind in den Sprachen zu finden; so bedeutet **Buk** im Koptischen Knecht, **Beke** Sold, **Baki** Stadt, **mooni** weiden, Lanze werfen, Beute machen, wohnen, d. h. das in Leibeigenschaft oder in Lohndienst lebende Volk bildet allmählich den Kern der Städte. So bedeutet im Sanskrit **Dasa** Feind, Knecht; **Dasiu** Unterthan, Hirt; **Daguja**

---

[1] *Politikon*, Lib. V, cap. 7. Es ist merkwürdig, dass alle Schrift-steller, die über das Wesen der Revolution geschrieben haben, nur ARISTOTELES kopiren, diesen genialen Positivisten, der mitten unter kleinen Revolutionen gelebt und davon mehr gesehen und verstanden hat, als alle seine Nachfolger.

Provinz, und das zeigt, wie der Nomade, der Hirt erst Sklave wurde und dann sich fest ansiedelte.

Das moderne Leben hat neben dem in träger Ruhe sich wiegenden Königthum und Adel das Bürgerthum gross werden lassen, das aus eigener Kraft der Unterthänigkeit entwuchs, die herrschenden Klassen überholte und ihnen jede Suprematie streitig machte. Wohl hat manchmal ein schrankenloser Despotismus dem Volke jede Revolte absolut unmöglich gemacht, wie das der Bevölkerung Italiens unter den Longobarden[1] erging; aber ein solcher Zustand kann nicht unbegrenzt fortdauern und wird früher oder später durch eine Revolution beseitigt.

Der Missbrauch der Gewalt durch eine herrschende Klasse genügt zur Erregung einer Gegenwirkung, und schon ARISTOTELES bemerkte (*Politikon* VIII), „wohin ein Regime auch neigt, es entartet immer durch Uebertreibung der Grundsätze, auf die es gegründet ist."

In England widersetzte sich das monarchische Prinzip der Macht des hohen Adels, und als dieses selbst in Despotismus ausartete, brach unter CROMWELL der Kampf um die konstitutionelle Freiheit aus, im Grunde die Reaktion der durch Reichthum und Bildung emporgestiegenen mittleren Klassen, die einen ihrer Bedeutung angemessenen Antheil an den öffentlichen Angelegenheiten begehrten.[2]

In Polen war die Leitung der Königswahl durch kaum 200 Familien eine der Ursachen der verderblichen Zwistigkeiten.

Die französische Revolution von 1789, die das monarchische Prinzip im Blut des Königs erstickt zu haben glaubte, bereitete durch ihre anarchistische Entartung das Kaiserreich vor, das nach den anarchistischen Unruhen der Republik von 1849 von neuem sich erhob.

PAPIRIUS schuf durch die Vergewaltigung eines ihm von

---

[1] Vgl. VILLARI, *Il Commune italiano*. — *Politecnico*, 1866.
[2] GUIZOT, *Discours sur l'histoire de la Révolution d'Angleterre*. — Paris, 1850.

einem Schuldner zur Bürgschaft überlassenen Kindes die
Ursachen einer Revolution, die mit der Abschaffung der Knechtschaft des Schuldners endete.

Die Peinigung der Sklaven des DEMOPHILUS durch ihre
Herrschaft veranlasste (neben der Mitwirkung des eingewurzelten
Brigantaggio) den grossen Sklavenaufstand in Sizilien, in dessen
Verlauf die Aufständischen eine ihnen gewogene Dame
schonten, ein Zeichen (schreibt DIODOR), dass die Exzesse der
Sklaven durch die Ausschreitungen der Herren provozirt
waren.

2. Klassenherrschaft. Priesterschaft. — Das ausschliessliche Uebergewicht einer einzelnen Klasse war, unabhängig von jeder Regierungsform, immer gefährlich; es hemmt
die organische Entwicklung eines Volkes und lässt eine Neigung
zur Erschlaffung, dann zur Anarchie entstehen, einen Prozess,
der die Umkehrung einer zu gewaltsamen Revolution darstellt,
bei gleicher Verderblichkeit. „Ein Körper" — schreibt ARIS-
TOTELES (*Politikon* IV., cap. III.) — „ist eine Struktur aus
Gliedern, die gleichmässig wachsen müssen, damit seine Proportionen bewahrt bleiben; das gilt als Gleichniss auch für
den Staat. Erfährt einer seiner Theile unmerklich ein un-
gewöhnliches Wachsthum, wachsen z. B. in einer Demokratie
die unteren Klassen ins Maasslose, so wird der politische
Organismus eine Revolution erfahren."

So hat das Uebergewicht des Klerus in Spanien, in
Schottland, im Kirchenstaat und in Italien lange den Fortschritt ihrer Bevölkerung verzögert und sie zu stets vergeblichen
Revolten getrieben. QUINET[1] schreibt bei der Besprechung
der mittelalterlichen Geschichte Italiens: „In Ländern, wo die
Unveränderlichkeit das Prinzip der Religion ist, kommt es in
der That dahin, dass Trägheit und Beharren ein Gesetz des
bürgerlichen Lebens werden, und der soziale Fortschritt im
Widerspruch zu den Forderungen des Gewissens steht. Um
in einem auf eine unveränderliche Kirche gegründeten Staate
einen Fortschritt zu erreichen, muss man den Kampf mit der

---

[1] *Les Révolutions d'Italie.* — Paris 1877.

Natur der Dinge aufnehmen, und das kann nur ein gewalt-
samer Kampf sein; deshalb können solche Länder keinen
Schritt zu grösserer Rechtssicherheit machen ohne offene oder
verstecke Gewaltmaassregeln. Welches ist der Uebergang von
Unterdrückung und religiöser Schreckensherrschaft zu einem
auf Vernunft gegründeten freiheitlichen Regime? Die katholischen Republiken Italiens sind alle an diesem Ringen zu
Grunde gegangen, und ebenso alle katholischen Staaten von
liberaler Tendenz; für sie war die Freiheit etwas Revolutionäres,
ihrem Wesen Entgegengesetztes, sie stürmen, martern sich,
durchleben Revolutionen und Episoden politischer Freiheit,
um schliesslich zu ihrer eigentlichen Grundlage, dem Absolutismus, zurückzukehren. Man vergleiche die katholischen Republiken Südamerikas mit der nördlichen Union; hier WASHINGTON,
dort ROSAS und Dr. FRANCIA."

In Spanien haben die religiösen Verfolgungen und die
Isolirung der letzten acht Jahrhunderte nie die Civilisation
Wurzel schlagen lassen, sie haben die Herrschaft des Klerus
befestigt, der eine Million Andersgläubiger verjagt, jeden Denker
verbrannt hat, jede Industrie, jede geniale Persönlichkeit,
jede neue Idee unterdrückt hat, so dass es Zeiten gegeben
hat, in denen sich nicht ein Mann fand, der befähigt gewesen
wäre — nicht zum Minister, zum General — sondern zum
Finanzier, zum Schiffskapitän! Man musste schliesslich solche
Aemter an die verhassten Ausländer vergeben.[1] — Das sollte
eine furchtbare Lehre für die Anhänger des zarischen Despotismus sein, die durch die blutige Verfolgung ihrer politischen
Gegner eine Ebbe der Intelligenz vorbereiten, die weit schlimmer
ist, als die der Finanzen.

LE KIRCK[2] giebt ein Bild von den Zuständen, die in
Schottland durch die Herrschaft der Geistlichkeit hervorgerufen
worden waren. Es galt als Sünde, geringschätzig vom Prediger zu sprechen, als Vergehen, ihn nicht zu grüssen, als
Frivolität, nicht vor einem Geistlichen zu zittern; die unschul-
digste Freude war verboten, es war eine Sünde, sich Kinder

---

[1] BUCKLE, l. c. II. B.

[2] LE KIRCK, *Brit. Distemper*, p. 212.

zu wünschen, — und alle Sünden, auch die geringsten, führten zu ewiger Verdammniss; die Sünden des Menschen beginnen schon von seiner Geburt, deshalb muss der Geistliche jede seiner Handlungen kontrolliren, und um schon diesseits Sünden zu bestrafen, wurden willkürliche Tribunale geschaffen. Es war schon eine Sünde, wenn ein Wirth einen Katholiken beherbergte, wenn Jemand — und wäre es der Sohn oder der Vater — einem nicht Rechtgläubigen in Hunger oder Lebensgefahr beistand. Es war ein Verbrechen, sonntags von einer Stadt zur andern zu gehen oder einen Freund zu besuchen, das schöne Wetter vor der Thür zu geniessen, ein Bad zu nehmen. Das wird Den nicht wundern, der gesehen hat, dass sich in den alten Religionen der Misoneismus am deutlichsten verkörpert. Was für die Klerus-Herrschaft gilt, gilt auch für das Uebergewicht jeder anderen Klasse.

3. Patricier. — So führte die Tyrannei der römischen Patrizier erst zu SATURNINUS, zu CATILINA, dann zur Diktatur CAESARS, und diese ihrerseits zu dem Attentat des BRUTUS, das ergebnisslos blieb, weil das Kaiserthum die legitime Reaktion der unteren Klassen gegen die Oligarchie verkörperte. Oft, führt — wie in Cnidus — die Rivalität der Oligarchen um die einer ganz kleinen Zahl anvertraute Gewalt zum Triumph des Volkes, während manchmal aus ihrer Mitte die demagogischen Ueberwinder des eigenen Standes hervorgehen (ARISTOTELES l. c.).

Im mittelalterlichen Florenz bereitete die Tyrannei des Adels den Triumph des Volkes vor, dessen Ausschreitungen wieder die Herbeirufung des Herzog von Athen veranlasste, der schliesslich doch wieder vom Volke verjagt wurde.

Im mittelalterlichen Rom führte die Uebermacht der Barone zur Entvölkerung der Campagna und der Stadt selbst, in der Niemand seiner Person und seines Eigenthums sicher war, und das bedingte wieder die Erfolge COLAS und seiner Nachfolger. Die Aufstände der Ciompi entsprangen (nach FOSSATI, *Il tumulto dei Ciompi*) den Missbräuchen der Magnaten, die jede Rechtspflege unmöglich machten, ferner dem verderblichen Gebrauch der Admonitionen und dem Verlangen der

Handwerker nach Theilnahme an der Regierung. — Die von
MARCEL (1356) geführte soziale Revolution in Paris war vor
allem durch die treulose Politik des Adels und der Valois
gegen die bürgerlichen Elemente der Ständeversammlung, die
nur noch in Steuerangelegenheiten befragt wurden, veranlasst;
die Jacqueries waren die Folge der Unterdrückung der Bauern
durch den Adel, der Aussaugung durch die Rechte der prise
und chevancherie, die mit den grausamsten Mitteln, selbst
durch die Tortur, ausgeübt wurden.[1]

4. Sklaven. — Im Alterthum benutzten die Sklaven
jede durch Kriege, durch grosse Katastrophen, durch Volks-
unruhen hervorgerufene Verschwörung, um sich zu erheben. So
nahmen die Heloten an der Verschwörung des Pausanias, an
dem Komplott der Perioeken theil und suchten sich während der
persischen Invasion und der Kriege Spartas mit Athen und
den Thebanern zu erheben. HANNO rief 20 000 karthagische
Sklaven auf, um die tyrannische Regierung anzugreifen.
(JUSTIN, XXI.)

In Tyrus tödteten die Sklaven die freie Bevölkerung und
setzten sich an ihre Stelle (WALLON, *Histoire de l'esclavage*,
1879.)

In den ersten Zeiten der römischen Republik verschworen
sich die Sklaven mit den Plebejern, den Volskern, den Ver-
bannten; vor den Siegen des DUILIUS wurde eine Verschwörung
von 3000 Sklaven und 4000 Bundesgenossen zur Zerstörung
der Flotte aufgedeckt; 217 misslang eine andere Sklaven-
Verschwörung in der Zeit zwischen der trasimenischen und
der Cannae-Schlacht. (WALLON l. c.)

In dem sizilischen Sklavenaufstand konnte EUNOS sich
der Stadt Enna bemächtigen, weil die Sklaven ihm die Thore
öffneten.

CATILINA hatte zur Brandlegung Roms Sklaven bestimmt,[2]
und SATURNINUS zählte unter seinen Anhängern viele Sklaven.
MARIUS rief die Sklaven auf, als SULLA Rom besetzt hielt,

[1] PERRENS, *Jean Marcel.* — Paris, 1879.
[2] WALLON, *Hist. de l'esclavage*, II, p. 289. — 1879. — VACCARO,
Genesi e funzione delle leggi penali, Torino, Bocca, 1889.

und dieser nahm 10 000 Freigelassene in die römischen Tribus
auf; CLODIUS warb Gladiatoren für seine Fehden an, und die
Mörder CAESARS hielten eine Gladiatoren-Leibwache, auch
ANTONIUS, OCTAVIAN und VITELLIUS hatten Gladiatoren in
ihren Heeren, OTHO bis 20 000 (WALLON).

5. Niederes Volk. — Wenn die unteren Klassen, wie
MACHIAVELLI[1] schreibt, im politischen Kampf mit den höheren
zu rivalisiren suchen, so kommt es zu erspriesslichen Resul-
taten, wie in Rom; unterdrücken sie dagegen die höheren
Klassen und regieren sie allein, wie in Florenz, so führt das
zum Verlust der Freiheit. Das war das Schicksal der schranken-
losen Demokratie in Syracus, Messene, Milet, Megara, Samos,
wo der Traum von politischer Gleichheit und Volkssouveränetät
unter blutigen Unruhen durch Grausamkeit und willkürliche
Gesetzgebung zu Grunde ging. Diese kleine Republiken fielen
alle nach erbitterten Kämpfen Tyrannen zur Beute.

6. Gleichgewicht der Klassen. — Wo die einzelnen
Gesellschaftsklassen und ihre Rechte sich die Wage halten,
sind Revolutionen selten und die Freiheit von Dauer; so war nach
ARISTOTELES das lange Fortbestehen Spartas bedingt durch die
billige Vertheilung der Macht unter den höheren Klassen, die
vom Senat repräsentirt wurden, während die unteren durch
die Ephoren vertreten waren, die durch lauten Zuruf auf der
Strasse gewählt wurden, und die Könige, die infolge ihrer
Zweizahl und der dadurch bedingten Meinungsverschiedenheit
nur selten zur Tyrannis gelangten. Selbst in dem demokratischen Musterstaate Athen bestand eine Schutzwehr gegen den
Despotismus der Majorität und die Allgewalt der Volksversammlung in der Institution der δοκιμασία, die ehrlose
Leute von den Rednerbühnen ausschloss, und ferner in der
Vorberathung aller Gesetzesvorlagen — die in einem Jahr nur
einmal vorgelegt werden durften — durch den Senat, der ihre
Berathung autorisiren musste, während der Antragsteller der
γραφὴ παρὰ νόμον, der Anklage der Gesetzwidrigkeit, die Jeder
erheben konnte, ausgesetzt war. Neben dem im übrigen mehr die

[1] *Storie Fiorentine*, Lib. III.

finanzielle Verwaltung leitenden Senate hatte die Verfassung
ein weiteres Gegengewicht gegen die Volkssouveränetät im
Areopag, der durch die Lebenslänglichkeit seiner Mitgliedschaft,
seine ausgedehnte Jurisdiktion, sein Vetorecht gegenüber den
Beschlüssen der Volksversammlung das konservative, beharrende
Element darstellte. Als der Areopag unter PERIKLES sein
Vetorecht verloren hatte, wurde Athen eine einem Diktator
untergebene Demokratie und verfiel schnell. [1]

POLYBIUS hat (l. VI.), wie nach ihm MACCHIAVELLI, gezeigt, dass die Grösse Roms durch das Gleichgewicht der drei
Gewalten bedingt war, entsprechend dem Prinzip LYKURGS,
dass jede auf nur ein Prinzip gegründete Regierungsform nur
kurze Zeit dauert, weil sie durch den ihm eigenthümlichen
Fehler fällt. Auch als Rom von der Geburts- und Geldaristo-
kratie der Curiat- und Centuriat-Comitien zu der Demokratie
der Tribut-Comitien und des Tribunats überging, behielt der
Senat eine überragende Stellung, in der er eine auf demokratische Gesetze gegründete Oligarchie der Intelligenz und des
Besitzes darstellte. Uebrigens kam es auch in den Tribut-
Comitien nicht zum Uebergewicht der grossen Menge, weil
der durch die ländlichen Tribus repräsentirte kleine Grundbesitz die Abstimmung beherrschte und das allgemeine Stimmrecht somit durchaus konservativ war. (PALMS l. c.) Vor allem
bedingte das Volkstribunat das Gleichgewicht. Alle Historiker
stimmen darin überein, dass diese so überaus einfache Institution den Einfluss der Aristokratie im Bunde mit Reichthum,
Intelligenz, Tradition und, was noch mehr ist, mit den Gesetzen,
equilibrirte und damit eine echte bürgerliche Gleichheit schuf,
wobei doch — für einige Zeit wenigstens — die höher gebildeten
Klassen ihren Einfluss behielten, bis das Tribunal in Demagogie und Caesarismus entartete. Es stellte das dar, was in
modernen Staaten die parlamentarische Opposition, die Presse
und die Kassation bedeuten.

Die nur aus dem Volk wählbaren Tribunen dienten fast
als lebendige Gesetzbücher und permanente Magistratur zu

---

[1] A. PALMS, *La démocratie et le régime parlementaire.* — Brüssel, 1887.

einer Zeit, wo es weder Kodifikation noch eigentliche Magistratur gab und alles im Gutdünken der Patrizier stand, zu einer Zeit, wo das von den Patriziern schrankenlos ausgeübte grausame Recht des Gläubigers die Plebs zur Verweigerung des Kriegsdienstes (471) und zu einer Sezession trieb, die sich erst nach Bewilligung milderen Rechts vereinigen wollte. Die Volkstribunen dienten als Sicherheitsventil und Bindeglied zwischen Patriziern und Plebs und ermöglichten (wie MACCHIA- VELLI, III. Dekade, bemerkt), dass die beiden Parteien sich wechselseitig ihre Kräfte nutzbar machten. Sie hatten anfangs kein Abzeichen oder Gefolge als den „Viator", und auch keinen Sitz im Senat, an dessen Thür sie stehen mussten; später hatten sie das Recht, Beamte in Haft zu nehmen, Urtheile zu suspendiren, Kapitalstrafen zu verhängen; sie vertheidigten den Angeklagten vor der Oeffentlichkeit (Jus auxilii), konnten die Comitien berufen, ihnen Vorlagen machen, einen verhafteten Schuldner in Freiheit setzen lassen, jeden Bürger vor sich citiren, selbst die Konsuln, und sie bei Nichterscheinen vor- führen lassen, und konnten durch ihr Veto jede Berathung suspendiren. Nach der Einführung einer, der Solonischen nachgearbeiteten Gesetzgebung, nach der Kodifikation jenes noch rohen Civil- und Strafrechts, das nur eine Reducirung des Zins- Maximums auf 10 % einführte, doch die grausame Bestrafung des Schuldners beibehielt, wurde das Volkstribunal als nunmehr entbehrlich aufgehoben; es wurde jedoch bald wieder eingesetzt, von seinen Befugnissen blieben jedoch nur die zur Verhängung von Geldstrafen bestehen; dazu kam die Ernennung der Quaestoren, und damit eine Betheiligung an der eigentlichen Verwaltung. Dazu kam ein abgesonderter Sitz im Senat mit berathender Stimme.

Die Wirksamkeit der Gracchen im Jahre 133, darunter ein Gesetz, das den Staat zur Hergabe von Getreide unter dem halben Durchschnittspreise verpflichtete, bedeutete schon den ersten Schritt zur Anarchie. In der That erzwang 30 Jahre später der beredte und thätige, aber höchst gewaltsame Tribun SATURNINUS geradezu sozialistische Gesetze, die eine unmögliche Herabsetzung der Getreidepreise anordneten, und

schliesslich rief er die Sklaven auf. Ihm verdankt Rom den
ersten blutigen Kampf zwischen Bürgern. (10. Dezember
100 v. Chr.) Einige Jahre später organisirte SULPICIUS RUFUS
eine förmliche Armee von 3000 Demagogen gegen den Senat.
CLODIUS (57 v. Chr.) beschränkte die Macht der Censoren,
gegen sittenlose Bürger einzuschreiten und beseitigte jede Be-
schränkung der Assoziation. Nun wurden die Volkstribunen
die Patrone und Herren der Republik und die Ursache ihres
Falles, und bedeuten so die Vorbereitung der kaiserlichen Gewalt, erst durch Desorganisation, dann durch Auslieferung der
öffentlichen Aemter an ihre Parteigenossen. Man nimmt oft
an, das Tribunat hätte mit dem Regime der Kaiserherrschaft
aufgehört. CAESAR hat nun zwar die tribunizische Gewalt auf
seine Person übertragen, aber ohne Abschaffung dieser Institution; das war auch unter einem Regime, das, wie das kaiser-
liche, unter despotischen Formen die Volksinteressen schützte,
nicht zu erwarten. Freilich wurde die Gewalt der Tribunen
eingeschränkt. Sie behielten das Jus auxilii und das Jus
intercessionis vor Gericht, aber nicht vor dem Kaiser, dem
sie direkt unterstanden (TACITUS, *Annales* XIII, 28); sie verloren ihr Veto, aber sie behielten den Sitz im Senat (DIO
CASSIUS 55) und den Vorsitz in gewissen Stadt-Quartieren
(MOMMSEN II, 120) eine Institution, die, unter anderem Namen,
bis heute fortdauert.

Das Tribunat wurde eine vom Kaiser übertragene Würde,
was sich schon — mit dem etwas geringschätzigen Ausdruck:
„umbra nominis", — im *Codex* THEODOS. XII—I., 74 angedeutet findet. Jedenfalls blieben sie noch vierzehn Jahrhunderte bestehen. [1]

Venedig verdankte sein langes Bestehen neben seiner
wirthschaftlichen Blüthe der relativ strengen Rechtspflege zum
Schutz der von der politischen Macht ausgeschlossenen Klassen,
und der Toleranz gegen Alle, die sich — eine damals uner-
hörte Erscheinung — selbst bis auf die Ketzer erstreckte; dazu
kam die unter dem herrschenden Adel vorhandene Einigkeit,

---

[1] LOMBROSO, *Tre Tribuni.* — Turin, 1887.

denn in Oligarohien kommen — wie ARISTOTELES bemerkt — nur selten Revolutionen vor, wenn sie einig zu bleiben wissen.

Der politische Aufschwung des modernen England begann mit der Vereinigung von Adel und Bourgeoisie gegenüber den Ansprüchen der Krone und mit der damit geschaffenen parlamentarischen Regierung, während die zähe Bewahrung der Adelsprivilegien in Frankreich das Bürgerthum nicht emporkommen liess, so dass die Nation nur aus Adel und niederem Volk bestand, was — nach BUCKLE — eine der Ursachen der Revolution wurde.

7. Parteien und Sekten. — Die im Kampf der Schwachen gegen die Starken manchmal nützliche Sektenbildung wurden oft Mittel der Korruption des Menschen, der seinerseits die Nation korrumpirte (Coco). Diese Anschauung findet am stärksten ihre Bestätigung in dem Zustande der italienischen Gemeinwesen des Mittelalters, besonders in Florenz, wo Intoleranz und Parteiwuth zu einer völligen politischen und intellektuellen Erschöpfung führten.[1]

Schon die verderbliche Institution der Admonitionen von seiten der siegreichen Partei entfernte tausende der besten Bürger aus dem politischen Leben, während zugleich die besten Familien auf zehn, zwanzig, hundert Jahre verbannt wurden, ja manchmal auf ewige Zeiten; so mussten die Albizzi nach Gaëta auswandern, die Alberti nach Flandern, die Alighieri nach Verona, die Guadagni nach Barcelona, die Peruzzi nach Avignon, und das brachte anderen Staaten den Vortheil ihres Einflusses und Reichthums. Ebenso ging es auch vielen genialen Künstlern; so drängten die Bürger Venedigs, das im Jahre 1422 zwischen dem Anschluss an Mailand und dem an Florenz schwankte, zum Bündniss mit Mailand in der Hoffnung, dass dann die ausgewiesenen florentinischen Künstler nach Venedig kommen würden. Selbst die Rechtspflege war in Florenz lange Zeit nur eine Parteiwaffe; ein Podestà, der Vergehen von Mitgliedern der herrschenden Partei bestrafte, wurde schliesslich abgesetzt; 1353 stellte die Volkspartei Räuber an ihre

---

[1] PERRENS, *Histoire de Florence*, vol. VI.

Spitze, und junge Burschen sammelten sich auf Hornsignale, wie zu einem Feste, um Raubzüge in die Landschaft zu machen. (PERRENS, l. c.) Aber auch in anderen italienischen Stadtrepubliken übte die Rivalität zwischen Familien und Klassen, wenn auch unter anderen Devisen als denen der toskanischen Guelfen und Ghibellinen, einen verderblichen Einfluss; man war damals sehr weit entfernt von der grossartigen Auffassung des Parteiwesens, als einer nothwendigen Bedingung des politischen Gleichgewichts, wie sie das englische Parlament zeigt und die wir auf dem Kontinent haben adoptiren wollen, ohne dafür den geeigneten Charakter, geeignete Erziehung und geeignete Männer zu besitzen, so dass uns dies System mehr Schaden als Nutzen bringt.

Noch schlimmer ist der Einfluss einer einseitigen Parteidoktrin; SARMIENTO zeigt, wie in Argentinien die Reaktion unter ROSAS gerade durch die Uebertreibungen der Unitarier beschleunigt wurde, die, ähnlich wie die Mazzinisten Italiens, als utopistische Doktrinäre der Revolution, ohne rechts oder links zu blicken, mit erhobenem Haupte geradeaus marschirten, stets hochtrabende Phrasen im Munde führten, am Vorabend einer Schlacht sich mit einem Reglement, einer Formel, einer tönenden Phrase beschäftigten; man kann nicht Männer finden, die unternehmender, doktrinärer und — unpraktischer wären.[1]

Auch in Italien ist das öffentliche Leben und das Parlament allzusehr von solchen Ideologen bevölkert. Man denke an das Bild, das TOCQUEVILLE[2] von den Parteien der civilisirten Welt entwirft.

„Die Parteien sind das spezifische Uebel freier politischer Zustände; aber sie haben nicht immer gleiche Charaktere und Ziele. Die grossen politischen Parteien berücksichtigen mehr die Prinzipien, als die Konsequenzen, die Allgemeinheiten mehr, als die Einzelfälle, die Ideen mehr, als die Persönlichkeiten. Sie haben, mit kleinen Parteien verglichen, edlere Züge, grossartigere Leidenschaften, stärkere Ueberzeugungen, kühnere und

---

[1] SARMIENTO, *Civilisacion y Barbaria.* — Buenos-Ayres, 1869.
[2] *La démocratie en Amérique.*

freiere Bewegungen; bei ihnen verbirgt sich das Sonderinteresse, das bleibende Motiv politischer Leidenschaft, geschickter hinter dem Schleier des allgemeinen Wohls, so dass der Einzelne selbst sich über die eigenen Motive täuschen kann."

„Kleinen Parteien dagegen fehlt der politische Glauben; ohne grosse Ideale haben sie einen Charakter, dessen eingewurzelter Egoismus sich in jeder Handlung offenbart. Sie scheinen oft erhitzt bei innerer Kälte, sie zeigen eine heftige Sprache, aber ein furchtsames und zauderndes Handeln; ihre Mittel sind ebenso kleinlich wie ihre Ziele. Deshalb scheinen in einer auf revolutionäre Stürme folgenden Zeit der Ruhe die grossen Individualitäten fast zu verschwinden, die grossen Seelen sich zu verbergen."

„Die grossen Parteien erreichen eine Umwälzung, die kleinen eine Erschütterung der Gesellschaft; jene zerrütten, diese korrumpiren sie, aber jene retten sie oft durch tiefgreifende Aetzungen, diese stören sie stets nutzlos."

Mit der Ausbreitung des Parteiwesens hat die Bedeutung der Sektenbildung abgenommen, die gerade die Frucht der Unterdrückung darstellen, denn diese verwandelt — wie Coco mit Recht bemerkt — die Ideen in Gefühle und diese in den Fanatismus des Sektirers; gerade dieser Ursprung des Sektenwesens hat vielleicht die moderne Civilisation für viele Reformen auf politischem Gebiete zu seiner Schuldnerin gemacht; man denke an die Carbonari in Italien, die Chartisten in England, die Hetärien in Griechenland und endlich an die Nihilisten in Russland, so wenig deren Ideale auch den gegenwärtigen Bedürfnissen der Bevölkerung Russlands in ihrer Majorität zu entsprechen scheint, für welche Gott und Zar zu einer vagen Einheit verschmolzen sind.[1]

Heute scheint den Sekten nur noch die Aufgabe übrig zu bleiben, die Trümmer und den Abfall der Gesellschaft in sich aufzunehmen, die sich in ihnen zur Verschwörung gegen ihre Stiefmutter zusammenfinden. Es sind die Nachfolger der Bauern der Jacquerie und der Jakobiner, die in Paris als

---

[1] Vgl. STEPNIAK, *La Russie sous les Czars.* — Paris.

Kommunarden, als Invincibles in Irland, als Anarchisten in Deutschland, Belgien u. s. w. ihre Rolle spielen.

Der in ihnen zu Fleisch und Blut gewordene Hass gegen die Besitzenden und gegen die soziale Ungerechtigkeit, zur Gährung gebracht in einer genusssüchtigen und sich ihrer eigenen, schlagfertigen Macht bewussten Volksmasse, erklärt den ausserordentlichen Fortschritt solcher Verbindungen, so frühreife und unausführbare Projekte sie auch hegen. Hierher gehört die Internationale als Inbegriff aller eine soziale Revolution anstrebenden politischen Sekten (vgl. MASÈ-DARI, *Sciopero e coalizione*, 1887), die sich von der Londoner kommunistischen Vereinigung aus über ganz Europa verbreitete und während eines Zeitraums von kaum 30 Jahren unzählige Gesellschaften und Verbindungen ins Leben rief, so in England die *International Labour Union* und die *Socialdemocratic Federation* (1869); in Deutschland die auf dem Kongress von Eisenach (1869) gegründete und damals 155486 Mitglieder zählende sozialdemokratische Arbeiter-Partei, mit ihren Verzweigungen bis in den Anarchismus HASSELMANNS und MOSTS; die Kommunarden von 1870, die Kooperativisten, Kollektivisten und Kommunisten, die sich in Frankreich in das weite Gebiet des Sozialismus theilen, bis auf die *Fédération Jurassienne* etc.[1]

Die Internationale beging die Greuel der Kommune, veranlasste die Ermordung PRIMS und die Plünderung von Décazeville (1886). Sie will Arbeitseinstellungen nicht als Mittel zur Erzielung dauernder und wohlthätiger Erfolge für die Arbeiterklasse gelten lassen, räumte aber ein (auf dem Kongress von St. Imer 1882), dass sie ein werthvolles Kampfmittel und eine Vorbereitung für den grossen definitiven Kampf der Revolution wären, und erklärte sich in einer von den spanischen Sektionen an den Minister ZORILLA gerichteten Proklamation für „eine dem Autoritätsprinzip feindliche, zum Umsturz desselben gegründete Vereinigung, deren Streben nach einem Zustande der Gesellschaft ginge, wo niemand zu befehlen und niemand zu gehorchen hätte."

---

[1] D. ZACHER, *L'Internationale Rouge.* — Paris, 1884.

Gerade zum Umsturz des Autoritätsprinzips veranlasste die spanische Sektion der Internationale die Ermordung des Generals PRIM und das Attentat auf den König AMEDEO. VAILLANT fasst die politischen Ziele der Internationale zusammen: „Nur dadurch, dass das Proletariat die politische Macht an sich reisst und während einer längeren revolutionären Periode die ganze Gesellschaft unter seine Dictatur beugt, kann es die Beseitigung der Klassenherrschaft erlangen."

An Stelle dieser mächtigen Assoziation, die nach vielleicht übertriebenen Schätzungen es auf mehr als 2¹/₂ Millionen Anhänger gebracht hat, tritt nun die sozialistische Partei, deren Fortschritte allein daraus hervorgehen, dass sie in Deutschland von 4610 Anhängern im Jahre 1864 auf 526241 im Jahre 1884 gestiegen ist, und dass heute in Frankreich die *Fédération des travailleurs socialistes* 100—200000 Mitglieder zählt, davon 20000 in Paris allein.

In Amerika macht der Sozialismus noch reissendere Fortschritte. Eine neue Berechnung[1] giebt an, dass schon allein der Bund der „Knights of Labour," der 1869 in Philadelphia begründet wurde, 1885 gegen 730000 Anhänger zählte, und 1886 eine Million. Es ist bemerkenswerth, dass diese Verbindung Arbeitseinstellungen und Gewaltmaassregeln widerräth und die Verbreitung der Kooperation und des Hülfskassenwesens begünstigt trotz ihres zügellosen Programms; der praktische Sinn der Amerikaner hat die den europäischen Sozialisten entlehnten Ideen gemässigt.

Die englischen Trades-Unions drücken sich in ihrem definitiven Londoner Programm von 1871 im Artikel X folgendermaassen aus: „So lange der Kriegszustand des arbeitenden Volks besteht, sind seine ökonomische Bewegung und seine politische Aktion untrennbar eins." In der That haben die Trades-Unions in den letzten Jahren alle Rührigkeit, die sie früher auf ökonomischem Gebiete zeigten, auf politischem Boden bethätigt. in Opposition zur Regierung, durch die Erklärung ihrer

---

[1] E. COPPI, *I Cavalieri del lavoro.* — *Rassegna nazionale*, Oktober-November, 1887.

Solidarität mit den deutschen Sozialdemokraten und durch den
Beschluss des Kongresses von Nottingham, eine politische
Arbeiterpartei zu begründen. Dementsprechend gründeten sie
die *Land-nationalisation Society*, welche die irischen Unruhen
schürte, indem sie sich mit den Feniern verband und dem
Landlordism das anarchistische Schlagwort *Land-Communism*
entgegenstellte; dieses Wort findet sein Programm in HENRY
GEORGES' „Progress and Poverty" und WALLACES „Land-
naturalisation", Werken, die zu Tausenden unter der armen
Bevölkerung vertheilt wurden.[1]

Es ist übrigens nicht selten, dass Verbindungen, die zu
ganz ehrenhaften Zwecken gegründet sind, degeneriren und
unter dem Einfluss krimineller Elemente zu echten Verbrecher-
banden werden, wie das schon im vorhergehenden Kapitel bei
Gelegenheit der Beziehungen zwischen Entwicklung und
Kriminalität angedeutet wurde. Ein Beispiel dafür sind die
Molly-Maguire in Pennsylvanien, die anfangs eine Vereinigung
zur Ueberwachung der Verhältnisse zwischen Minen-Besitzern
und -arbeitern bildeten und nach dem Eindringen verbrecherischer Elemente den Staat zwischen 1863 und 1869 terrorisirten und eine grosse Zahl von Verbrechen gegen höhere
Minenbeamte begingen, bis sie 1876 gewaltsam unterdrückt
wurden, wobei 21 Hinrichtungen nöthig waren.[2]

In Italien bestand die 1883 aufgehobene Gesellschaft der
Mano fraterna zu Girgenti anfangs in einer Art Kranken-
und Sterbe-Kasse, degenerirte aber schnell. Alle Mitglieder
waren zur Förderung der Vereins-Interessen, zur Beschützung
der Frauen, zur Rache für den Genossen zugefügte Beleidigungen, zur Unterstützung angeklagter Genossen verpflichtet;
das führte schliesslich zu Mordthaten, zu denen die Einzelnen
durch Drohungen und Einschüchterungen gezwungen wurden.
Die ehrlichen Mitglieder mussten um ihrer eigenen Sicherheit
willen sich mit Verbrechern verbinden.[3]

---

[1] MARÈ-DARI, *Sciopero e coalizione di operai*, 1887.

[2] R. KRAUSS, Die Psychologie des Verbrechens, Tübingen, 1884.

[3] LESTINOI, *L'Associazione della Fratellanza (Archic. di Psichiatria*,
V, p. 452).

Neben der irischen Landliga, deren Patriotismus sich im
Kampf um die politische und wirthschaftliche Freiheit des
Landes so glänzend bewährt hat, erhoben sich in neuester Zeit
die *Invincibles*, eine aus kaum 200 Mitgliedern bestehende
Sekte, die sich schnell durch Agrar-Verbrechen der verschiedensten Art bemerkbar machte. In ihrer Thätigkeit macht
sich übrigens nicht nur ein deutlich krimineller Einfluss, sondern
auch eine Art Tradition geltend, die unter gleichen Umständen
immer dieselben Verbrechen hervorruft; in der That handelt
es sich um Reproduktion der Verbrechen der *Weissfüsse*
und *Schwarzfüsse* von 1830, die damals das Landvolk zur
Pacht- und Steuer-Verweigerung aufhetzten; diese sind ihrerseits Abkömmlinge der *Whiteboys*, die zehn Jahre früher
einen Krieg gegen protestantische Grundbesitzer führten und
mit Hülfe der ländlichen Arbeiter Morde und Brandstiftungen
begingen.[1]

Eine ähnliche, eigenthümliche Wirkung von religiösem
Fanatismus und Verbrecherthum zeigte die *Mano Negra* in
Spanien, deren sozialistische Färbung durch die 1881 und 1882
in Andalusien herrschende Theuerung und Ausbeutung des
Landvolks begründet war. Ihr Programm enthielt folgende
Stelle: „Das Land ist für das Wohl der Menschen da, die alle
ein gleiches Besitzrecht daran haben; deshalb ist die heutige
soziale Ordnung unbillig; die Arbeiter produziren, die Reichen
aber halten sie auf ihren Gütern in Knechtschaft, deshalb verdienen alle politischen Parteien gleiche Verachtung und gleichen
Hass; jeder durch die Arbeit Anderer erworbene Besitz ist
illegitim. Die Genossenschaft stellt die Reichen ausserhalb
des Völkerrechts und erklärt alle Mittel zu ihrer Bekämpfung für
erlaubt, Feuer und Eisen ebenso wie die Verleumdung." Die
Statuten dieser Bande waren kurz und kategorisch; die Todesstrafe spielte eine grosse Rolle in ihren Bestimmungen. Jedes
Mitglied musste seiner Sektion Vorschläge über die beste Art
einer Brandstiftung, eines Mordes und anderer Angriffe auf das

---

[1] HERVÉ, *Les origines de la crise irlandaise.* — *Revue des Deux
Mondes*, September und Oktober, 1880.

Bürgerthum machen. Hierher gehört die Sekte der *Bieguny* in Russland, deren Mitglieder alles zerstören mussten, was an ihre frühere soziale Lage erinnerte. Der Neophyte wurde wiedergetauft und schwor, sich keiner staatlichen Gewalt zu unterwerfen, jede Beziehung zur Gesellschaft abzubrechen und vagabundirend zu leben. Unter ihnen war das Verbrecherthum stark entwickelt, sie sahen im Kaiser die Verkörperung des Antichristen und in allem, was zur modernen Gesellschaftsordnung in Beziehung stand, Teufelswerk. (*Revue scientifique*, 1888.)

8. Nachahmung. — Wir sahen (s. o. p. 139, 143, 144), wie Verbrechen, Wahnsinn, Hallucinationen epidemisch im niederen Volk auftreten, wie die Nachahmung ein mächtiger Faktor der Rebellion wird. So zeigten (nach FERRARI) die Völker Europas eine Nachahmung revolutionärer Bewegungen Italiens, wie sie in Rom unter Rienzi, in Genua unter Adorno, in Florenz unter den Ciompi, in Palermo unter Alessi, in Neapel unter den Lazzaroni hervortraten. In diese Periode fiel der Hussitenkrieg in Böhmen, die Arbeiteraufstände in freien Städten (Worms, Hall, Lübeck, Aachen), die Steuerverweigerung in Gent, die Freiheitskämpfe der Schweiz, die schwedischen Unruhen unter INGELBERT und die Bewegung der Wycleffiten in England.

Die Schreckensmänner von 93 ahmten, oder afften vielmehr den Helden PLUTARCHS nach (BUCKLE), wie die Napoleoniden die Cäsaren. 1789 wiederholten die Departements die Pariser Unruhen und später die des weissen Schreckens. — ARISTOTELES weist auf den Einfluss von Nachbarstaaten hin; so führte der Einfluss der spartanischen Oligarchie oft zum Fall der Demokratie Athens, und umgekehrt.

9. Historische Tradition. — Jede Revolution — schreibt MACCHIAVELLI — hinterlässt einen Ausgangspunkt für eine zweite; in der That wiederholen gewisse Unruhen die Formen anderer, oft weit zurückliegender Bewegungen; so taucht in Rom das Tribunal wieder mit RIENZI und BARONCELLI auf, und in neuester Zeit mit CICERUACCHIO und COCCAPIELLER.

Die Pariser Kommune knüpft an die Jacquerien, an 1789 an; die Barrikaden werden in Paris so zu sagen eine alte

Tradition, wie in Spanien die Pronunciamentos, in Russland
der Zarenmord, in Mazedonien und Griechenland das Räuber-
wesen etc.

In Italien lebte in den Revolutionären von 1848 das alte
Guelfenthum wieder auf und gewann Männer für sich, die für
politische Neuerungen unempfindlich waren. Die Tradition
des kaiserlichen Rom liess Männer wie DANTE und PETRARCA
die Rassenunterschiede vergessen und die deutschen Kaiser
verehren, obgleich diese fast alle durch Unfähigkeit, Sorglosig-
keit und Begehrlichkeit sich unwürdig zeigten.

Die Theilnahme des Volks an Revolutionen ist gering,
wenn die neuen Institutionen sich von den alten stark ent-
fernen; wo eine Revolution an ein altes Recht anknüpft, wie
BRUTUS dem Volk die Königswürde in dem Opfer-König erhielt,
wie die Kaiser Senat, Tribunen und selbst die republikanischen
Formen bestehen liessen, wie die *Magna Charta* in England
frühere Rechtszustände wahrte, hatten Revolutionen dauernderen
Erfolg; so wählten selbst die demokratischen Guelfen ihren
Capitano del popolo aus dem Adel, wie die Ghibellinen ihren
Podestà. MACCHIAVELLI deutet darauf hin, indem er bemerkt:
„Wer einen freien Staat reformiren will, erhalte den Schein
alter Gewohnheiten, damit bei allen Aenderungen die Menschen
das alte beibehalten glauben, mehr, als das thatsächlich
möglich ist."

10. Unangepasste oder verfrühte Reformen. —
Reformen, welche ihre Zeit noch unreif, das Volk abgeneigt
finden, die somit auf den oben von uns untersuchten Misoneismus stossen, werden, wenn sie gewaltsam octroyirt werden,
die häufigste Ursache von Unruhen, und zwar von vollkommen
legitimen; ich sage legitim, denn solche Reformen sind blosse
Störungen, die ihrer Natur nach unhaltbar sind.

Nur übermächtige oder die menschliche Natur verkennende
Persönlichkeiten können für die vorliegenden Zustände un-
geeignete Maassregeln dekretiren und alte Institutionen zu
Gunsten neuer zerstören, nicht weil diese gefordert werden,
sondern weil sie dieselben unter anderen Umständen haben
wirken sehen. So wecken sie Misstimmung, und, unfähig das

neue an das alte anzuküpfen, schaffen sie ein labiles Gleichgewicht, in dem die Kräfte des Gemeinwesens sich in fortwährend erneuten Unruhen verzehren. So erging es den Reformen ARNOLDS und SAVONAROLAS, so denen COLA DA RIENZIS,
der in Italien eine politische Reform schaffen wollte, deren
Durchführung erst CAVOUR, und nur zum Theil, gelang; so
erging es in Frankreich den Bestrebungen MARCELS, der eine
republikanische Föderation in einer zu verfassungsmässigen
Zuständen unfähigen Zeit gründen, eine progressive Besteuerung, administrative Einheit, Ausdehnung der politischen Rechte
und die Substituirung der königlichen durch die nationale
Souveränität einführen wollte, unter Erhebung von Paris zum
Haupte von ganz Frankreich.[1]

Der Misoneismus des Volks zerstörte alle diese Pläne und
ihren Urheber. Auch CROMWELL fand bei der Einführung der
republikanischen Verfassung in England kräftigen Widerstand,
denn die monarchischen Anschauungen wurzelten zu fest,
und gewann schliesslich, nach sieben royalistischen Verschwörungen und Aufständen innerhalb zweier Jahre die Oberhand.
Gerade für eine republikanische Regierung ist, wie GUIZOT
zeigt, die Zustimmung des Landes unentbehrlich: „man kann
sich wohl Monarchien denken, — und sie haben bestanden —
die auf Gewalt gegründet sind, aber eine Republik lässt sich
nie dauernd entgegen dem Willen und Votum eines Volkes
octroyiren;" und — wie ich hinzusetzen möchte — ebensowenig entgegen der Civilisationsstufe, den Traditionen und
physischen Existenzbedingungen eines Landes. So hat die
Verpflanzung republikanischer Formen aus ihrer nordamerikanischen Heimath nach Mexiko, Guatemala, Peru, unter eine
unwissende Bevölkerung und in ein heisses Klima, nur fortwährend Unruhen hervorgerufen. Und gesunde, langsam
entstandene Institutionen, wie z. B. die Englands, diese spon-
tanen Erzeugnisse der angelsächsischen Rasse und Geschichte,
werden nach der Ueberführung auf den so abweichenden romanischen Boden nur ein Hinderniss politischer Fortschritte, indem

---

[1] *Le cieux neuf*, 1877.

sie, besonders in Frankreich und Spanien, fortwährende parlamentarische und Strassenunruhen bedingen.

Die Manie, alles zu reformiren, führt unvermeidlich zur Kontrarevolution; der Mensch wird schliesslich eines Uebermaasses von Freiheit müde, denn alle extremen Antriebe irritiren ihn schliesslich. Schlimmer ist noch das Geschenk der Freiheit für ein entartetes Volk. Rom konnte frei sein nach Vertreibung der Tarquinier, nicht nach der der Cäsaren; Florenz wurde nicht frei durch das Ende ALESSANDROS VON MEDICI, Mailand nicht durch den Tod PHILIPP VISCONTIS; eine Reaktion ist bei solchen Freiheitsbestrebungen unvermeidlich; denn, wie MACCHIAVELLI schreibt: „Wo die Natur nicht verdorben ist, schaden Unruhen nichts; wo Korruption herrscht, nützen gute Gesetze nichts."

„Alles reformiren wollen heisst: alles zerstören wollen," schreibt Coco von der neapolitanischen Revolution von 1799; damals waren die Revolutionäre nur in Theorien und zur Unzeit thätig, und schufen selbst die ersten Faktoren der Reaktion. Dasselbe geschah, wo mit einem Federstrich der religiöse Glaube oder das öffentliche Gefühl geändert werden sollte, wie durch die Gesetze gegen die Waldenser und Hugenotten, und später bei der Proklamirung der Göttin Vernunft, wie bei der Verfolgung der Anglikaner und Presbyterianer durch die STUARTS.

In Spanien konnte KARL III. mit dem Prestige des Genius und der Autorität den Klerus zurückdrängen und das Land materiell heben; aber das Volk forderte auf den Strassen einmüthig die Rehabilitirung der Jesuiten, und nach dem Sturz des Königs verschwanden alle seine Reformen, ohne eine Spur zu hinterlassen, denn sie waren verfrüht. 1812, 1820 und 1836 zählte die spanische Regierung wohl eifrige Reformatoren in ihrer Mitte, aber sie fielen wegen mangelnder Uebereinstimmung mit den Anschauungen des Volks; 1814 und 1832 vertrieb, wie WALTON [1] schreibt, die öffentliche Entrüstung die liberalen Cortes. Wo der König sich zeigte, brach die Menge

---

[1] *Revolution of Spain*, 1837.

in Verwünschungen gegen die Liberalen, die Verfassung und die Cortes[1] aus.

Die Wiedereinführung der Inquisition durch FERDINAND VII. wurde vom ganzen Volke mit Freudenfeuern begrüsst; dasselbe geschah 1845 und 1851 bei Beginn der Rückgabe der Kirchengüter; 1855, bei einem Versuch gegen den Besitz der todten Hand, griff das Volk zu den Waffen; unter dem Ruf: Die Religion ist in Gefahr, brach der carlistische Aufstand aus, bis 1757 die Rückkehr zu den alten Konkordaten erfolgte.[2]

Fast gleichzeitig fand in Amerika unter ROSAS und QUIROGA die traurige Reaktion des Mutterlandes ihr Gegenspiel; die ethnischen Gesetze bewirken selbst unter so verschiedenen äusseren Bedingungen dieselben Resultate. Auch bei der Einführung gerechter Reformen gegenüber schmählichen, menschenunwürdigen Vorurtheilen tritt an Stelle des Erfolgs eine Reaktion ein, wenn der Versuch heftig und unter ungünstigen Bedingungen gemacht wird.

Die Grausamkeit IWANs IV. weckte in Russland keine Verschwörung, während mehrere unter PETER dem Grossen sich zeigten, als er die Uebergriffe der Geistlichkeit einschränken und Russland vorschnell civilisiren wollte; etwas Aehnliches zeigt sich jetzt in Japan, wo der Adel und die feudalen Dynasten gegen die überstürzten Reformen der liberalen Ministerien reagiren.

LE BON[3] erklärt den den Franzosen in Indochina entgegentretenden Widerstand daraus, dass diese die liberalsten Reformen und die modernsten Ideen Europas Völkern aufdrängen wollen, die zur asiatischen Unbeweglichkeit bestimmt sind und die selbst die mohammedanische Bildung nicht assimiliren können.

So erregte die auf plötzliche Abschaffung der Sklaverei gerichtete Gesetzgebung den amerikanischen Sezessionskrieg, und dieselbe Tendenz wurde in neuester Zeit zum Hauptmotiv

---

[1] *Memoires of Ferdinand*, 1824.

[2] BUCKLE, l. c. IV.

[3] *Sur les colonies. — Revue scientifique*, September, 1889.

der Unruhen im Sudan, so dass selbst ein fanatischer Aboli-
tionist wie GORDON die Nothwendigkeit einsah, zur Sicherung
des Verkehrs die Sklaverei zu dulden; die Reformen TEWFIK
PASCHAS erregten die einzige Erhebung Egyptens, und der
russische Nihilismus hat seine erste Quelle in der auf die
Aufhebung der Leibeigenschaft folgenden Störung.

11. Schlechte Regierung. — Eine Regierung, die
das öffentliche Wohl vernachlässigt und die guten Elemente
verfolgt, stiftet Unruhe und Revolution. Die Verfolgung
macht aus Ideen Gefühle.

Wo die politischen Reformen mit den herrschenden Anschauungen Hand in Hand fortschreiten, giebt es wenig oder
gar keine Störungen, wie in Italien, wo die heutige Regierung
bei aller Unvollkommenheit einen unstreitigen Fortschritt bedeutet, obgleich die Unifikations-Bestrebungen die Unterschiede
der einzelnen Regionen in Klima und Gewohnheiten allzusehr
vernachlässigen.[1]

In Frankreich steigerte die nur für die wohlhabenden
Klassen berechnete Regierung der Orléans die politischen Ver-
brechen und Aufstände, die unter dem caesaro-demokratischen
Regime NAPOLEONS III., der das Volk durch Prunk und soziale
Reformbestrebungen köderte, abnahmen. Das zeigt umstehende
Statistik der in der Zeit von 1826—80 erhobenen Anklagen
wegen politischer Vergehen (einschliesslich der Pressvergehen),
aus der sich ergiebt, dass das Minimum in die Regierungszeit
NAPOLEONS (1851—70) fällt.

BENJAMIN FRANKLIN fasste kurz vor der amerikanischen
Revolution in seiner kleinen Schrift: „Regeln, aus einem
grossen Lande ein kleines zu machen", die Ursachen der
Missregierung, — die sein Vaterland der Revolte in die Arme
trieb, folgendermaassen zusammen:

. „Wollt ihr," so schrieb er nach London, „eure Kolonien
aufbringen und zur Rebellion zwingen? Dafür giebt es ein
unfehlbares Mittel: Betrachtet sie als immer zum Aufstande
geneigt, und behandelt sie dementsprechend; lasst sie durch

---

[1] LOMBROSO, *Tre Tribuni*, 1887. — *Troppo presto*, 1889.

Jahres-Mittel	Im kontradiktorischen Verfahren		Im Kontumacial-Verfahren		Ver- urtheilungen
	Sachen	Angeklagte	Sachen	Angeklagte	
1826—30	13	4	234	401	237
1831—35	90	249	406	640	176
1836—40	13	30	63	91	27
1841—45	4	35	41	66	21
1846—50	9	120	271	533	184
1851—55	4	40	—	—	—
1856—60	1	2	—	—	—
1861—65	1	4	—	—	—
1866—70	1	3	—	—	—
1871—75	10	42	64	124	53
1876—80	—	—	6	11	5
	146	529	1135	1866	703

Militär überwachen, und wenn die Frechheit der Soldaten Revolten hervorruft, so unterdrückt sie mit Kugeln und Bajonetten.

„Zu Gouverneuren wähle man nicht weise, umsichtige
Männer, die Religion, Gesetze und Sitten der Einwohner in
Ehren halten; dagegen dürften sich Verschwender, die ihr Gut
durchgebracht haben, ruinirte Spieler, bankerott gewordene
Spekulanten vorzüglich für diesen Posten eignen.

„Und je hartnäckiger und anmaassender sie sind, desto
besser.

„Wenn ihr fürchtet, dass die Unzufriedenen dadurch noch
nicht genug gereizt worden sind, so achtet nicht auf ihre
Klagen, oder noch besser, straft diejenigen, die sich beklagen.

„Wenn die Bewohner eurer Kolonien glauben, Freiheit
der Person und des Gewissens zu besitzen, so beeilt euch,
ihnen diese Illusionen zu vernichten.

„Sucht ferner, ihren Handel durch unzählige Reglements
zu stören; um eure Steuern noch verhasster zu machen, schickt
aus eurer Hauptstadt Kommissionen von Agenten zu ihnen,
die aus den indiskretesten, schlechtst erzogenen, anmaassendsten
Männern zusammengesetzt sein müssen.

„Diesen weist sodann grosse Gehälter an, auf die durch

sie erpressten Steuern, so dass sie von dem Schweiss und Blut eines arbeitsamen Volkes in empörendem Ueberfluss leben."

Gerade so machte es England mit seinen nordamerikanischen Kolonien, und die Früchte blieben nicht aus. Ebenso ging es in Südamerika, wo die spanische Missregierung nur daran dachte, das Land auszusaugen, und eine Revolution hervorrief, die, indem sie mit dem Mangel jeder stabilen Institution der Rechtspflege, der Gesundheitspflege und des Unterrichts zusammenwirkte, ihrerseits die Ursache fortwährender Aufstände wurde, die erst jetzt nach und nach verschwinden.

12. Militärische Unruhen. — Bei einem Blick auf Tafel VII, welche die auf Seite 58 gegebenen Ziffern graphisch darstellt, bemerkt man, dass in den civilisirteren Nationen allmählich die Revolten aus ökonomischen Ursachen und die Arbeiterunruhen vorwiegen, während die durch Theuerung oder durch militärische oder religiöse Ursachen hervorgerufenen Aufstände, die bei barbarischen Völkern häufig vorkommen, seltener werden oder ganz verschwinden.

Im Orient und in Afrika giebt es, wie die Geschichte zeigt, gar keine anderen Formen und Ursachen der Revolten, und das stimmt mit der Thatsache überein, dass die Unruhen in den verschiedenen Bevölkerungsklassen je nach ihrer Lebenskräftigkeit und sozialen Wichtigkeit ihren Ausgangspunkt finden.

In barbarischen Zeiten und bei barbarischen Völkern befindet sich der Mensch im militärischen oder theokratischen Stadium, und jede Aenderung kann nur einen militärischen oder theokratischen Charakter haben, nur dass je nach den verschiedenen Lebensbedingungen Form und Gelegenheit wechselt: die Niederlagen und Siege, Ausbleiben der Löhnung, die Mittellosigkeit der Zentralgewalt, die einem Truppentheil verliehene übergrosse Machtstellung bilden die Ursache militärischer Aufstände, militärischen Wahlrechts, wie im Alterthum, — wie vor einigen Jahren bei den Tunesiern und Algeriern, bei den Janitscharen der Türken, Egypter, bei den spanischen Aufständen, und in Rom zur Kaiserzeit.

13. Religionen. — Die Religion spielte in den asiatischen und afrikanischen Ländern nicht nur eine Rolle in der

Politik, sondern sie bildet die ganze Politik, — die bald revolutionär, bald reaktionär ist, jedoch dem Wesen der Religion entsprechend, öfter letzteres.

In Indien gründete der Wunderthäter NANAK (1469) die Religion der Sikhs (VINSON, *Les religions actuelles*, 1888), welche den Monotheismus, die Abschaffung der Kasten und die Hoffnung auf das Nirwana zur Grundlage hatte; er hatte sehr wenige Anhänger; unter einem seiner Nachfolger, HAGOWIND, ergriffen die Sikhs die Waffen gegen die fanatischen Muselmanen, und später ebenso unter BANDA. Sie wurden besiegt, gewannen aber bei dem Aufstand der Mahratten neue Kraft und gründeten eine Art von Republik; ihre Zahl beläuft sich heute auf gegen 2 Millionen.

Im VI. Jahrhundert gründete BUDDHA seine neue Religion, die, ähnlich wie das Christenthum, im Lande ihrer Entstehung zurückgewiesen wurde und sich im übrigen Asien verbreitete; der Buddhismus scheint nichts von einer politischen Bewegung an sich zu haben, und doch zielte er im Grunde auf die Aufhebung der Kasten, und seine Anhänger nahmen lebhaft Antheil an den nach ALEXANDERS Invasion entstehenden Kämpfen unter den Fürsten.

MOHAMMED bekämpfte den Fetischismus, eroberte Arabien und gab, obgleich er selbst unwissend[1] war, den Anstoss zu einer, das geistige Leben ergreifenden Revolution, da die Araber in der Zeit von 750—1250, immer zum Zweck oder unter dem Vorwand der Erklärung des Koran, die griechischen Schriftsteller übersetzten und ungeheure lexikalische Sammlungen machten, die sich auch in Europa verbreiteten.

Wie um noch einmal den Parallelismus zwischen Religion und Politik zu besiegeln, dekretirte der Konvent die Verehrung des höchsten Wesens und organisirte Liebesmahle; zugleich folgte das Gesindel der Führung der Geisteskranken KATHARINA THÉOT, der Mutter Gottes, welche die Unsterblichkeit des Körpers predigte und verkündete — sie war 70 Jahr,

---

[1] Fast alle Suren seines Korans sind so sinnlos, dass sie jeder Interpretation trotzen.

— dass sie demnächst wieder jung werden würde. Der Konvent begünstigte die Gesellschaft der Theophilanthropen, die ihren Sitz in Notre-Dame, dem damaligen Tempel der Vernunft, hatten und in Saint Roche, dem Tempel des Genies, vor dessen Altären sentimentale Verse der Klassiker gesungen, Blumen und Früchte geopfert und vier Feste zu Ehren von SOKRATES, ST. VINCENT, ROUSSEAU und WASHINGTON (*Vinson* l. c., p. 427) gefeiert wurden.

In den letzten Jahrhunderten hat der Islam im Orient eine neue geistige Macht anerkannt: die der Heiligen oder Mahdi, deren Charakterzug nicht nur religiöser Feuereifer und hohe Moralität ist, sondern die Extase, die für einen Theil der Schöpferkraft gilt, so dass die auf Extase abzielenden gottgefälligen Exerzitien zur Grundlage eines wahren Kultus wurden und die Brüderschaften und Ordensgesellschaften des Islam als Adepten gewannen.

Viele dieser Heiligen erklärten sich für Gott, wie der verschleierte Prophet des VIII. Jahrhunderts; im allgemeinen gaben sie sich jedoch mehr für Helden Gottes, als für Gott selbst aus; solche Erscheinungen sind in Persien, Arabien, Tunis, Egypten, und zuletzt im Sudan aufgetreten.

Alle wollen reformiren, aber in reaktionärem Sinne, wobei sie ihre Anhänger bis zur äussersten Exaltation erregen. — Während in Europa sich das Nationalitätsprinzip immer deutlicher ausbildet, sind im Orient die Gruppen nach den verschiedenen Religionsgesellschaften gebildet, die eine Vervollkommnung nur in dem Wiedererwachen des Glaubens und der Rückkehr zu den alten Traditionen sehen. — Und das ist natürlich, denn da die Religion immer das alte zu bewahren sucht, ist eine religiöse Revolution von Natur immer reaktionär. — So waren in Italien die Banden des Kardinal RUFFO mit ihrem Schlachtruf: „Vivat Maria" antirevolutionär. Die israelitische Geschichte kennt die Kontre-Revolutionen JEROBEAMS nach der Regierung SALOMONS, der, revolutionär wenigstens auf dem Gebiet der Kunst und Industrie, die Richtung seines Volkes um mehrere Jahrhunderte vorwärts gebracht hatte. [1]

---

[1] RENAN, *Étude d'histoire israélite.* — *Revue d. D. Mondes*, août, 1883.

Jedesmal kam es zu einer Revolution beim Vorgehen gegen die Gebräuche und selbst gegen den Aberglauben eines Landes; so wurde als eine der Ursachen des Anamiten-Aufstandes gegen die Franzosen die geringe Achtung genannt, welche die Europäer für alles beschriebene Papier haben, das dieses Volk verehrt, so dass es Gesellschaften giebt, ausschliesslich zu dem Zwecke, es zu sammeln und in Ehren zu halten; wahrscheinlich schreibt man ihm eine magische Kraft zu. (*Revue bleue*, 1888.) Alle Revolutionen Indiens gegen England wurden durch Verstösse gegen Sitte und Religion des Volkes hervorgerufen; so war die Revolution'der Seapoys, 1857, nicht sowohl durch die gewaltsame Besetzung des Königreichs Auda von Seiten der indischen Kompagnie veranlasst, als durch die Predigten und die übertriebene Proselytenmacherei der englischen Missionäre, welche die Brahminen und Mohammedaner gegen England erbitterten. Dazu kam noch das Gerücht, man wolle die Seapoys-Truppen zum Gebrauch von Patronen zwingen, die mit Schweinefett hergestellt waren. England war deshalb später vorsichtiger gegenüber dem Volksaberglauben, selbst wenn eine Sitte dem europäischen Gefühl absolut widerstrebt, wie die Polygamie oder gar die Polyandrie, die gewisse Bergstämme noch heute haben, oder die Ehe unter Unreifen, die doch als höchst nachtheilig erkannt ist.[1]

1808 fiel die Sekte der Huahabat, Anhänger des MOHAM-MED-BEN-ABEL-HUAB, der die Mission des Propheten leugnete oder wenigstens an seine Stelle treten und zu den Grundideen des Koran zurückkehren wollte, in Syrien ein; sie wurden zurückgeschlagen, aber die Beduinen nahmen ihre Ideen an. Der jüngste Aufstand der Ghilzaid in Afghanistan 1887 ist von den Wabhiti geschürt worden, und dasselbe scheint für die grosse chinesische Revolution von 1855 zu gelten.

In Afrika ist die reaktionäre Revolution ein Werk des Ordens der Senussi, einer Art mohammedanischer Jesuiten, deren erste Aufgabe die ist, die Reinheit der alten Sitten wieder zu

---

[1] DE LANESSAN, *L'extrème Orient et la colonisation moderne.* — *Revue scientifique*, Juni 1888.

beleben, die zweite, die religiöse Autorität in neuer Form zu befestigen, die aber auch mit geschicktem Eklekticismus die übrigen Brüderschaften als Verbündete zulassen: neben wirthschaftlichen Verhältnissen schreibt man ihrer Thätigkeit die Revolution des Sudan zu und alle neueren Unruhen in Algier, Tunis und Tripolis.

Auch in Russland, wo nach den letzten Berechnungen die Sekten gegen 13 Millionen Anhänger zählen, streben diese nach der absoluten Leugnung des Staats, der Gesellschaft und der Familie, — eine wahrhaft adamitische Rückwärtskehrung.[1]

Uebergehen wir die ganz mystischen Sekten, wie die Bieguny oder Flüchtlinge, welche die Ehe für Todsünde halten, die Kristy und Skopzy, welche die Geschlechtsliebe verwerfen und sich deshalb kastriren, so bleiben die Duchobory, welche die Abschaffung der ehelichen und väterlichen Gewalt und des Heeres verlangen und die Regierungsautorität nur als nothwendiges Uebel und innerhalb gewisser Grenzen gelten lassen, die Niemoliaki, die das Gebet, die Hierarchie und jede Autorität verwerfen, und schliesslich die Renegaten, wahre Nihilisten, die an nichts glauben, als an einen Kampf zwischen dem Bösen und dem Guten, in welchem dieses schliesslich triumphiren muss. Aber die jüngste und ausgebreitetste Sekte, welche selbst TOLSTOI vertheidigt, ist die von WASSILI SUTAJEFF in der Gegend von Twer begründete; sie erkennt auf religiösem Gebiete weder Klerus noch äusseren Kultus und Sakramente an, und verwirft auf politisch-sozialem Gebiete den Kriegsdienst, die Rechtspflege, den Handel; und da sie alle Uebel aus dem persönlichen Eigenthum am Boden ableitet, so proklamirt sie als Heilmittel das Kollektiveigenthum, das nicht mit Gewalt herbeigeführt werden soll, sondern durch Predigen und Ueben der Liebe, der Gleichheit, der Brüderlichkeit, der Ergebung. SUTAJEFF war der erste, der seine Lehre befolgte, indem er seine Banknoten verbrannte, weil sie einen fiktiven Werth und somit eine Lüge darstellten, und sein bares Geld an die Armen vertheilte. Dieser religiöse Sozialismus erstrebt,

---

[1] *La Russie sectaire (sectes religieuses)* par N. TSAKNI. — Paris, 1886.

wenn auch durch originelle Mittel, dieselben Ziele, wie die Kollektivisten.

In jedem barbarischen Lande also hat es Revolten gegeben, die durch das Auftreten eines Fanatikers oder eines Verrückten, durch epidemische Hallucinationen, durch Sektenbildung, durch Uebertreibung oder Bedrohung der Priestermacht hervorgerufen wurden und sich in Revolutionen umwandelten, wenn an ihrer Spitze geniale Männer standen, deren Bestrebungen den Bedürfnissen des Landes entsprachen.

14. **Wirthschaftliche Ursachen.** — „Die Thatsachen der Geschichte" (bemerkt mit Recht COGNETTI), „und besonders solche von so verwickelter Natur, wie eine politische Umwälzung, lassen sich nicht von einem Standpunkt aus übersehen; sie enthalten gewöhnlich vielfältige, in inniger Wechselwirkung stehende Elemente, die alle aufmerksam geprüft werden müssen, und dahin gehört das wirthschaftliche Leben mit seinem mächtigen Einfluss" (COGNETTI DE MARTIIS, *I fattori economici della rivoluzione napolitana dell* 1820, Mantua 1872).

„In Rom," schreibt CARLE, „scheinen die Fragen des politischen Rechts einen privaten Charakter anzunehmen, da die grossen Erschütterungen dort vor allem dem Bedürfniss nach einer Kodifikation des Privatrechts zu entspringen pflegten, durch die auf der Plebs lastenden Schuldenmasse oder durch Gesetze über die Vertheilung des ager publicus veranlasst waren."

Der Einfluss der wirthschaftlichen Ursachen ist durch unangreifbare Beweise an den meisten grossen revolutionären Bewegungen der letzten Jahrhunderte von LORIA nachgewiesen (l. c., Kap. IV.).

In England brachen die Klassenkämpfe aus, als der Adel Gesetze zu beschliessen anfing, die den Grossgrundbesitz auf Kosten der Industrie begünstigten. Damals schaarte sich die Bourgeoisie um ELISABETH und siegte mit ihr über den zu MARIA STUART haltenden Adel, um schliesslich CROMWELL zu begünstigen und WILHELM von Oranien[1] auf den Thron zu heben.

---

[1] *La teoria economica della costituzione politica*, 1885.

13*

Aehnliches geschah im XVI. Jahrhundert in Deutschland, wo der durch die Kurfürsten vertretene Adel die politische Gewalt allein in der Hand hatte und durch Handhabung von Ein- und Ausfuhrzöllen Verhältnisse schaffen konnte, die für Kapital und Handel gefährlich waren.

Die durch den Handel bereicherte Bourgeoisie erreichte nicht allein von KARL V. die Aufhebung solcher feindlichen Maassregeln, sondern machte auch gemeinsame Sache mit den damals gegen den Adel sich erhebenden Bauern; als sie jedoch merkten, dass es im Grunde das Kapital selbst war, was diese bedrohten, wandten sie sich bald von den Bauern ab und stimmten LUTHERS Verurtheilung dieser Aufstände zu, welche dann, als sie in den Kommunismus der Anabaptisten ausarteten, in Blut erstickt wurden.

Auch in Italien bildeten die Streitigkeiten zwischen Guelfen und Ghibellinen (wenigstens nach der Ansicht LORIAS) den Deckmantel für die Kämpfe zwischen dem beweglichen und dem Grundbesitz, der durch die Industriellen und Lehnsträger vertreten wurde. [1]

„Alle Revolutionen Italiens waren sozialer Natur", schreibt QUINET. „Die Klassen wechselten, tauschten sich aus; der Adel wurde bürgerlich, das Bürgerthum adlig. Beide verloren sich schliesslich im Proletariat, um wieder mit neuer Kraft daraus hervorzugehen. Bei dem Zustand beständiger zorniger Erregung, in der sich das italienische Rechtsleben im Mittelalter befand, war es natürlich, dass bei jeder Revolution die sozialen Bedingungen schwankten, miteinander kämpften und sich gegenseitig unterdrückten: nirgends und zu keiner Zeit ist eine ähnliche Unbeständigkeit des Besitzes beobachtet worden."

Sogar in den Janitscharen-Revolten fand LORIA den ökonomischen Einfluss heraus, denn in der Türkei, sowie in den

---

[1] Vielleicht ist das eine gewagte Auffassung, aber es fehlt ihr nicht an Beweisen. BONACCORSI z. B., der Podestà von Reggio, wurde, als er der Sache der Armen geneigt schien, von den Ghibellinen verabschiedet. (*Memoriale Potestatum Regiensium*, VIII, 1126.)

andern orientalischen Monarchien nimmt das Eigenthum zwei fundamentale Formen an: der produzirende Besitz der Kaufleute und Ackerbauer und das Lehnsgut, das in den Händen militärischer Würdenträger und in denen der Soldaten liegt. Die Janitscharen z. B. sind Vasallen der Krone und erhalten Grundbesitz als Lohn für militärische Dienste. Nun schreitet dieser mächtige und im Staate herrschende Grundbesitz manchmal zu Exzessen gegen die einflusslose unbewaffnete Bauernschaft; ähnliche Zustände haben in der letzten Zeit des römischen Kaiserreichs und im Mittelalter geherrscht.

In Frankreich bildete sich zur Zeit HEINRICHS III. ein Bund des grundbesitzenden Klerus mit den Bettlern von Limousin und der Auvergne und den Kohlen- und Wasserträgern von Paris gegen Adel und Bürgerthum; dieser Bund suchte durch gegen das Eigenthum gerichtete Gesetze, wie z. B. durch Anordnung freier Wohnung für arme Miether, die besitzenden Klassen zu schädigen, als er vorübergehend triumphirte.

Die französische Bourgeoisie, die lange Zeit der Krone und dem Adel machtlos gegenüberstand und überdies in der Nationalversammlung nicht vertreten war, reizte das Volk zur Revolte und schüchterte dadurch den Hof und die Aristokratie ein. Schliesslich trennte sie sich aber von den unteren Volksklassen, die auf eigene Rechnung die Revolution fortsetzten, die Schreckensherrschaft einführten und sich schliesslich durch progressive Steuern und durch Ausplünderung unter der Bezeichnung von zinslosen Zwangsanleihen gegen den alten Bundesgenossen wendeten (LORIA).

Die Bourgeoisie rächte sich jedoch durch die Revolution vom Thermidor, welche die Herrschaft der besitzenden Klassen wiederherstellte, erlitt aber neue Verluste nach dem Emporkommen NAPOLEONS infolge der hohen Steuern und der Blockaden, während die kleinen Leute von der durch die fortwährenden Kriege bedingten Lohnerhöhung profitirten.

Deshalb suchte die Bourgeoisie den Sturz NAPOLEONS zu beschleunigen, indem sie während des Krieges gegen die Alliirten MARMONT zur Kapitulation zwangen und den Kurs der fünfprozentigen Rente auf 45 herabdrückten. Auch die

Restauration fand wegen ihrer feudalen Tendenzen keinen Beifall bei ihr sie verband sich in der Juli-Revolution mit dem Volke und setzte Louis Philippe auf den Thron. Nach Roscheu wäre auch der heutige Nihilismus hervorgerufen durch den Konflikt zwischen der grundbesitzenden und der beweglichen Bevölkerung und durch die vom Handelsstande und dem kleinen Grundbesitz den Leibeigenen zum Zweck des Loskaufs gewährte Hülfe; der dadurch geschädigte Adel reagirte darauf durch Verbindung mit den Enterbten und allen Feinden der Bourgeoisie (Loria).

Das Gedeihen Chinas ist, wie Tschen bemerkt, abhängig von den das Land befruchtenden Bewässerungsanlagen, und jeder Kaiser, der das Kanalnetz vernachlässigte, verlor seine Macht oder wurde abgesetzt (*Revue scientifique*, 1889).

15. Steuern und Münzsystem. — Nicht selten verschlimmern Regierungen, welche die wirthschaftlichen Gesetze nicht kennen, eine schon bestehende Störung des Gleichgewichts und erregen dadurch Aufstände; so war eine der Ursachen der französischen Unruhen im Jahre 1360, dass unter den Valois in einem Jahre 26 Mal der Kurs der Gelder verändert wurde, und auch die sizilianische Vesper entsprang nach Amari zum Theil aus der Missstimmung über die Münzverschlechterung durch die Regierung (Loria).

Jedes Jahr einmal oder öfter prägte man in Messina und Brindisi Scheidemünze aus einer elenden Legirung von sehr geringem Silbergehalt; und als der Verkehr die Münze nicht aufnehmen wollte, zwang man die Einwohner jedes Dorfs und jeder Stadt, die Münze zu einem übertrieben hohen Kurse anzunehmen und mit guten Silber- und Goldmünzen zu bezahlen; bei diesem Münzgeschäft gewann die Regierung mehr als 80 Prozent;[1] häufiger jedoch veranlasst die Besteuerung Revolten. So gab es in Russland erst Unruhen, als die übertriebenen Steuern die Verzweiflung des Volkes erregten, das aus seinen Wohnsitzen floh und sich dem Räuber Stenko Rosino anschloss, unter dessen Führung viele Städte erobert

---

[1] M. Amari, *Storia dei Vespri Siciliani*, 2. ed.

würden, der aber schliesslich hingerichtet wurde. Andere Unruhen entstanden wegen Steuerdrucks in Nischni-Nowgorod und
hörten auf, als der Zar seine Rathgeber entliess.

In London kam es 1739 zu Unruhen wegen der Steuern,
welche das Parlament auf gewisse Verbrauchsgegenstände ge-
legt hatte, und das gleiche hatte sich schon ein Jahrhundert
früher unter WALPOLE ereignet, als dieser Minister die nöthigen
Gelder nur durch indirekte Steuern aufbringen wollte.

In Frankreich war vor der Revolution der Steuerdruck
ungeheuer; in der Champagne belief sich die Einkommensteuer
auf 54,18 Franc von 100, und in einzelnen Gemeinden auf
über 71. In Guienne belief sich die Grundsteuer auf ein
Viertel, die Gebäudesteuer auf ein Drittel der Rente; ein Zehntel
ging auf die Kopfsteuer, ein Siebentel auf den Zehnten und
die Erhebungen der Grundherren, und dazu kamen die an Stelle
der Corvée getretene Abgaben, die Gebühren für Zwangs-
erhebung, die Abgaben für Sequestrirung, die regelmässigen und
extraordinären Lokallasten u. s. w.

In Toulouse musste ein Tagelöhner, dessen Lohn einen
halben Franc betrug, bis 8, 9 und 10 Francs Kopfsteuer zahlen.
In Burgund bezahlte ein Handarbeiter, der nichts besass, 18
bis 20 Francs Kopfsteuer und Abgaben. In Limousin ver-
schlangen die Steuern den ganzen Winterverdienst eines
Arbeiters; in der Bretagne blieb einem Handwerker am Ende
des Jahres nach Bezahlung aller Abgaben etwa ein Thaler
übrig, und den nahm die Kopfsteuer.

In Paris bezahlten die ärmsten Gewerbetreibenden, wie
die Händler mit Glasbruch und altem Eisen, 3¹/₃ Francs Kopfsteuer, ein damals nicht unbedeutender Betrag. Die Ein-
treibung geschah ganz fiskalisch und erbarmungslos; im Hungerjahr 1784 legten die Zolleinnehmer Beschlag auf die Möbel,
die der Familienvater verkaufen wollte, um seine Kinder vor
Hunger zu schützen; wer nicht zahlte, wurde ins Gefängniss
gesteckt; noch im Jahre 1785 wurden in einem einzigen Distrikt
der Champagne 85 zahlungsunfähige Besteuerte in Haft genommen (TAINE, *Les origines etc.*. B. I.)

Die Erhebung des Volkes in Neapel unter MASANIELLO,

nachdem es lange unter dem spanischen Joch geschmachtet hatte, geschah zum Theil, weil zu den alle Kräfte erschöpfenden Steuern noch eine Abgabe auf Salz kam; eine andere Erhebung im Jahre 1767 folgte der Einführung eines Zolles auf Feigen, während zugleich in Holland ein Zoll auf Fische zum selben Resultat führte.

Auch wenn eine Steuer berechtigt ist, wird sie, sobald sie eine Klasse besonders trifft und ihre Interessen schädigt, Unruhen hervorrufen: so die Mahlsteuer in Pavia und in der Emilia, der Kataster in Florenz, die sofort nach ihrer Einführung Unruhen in den durch die herrschende Bourgeoisie regierten Provinzen hervorrief.

16. Wirthschaftliche Krisen. — Handels- und Industriekrisen haben eine grössere Bedeutung für Aufstände und Lokalunruhen, als für Revolutionen.[1]

In Rom, wo nach CARLO[2] die grossen politischen Bewegungen entweder der auf der Plebs lastenden Schuldenbürde oder der Agrargesetzgebung entsprangen, war während der erbitterten Kämpfe zwischen Konsulat und Tribunat die wirthschaftliche Entwicklung durchaus nicht gestört; SPURIUS CASSIUS, dessen agrarischer Gesetzesvorschlag die Vertheilung staatlichen Grund und Bodens an arme Bürger verlangte, fand im Volke keinen Anklang, sondern wurde getödtet, weil er auch für die latinischen Bundesgenossen einen Antheil an dieser Maassregel verlangte.[3]

Nach HEGEWISCH ist im Alterthum nicht eine einzige Revolution durch finanzielle Krisen hervorgerufen worden.

In Florenz fallirten in den Jahren 1342—45 dreissig Wollfabrik-Kompagnien (1343 war noch dazu die Ernte missrathen), und doch war diese Periode die wenigst stürmische in Florenz.

Auch im letzten Jahrhundert wurde keine der grossen

[1] Rossi, *Il fattore economico nei moti rivoluzionari.* — *Archivio di psichiatria, scienze penali ed antropologia criminale,* vol. IX, fasc. I.

[2] *Genesi e sviluppo delle varie forme di convivenza civile e politica.* — Torino, 1878, p. 16.

[3] MOMMSEN, Römische Geschichte, Bd. I, p. 288.

Industriekrisen Ursache einer Revolution (England 1797, 1814 bis 1816, Schottland 1817, Frankreich 1818—19, Schottland 1820, England und Frankreich 1825—27, Frankreich 1830 bis 1831, England 1839—41, 1847, Amerika 1857, Europa 1866 bis 1879), so verderblich viele von ihnen auch waren.

In der schottischen Krise von 1820 war der Nothstand der Arbeiter furchtbar; ebenso in der englischen Krise vom Oktober 1825 bis Februar 1826, die den Bankerott zahlloser Banken, Kaufleute und Industriellen herbeiführte und viele Arbeiter brotlos machte; trotzdem kam es nur zu einer leichten Erschütterung. Auch Frankreich blieb 1837—38 ohne Unruhen, obschon die den amerikanischen Krisen folgende Störung so gross war, dass in Lyon allein 20000 Arbeiter feiern mussten, und ebenso England 1839—41, obgleich in diesen Jahren die Anzahl der Fallissements 1500 betrug und das Land sich entvölkerte. England blieb auch während der Krise von 1846 bis 1847 ruhig, die in Irland so elende Zustände herbeigeführt hatte, dass der Staat mehr als 500000 Arbeitern Beschäftigung verschaffen musste und zu diesem Zwecke $2^{1}/_{2}$ Millionen Pfund Sterling für Löhne ausgab; vielleicht haben aber diese Maassregeln Unruhen abgewendet. Es ist heutzutage übrigens überflüssig, die Wichtigkeit des ökonomischen Faktors für das politische Geschick eines Landes zu diskutiren; das Problem steht ungefähr noch so, wie es ARISTOTELES hinstellte, der bemerkte, dass aristokratische Staatswesen von Revolutionen bedroht sind, wenn die einen reich und die andern arm sind, und ebenso demokratische und republikanische, wenn die arme Bevölkerung ohne Grenzen zunimmt. Das war in Rom der Fall, wo die ungeheure Zahl von Freigelassenen eine ganze Klasse von unsicheren Existenzen bildete, während das Handwerk gegenüber der mit Sklaven betriebenen Industrie zu Grunde ging. — CAESAR verringerte, als er das öffentliche Leben beherrschte, das Proletariat dadurch, dass er 80000, meist Freigelassene, zur Gründung von Kolonien fortschickte, und diese Maassregel trug sehr viel zur günstigen Aufnahme seiner Diktatur bei. (MOMMSEN, Römische Geschichte, IV, 478.)

17. Pauperismus; Arbeitseinstellungen. — Für

unsere Zeit liegt die dringendste Gefahr der Entstehung politischer und sozialer Revolutionen in den rein doktrinären Vorstellungen, welche die klassische Nationalökonomie unter der Führung von ADAM SMITH bezüglich des Verhältnisses zwischen Kapital und Arbeit als Axiome zur Geltung gebracht hat.

Der enorme, und besonders durch Börsenspekulationen gesteigerte Abstand zwischen diesen beiden Faktoren hat eine Lücke sichtbar gemacht, welche liberale Doktrinäre allzu eilig überdecken möchten, die aber zweifellos existirt und sich der Beachtung aufdrängt.

Die DARWINsche Theorie als solche geht von der Ungleichheit zwischen den Individuen aus und muss somit die Nothwendigkeit einer Ungleichheit des Besitzes anerkennen; indem sie sich aber auf den Kampf ums Dasein stützt, welcher gerade von der individuellen Ueberlegenheit ausgeht, konstatirt sie ein Recht auf diesen Kampf, den schwache Individuen auf dem Wege der Assoziation gegen die Starken führen müssen, auch auf Kosten ihres Lebens.

Das Gefühl der Humanität, das zuerst von Christus ausging und seitdem nicht ganz schwach geworden sein kann, darf, auch wenn es die DARWINsche Theorie gegen sich hat, nicht gestatten, dass ein Mensch, welcher arbeitet, Hungers stirbt, oder dass er, wenn er nützlich ist oder nützen will, keine Arbeit findet.

In Italien gilt das vor allem für die agrarische Frage, deren ernste Bedeutung aus der von JACINI geleiteten Enquête hervorgeht; JACINI musste sich dahin aussprechen, dass das grosse Elend der Arbeiter in vielen Provinzen Italiens, auch den wohlhabendsten, nirgends in Europa ein Seitenstück findet, ausser in Irland.[1]

Nun ist es lächerlich, zu sehen, wie unsere Demagogen nach einer Arbeiterfrage in den Städten suchen, wo sie kaum aufzutauchen anfängt, während sie die zweifellos viel dringendere Frage der ländlichen Arbeiter ignoriren.

Wenn man sieht, dass Tausende von Arbeitern auf dem

---

[1] *Proemio all' Inchiesta Agraria.*

Lande von verdorbenem Mais leben müssen, ohne dass lange
Zeit hindurch Jemand daran gedacht hat, sie zu schützen, und
dass diese endlich gefasste Idee im Parlament keine Vertretung
findet; wenn man sieht, dass in den Alpen-Distrikten Kropf
und Kretinismus die ganze Bevölkerung durchseuchen und
andere Krankheiten, wie Taubheit, Taubstummheit, Albinismus
hervorrufen, nur deshalb, weil man zu seiner Bekämpfung
nicht den hundertsten Theil der Summen ausgeben will, die
für unnütze Monumente, für Fortleitung gesunden Wassers
ausgegeben werden; wenn man bedenkt, dass in vielen Tief-
ebenen Italiens, vor den Thoren der beiden grössten Städte
die Malaria herrscht und die Bevölkerung decimirt,[1] so muss
man zugeben, dass der Protest der Bauern auf dem Wege der
Demonstration und der Arbeitseinstellung, wie sie im Gebiete
von Pavia, Mantua und Polesia vorkommen, eine Erscheinung
ist, für welche man die verantwortlich machen muss, welche
jede Fürsorge vernachlässigen.

Strikes sind ein Ventil und zugleich ein Warnungszeichen,
ein Symptom wirthschaftlicher Missstände, gesteigerter Gegensätze
zwischen Kapital und Arbeit. Freilich hat ein lokalisirter Strike
den Anschein der brüsken Auflösung eines lästigen Vertrages;
betrachtet man aber ihre schnelle Ausbreitung auf ein weites
Gebiet und von einem Arbeitszweig auf den andern, die stürmische, oft brutale und blutige Form des Auftretens gegenüber
den herrschenden Klassen, die durch sie bedingte Störung des
ganzen wirthschaftlichen Lebens, so muss man sie zu den
Faktoren des politischen Verbrechens rechnen. Die Internationale hat ja auch den Strike für die Vorbereitung zur
Revolution erklärt.

Sobald in Belgien sich die Andeutung eines beginnenden
Strikes zeigt, sucht die anarchistische Partei daraus ihren
Vortheil zu ziehen und veranlasst die Arbeiter durch die
Forderung allgemeinen Stimmrechts zu Gewaltthaten. Zugleich

---

[1] Von den 5258 Gemeinden Italiens sind 2813 mit 11½ Millionen
Einwohnern der Malaria unterworfen, und in 2025 anderen Gemeinden
tritt sie ziemlich häufig auf. (BODIO, *Bulletin de l'Institut International
Statistique*, 1887.)

tauchen die Emissäre des französischen und deutschen An-
archismus und Sozialismus auf, hetzen die Arbeiter auf und
schüren im geheimen den Strike, um der Regierung Verlegen-
heiten zu schaffen; so gelang es bei dem letzten Strike in
Charleroy (April und Mai 1887), erst durch Ausweisung der
ausländischen Agitatoren die Strikenden zur Rückkehr an die
Arbeit zu bewegen. In Frankreich waren die Strikes des
Jahres 1882 zu Roanne, Bessège, Molière und in anderen
Industrie-Centren des Südens und die ernsteren Unruhen in
Montceau-les-Mines und Lyon die Wirkung einer sozialistischen
Agitation von höchst politischem Charakter, deren Beginn schon
von der Zeit an fühlbar war, wo nach dem Petersburger
Attentat in einem von RISSAKOFF präsidirten Meeting pro-
klamirt worden war: „die Tyrannen vereinigen sich, um die
Völker zu knechten, deshalb müssen diese sich vereinigen zur
Vernichtung der Tyrannen, der Könige und der Bourgeois.“

Als die zu verwendenden Mittel bezeichneten nicht nur
die geheimen Manifeste diejenigen, „welche die Wissenschaft
darbietet,“ sondern auch Zeitungen, wie der *Droit social* in
Lyon, gaben detaillirte Angaben über die Herstellung und
Verwendung von Dynamit und Nitroglycerin, und forderten
zum Sengen und Plündern auf, was die Strikenden auch genau
befolgten.

Selbst in Amerika strebt die Partei des revolutionären
Sozialismus, deren Föderation ihren Sitz in Chicago hat, nach
einem immer grösseren Einfluss in wirthschaftlichen Krisen,
wie sie besonders infolge der unsinnigen Eisenbahn-Spekulationen
eintreten, zumal bei der Gleichgültigkeit der herrschenden politischen Parteien gegen Arbeiterverhältnisse. Dieser Partei
schreibt man jetzt einen erheblichen Antheil an den zahlreichen Strikes der letzten Jahre zu (160 in 2 Jahren). Diese
Strikes haben die Intervention der bewaffneten Macht nöthig
gemacht, die dann in den Meetings definirt wurde als „ein
unverzeihlicher Missbrauch der Gewalt zu Gunsten der paten-
tirten und privilegirten Räuber.“ (ZACHER, l. c.)

Die sozialistische Partei, und besonders in ihrer radikalen
Richtung, hat also aus den Strikes eine ebenso kräftige wie

gefährliche Waffe gemacht, und ist damit in eine Politik des Kampfes eingetreten; das geht schon aus dem famosen Programm von Eisenach hervor, das die Grundsätze der sozialistischen Partei in Deutschland aufstellte und folgenden sehr bezeichnenden Paragraphen enthält: „Art. 4. Die politische Freiheit ist die unbedingte Voraussetzung der wirthschaftlichen Emanzipation des Arbeiterstandes. Die soziale Frage ist also von der politischen nicht zu trennen, die Lösung jener ist an die Lösung dieser geknüpft, und ist nicht möglich, ausser in einem demokratischen Staate." [1]

Dementsprechend stellt das Programm unter den Forderungen, welche die Agitation der Arbeiterpartei auf politischem Gebiet zu erstreben hat, das allgemeine Stimmrecht, die Diäten für Abgeordnete, die direkte Gesetzgebung und ähnliches auf.

18. Vertheilung. — Die verschiedene Intensität, in der diese einzelnen Faktoren wirken, ergiebt sich aus einem Blick auf Tafel VII, wo die auf Seite 39 gegebenen Zahlen graphisch dargestellt sind. Bei 16 von 142 Unruhen, die im laufenden Jahrhundert vorkamen, oder bei 11,2%, war Theuerung die Ursache; dies Motiv verliert jedoch an Wichtigkeit, da die Hälfte derselben in das Jahr 1847 fallen, wo bekanntlich andere politische Ursachen sich mit der Theuerung verbanden und 4 davon auf Belgien, 3 auf Frankreich kommen, also auf Länder, deren wirthschaftliche Zustände durchaus nicht die traurigsten in Europa sind. Bezüglich anderer wirthschaftlicher Ursachen finden wir 19 Arbeiterunruhen (13,4%) und 13 (9,1%) als Folge finanzpolitischer Gesetze. Das giebt 48 Revolten aus wirthschaftlichen Gründen, oder 29,58%, ein Drittel der Gesamtzahl.

Die grösste Zahl der Revolten infolge wirthschaftlich-finanzieller Gesetze (6) brach in Südeuropa aus (Italien, Spanien, Türkei u. s. w.), und ferner in England, während solche unter anderen nördlichen Völkern nicht verzeichnet wurden; Arbeiterunruhen kamen vorzugsweise in Frankreich und England vor, 6 in jedem Lande, und das Uebergewicht erklärt sich aus der

---

[1] Obiges Citat ist aus dem Italienischen zurückübersetzt. — K

hohen industriellen und kommerziellen Entwicklung dieser Länder. (Vgl. Tafel VII.)

Die Zunahme dieser Ursachen öffentlicher Unruhen in unserer, verglichen mit der alten Zeit, und ihr umgekehrtes Verhältniss zu militärischen Unruhen erklärt sich aus der geschäftlichen Entwicklung und aus der Thatsache, dass (vgl. Tafel VII) sie bei den höchst civilisirten Nationen häufig sind (Frankreich, England, Belgien), welche die neue Zeit charakterisiren; das Gegentheil gilt für die Türkei und Spanien, die sozusagen Reste des Mittelalters sind.[1]

Diese Verhältnisse ergeben sich aus folgender Tabelle. Es kommen:

auf 19 Aufstände in Spanien 5 militärische, 3 wirthschaftl. u. Arbeiter-A.
„ 24 „ „ d. Türkei 9 „ 1 „ „
„ 16 „ „ Belgien 8 wirthschaftl. u. Arbeiter.-A., kein militär.
„ 15 „ „ England 8 „ „ „ „

26 Aufstände waren Soldatenunruhen (18,3 %); bei nördlichen Völkern zählt man einen einzigen, und zwar in Russland, 4 in Zentral-, 21 in Südeuropa; davon kommen 12 auf die iberische Halbinsel, 7 sind Janitscharen-Aufstände, die die Türkei in der kurzen Zeit von 1807—1826 heimsuchten. Die grösste Zahl dieser Militäraufstände brach in warmen Ländern und in der warmen Jahreszeit aus, wie übrigens auch die aus religiösen Ursachen (7 auf 15).

Studentenunruhen kamen nur in Italien, Oesterreich, Deutschland und Russland vor.

26 % der Aufstände hatten politische Ursachen, die mit 3 von im ganzen 5 in der Schweiz überwogen, während in

---

[1] Die Prätorianer-Aufstände und die militärischen Unruhen unter den 30 Tyrannen zur Zeit des GALIENUS kamen zwar im römischen Reich vor, aber zu einer Zeit, wo es barbarisch und halb asiatisch geworden war, was unsere Anschauung bestätigt.

Dabei bedeutete der Werth des Gewählten viel weniger, als die augenblickliche Laune, und so sagte der gegen seinen Willen von den Truppen zum Kaiser ausgerufene SATURNINUS, der wie viele seiner Vorgänger sein Geschick verwünschte, zu ihnen: „Ihr habt einen tüchtigen General verloren und einen erbärmlichen Kaiser bekommen."

Italien 13 auf 22, in Spanien 5 auf 19, in der Türkei 4 auf 14 kamen, somit also in den schlechtstregierten oder in republikanischen Ländern; 14 wendeten sich gegen Könige, gegen das Staatsoberhaupt und politische Parteien; 23 erstrebten Autonomie, Befreiung von ausländischer Occupation oder die Einführung einer Verfassung oder eine Revision. Sowohl geographisch, wie in Beziehung auf die Jahreszeiten finden wir eine eigenartige bestimmte Vertheilung dieser beiden Kategorien politischer Motive.

Die Aufstände gegen König und Staatsoberhaupt brachen der Mehrzahl nach im Frühjahr und in zentraleuropäischen Ländern aus. Unabhängigkeitskämpfe zeigen niemals Abhängigkeit von meteorischen Verhältnissen; die meisten brachen im Winter und im Herbst aus — je 8, und Italien hat davon die Mehrzahl (11 von 22, vgl. Tafel VII).

Sechstes Kapitel.
Interferirende und occasionelle Momente.

1. — Manche Pseudo-Soziologen, die jeder Synthese ungewohnt, immer mit denselben unveränderlichen Formeln jongliren, werden uns entgegenhalten, wie unwahrscheinlich der Einfluss aller dieser physischen Ursachen ist im Schoss der sozialen Probleme, die heute so überwiegen und von jeher in jede Bewegung verflochten waren; aber diese zulassen heisst: nicht zugleich die andern ausschliessen; denn die Faktoren der organischen und damit auch der menschlichen Funktionen sind immer vielfach, und ihre Wechselwirkung, das Dominiren gewisser Faktoren über andere schliesst nicht die Möglichkeit aus, die Wirkung jedes Einzelnen isolirt zu betrachten. Wenn man den Einfluss der Wärme auf die Vegetation betont, so denkt man deshalb nicht daran, den Einfluss des Bodens, des Düngers oder gar des Keims selbst auszuschliessen; die eine

Ursache eliminirt die andere nicht, sondern alle vereinigen sich,
um das Endresultat herbeizuführen.

In allen historischen wie in biologischen Phaenomenen
stossen wir auf eine so enge Verflechtung verschiedener, zum
Theil widersprechender Ursachen, dass man beim Studium der
Dinge oft daran verzweifeln möchte, klar und scharf hineinzu-
blicken; wer mit der analytischen Methode eines TARDE oder
COLAJANNI das verwickelte Gewirr der Thatsachen auseinander-
pflückt, kann dazu kommen, das eine dem anderen' gegenüber-
zustellen und zu demonstriren, dass die Existenz des einen die
Nicht-Existenz des andern erfordert, — ein logischer Triumph,
aber doch ein Gegensatz zu der Natur der Dinge, die trotz
alles anscheinenden Widerspruchs nebeneinander existiren.

Bei fortgesetzter Forschung aber verringert sich die Verwirrung, die Hauptlinien heben sich deutlicher ab; man erkennt
z. B., dass die Hauptursachen eines Phaenomens doch im
Klima, der Industrie, der Rasse, der Genialität liegen, was
nicht ausschliesst, dass andere, weniger schwerwiegende Faktoren unter Umständen in den Vordergrund treten und die
ersteren verdecken.

2. Kulturstufe. — So hätte Polen nach allem, was
wir über die slavische Rasse, den Einfluss des Flachlands, der
Kälte gesagt haben, nie eine Revolution haben dürfen; aber
die schnelle Entwicklung seiner Kultur [1] und seine wesentlich
daraus hervorgehenden Regierungsformen führten zu' einer
Steigerung des Individualismus, welche die einzelnen, einander
nicht ertragenden Männer und Klassen gegeneinander trieb,
bis äusserer Druck aus diesem Lande eins der revolutionärsten
machte.

Jetzt erst ist Russland aus der orientalischen Unbeweglichkeit erwacht, in der es so viele Jahrhunderte verbracht hat,
gewiss nicht, weil Rassenanlage, Klima oder Regierung es
antrieben, — vielmehr wirken Kälte und slavisches Blut hem-
mend —, sondern weil die überraschend anwachsende, in statu

---

[1] Siehe oben. — FILELFO schrieb: „Die Polen gingen den Deutschen
und Ungarn im Studium der Quellen der Beredsamkeit voraus." (VOIGT,
Die Wiederbelebung des klassischen Alterthums, 1881.)

nascendi mächtiger wirkende Kultur es treibt und zugleich die
ökonomische Vielgeschäftigkeit, die der Emanzipation der Leibeigenen folgte.

Wie evolutionistisch, wie revolutionär hätte bei seinem
Klima, seiner Rassenmischung Spanien sein müssen — viel
mehr, als Frankreich und Italien! Aber hier hat die Inquisition, welche die besten Intelligenzen ausrottete und nur die
dem Evangelisten so theuren Armen im Geiste übrig liess, jeden
Schwung der Entwicklung zerstört.

3. Senilität. — In anderen Fällen zerstört eine vorzeitige, schnell verlaufende Vergreisung bei Völkern, die zu
intensiv gelebt haben, jede Spur, jede Tendenz der Entwicklung.

Der Verfall der italienischen Nation, der gerade ihren
glorreichen Erfolgen, ihren allzu blühenden Civilisationen, in
Etrurien, in Rom, in den Stadt-Republiken des Mittelalters
entspringt, stammt etwa vom Jahre 1500 her. Heut stockt
in den damals höchst civilisirten Gebieten — Venedig, Rom,
Florenz, — die Entwicklung, während Genua, Piemont, Sizilien, die an einzelnen jener Entwicklungsstadien nicht theilnahmen, die zur Römerzeit barbarisch waren, oder es gleich
darauf wurden, seit längerer Zeit und heute noch die glänzend-
sten Aussichten auf fortschreitende Entwicklung geben. Auch
Griechenland bezahlt mit seiner Décadence eine harte Strafe
dafür, dass es einst die Höhe geistiger Grösse erreicht hat. In
Belgien ist die vlämische Bevölkerung, die den berühmtesten
Kommunen des Mittelalters und der Geusenzeit entstammt,
heut die schwächste und reaktionärste des Landes. In Toskana liess der alte, bis auf die Lucumonen zurückgehende
priesterliche Einfluss jeden Entwicklungskeim hinsiechen, und
dazu kam noch der Aderlass am Körper der Nation durch
die fortwährenden Verbannungen, „Vermahnungen" und Hinrichtungen der besten Bürger. Im Jahre 1358 wurden 98 der
besten Bürger mit allen ihren Nachkommen etc. durch die
Führer der Guelfen-Parteien von den Listen getrichen oder
„admonirt" unter vergeblichem Protest der Ghibellinen; 1359
wurden 15 admonirt, 1360 : 5, 1365 : 6. 1382 verurtheilte

die triumphirende Anarchie 161 Personen zum Tode, admonirte
Hunderte und verbannte Tausende.

Bulgarien, die letzte in das europäische Konzert ein-
getretene Nation, die einst wegen ihrer Barbarei und Grausamkeit sprichwörtlich war — daher das sprichwörtliche „Bougre"
(*Dict.* Du Change) — verhält sich heute wie eins der verständig-
sten Völker; denn hier hat die Verschmelzung finnischer,
slavischer, germanischer und griechischer Elemente eine weit
fortschrittlichere Rasse ergeben, als die des benachbarten Serbien; die Geschichte hat sie noch nicht erschöpft, wie uns
Italiener, und wie Serbien, dessen Bevölkerung weniger gemischt ist; und diese junge Nation hat, gerade weil sie jung
ist, Jünglinge an ihre Spitze gestellt — Battenberg war
20 Jahre alt, Stambulow ist kaum 30.

4. Aenderung der Umgebung. — Selbst ein so
eifriger Evolutionist wie Ssencer räumt ein, dass die Veränderung äusserer Bedingungen oft zu einem Rückgang der
Entwicklung führen kann. „Das gilt für viele Parasiten-
Spezies, die durch Rückbildung ihre ursprüngliche Struktur
eingebüsst haben. Gelegentlich bedingt die Fortentwicklung
einer Spezies die Rückbildung anderer, die sie in ungünstigere
Wohnsitze, zu schwierigeren Existenzbedingungen forttreibt."
Auch soziale Organismen der Menschenwelt ändern sich in
ungünstigem Sinne (Spencer, *Sociology*, chap. 87) unter
neuen klimatischen oder sozialen Bedingungen, beim Besiedeln
ungesunder Gebiete etc.; solche Vorgänge sind in Cambodja,
in Peru beobachtet worden. Immer hat es Stämme gegeben,
welche den Besiegten in Wohnsitze trieben, die seinem Ent-
wicklungszustande nicht mehr entsprachen, und in dieser Weise
sind, heute inferior erscheinende, Rassen gesunken, oft unter
nicht mehr aufdeckbaren Bedingungen. So haben die Australneger gewisse Reste von auf längst vergangene soziale Organisation hinweisende Institutionen, die sich bei weit entfernten
Rassen wiederfinden. (Verbot der Ehe unter Blutsverwandten,
Circumcision, Entfernung bestimmter Zähne etc.).

Ein gleichmässig heisses Klima macht die Semiten, die
Fellach und Berber in Egypten antirevolutionär; dagegen zeigen

sich die nahe wohnenden Berber Algiers fortwährend aufständisch, jetzt gegen die Franzosen, wie früher gegen die einheimischen Bey von denen einmal sieben an einem Tage hintereinander eingesetzt und wieder ermordet wurden. Erst die von TEWFIK begünstigte Civilisation stimmt dies Element jetzt auch in Egypten revolutionär.

Unter neuen Existenzbedingungen wurde der niederländische Landmann zu nomadisirenden Boeren Südafrikas, wurden die hebräischen Hirten zu einer kommerziellen Rasse, die am Alten hängenden Angelsachsen zu neuerungslüsternen, revolutionären Yankees.

5. Status nascendi. — Die Einwirkung gewisser Faktoren in ganz bestimmten Epochen erklärt sich dadurch, dass in der Soziologie, ähnlich wie in der Chemie, gewisse Einflüsse in statu nascendi eine mächtigere, tiefer greifende Wirkung haben; dem entspricht die physiologische Thatsache, dass die ersten Reize auch bei geringer Intensität stärker empfunden werden, als ihr Zuwachs, und dass die erste Befruchtung auch noch in den Produkten nachfolgender, durch ein anderes Individuum geschehenen Befruchtungen relativ stark nachwirkt; so wirkt das Klima auch da noch ein, wo Rasseneinflüsse seinem Effekt entgegenarbeiten.

„Die Umgebung" (schreibt LE BON in seinem Werke: *Les premières civilisations* 1880) „musste vor allem wirken im Moment der Entstehung von Völkern, vor vollendeter Differenzirung der Rassen; verschmolz dann ein Stamm mit den ursprünglichen Einwohnern seines neuen Sitzes, so verschwand der Einfluss der Vererbung hinter dem der Umgebung."

„Lokale Einflüsse (schreibt SPENCER) wirkten am mächtigsten bei Beginn der Civilisation; nur die festgefügte moderne Civilisation kann auch im ungünstigsten Klima weiterblühen." — Hier finden sich weitere Ursachen für Erscheinungen, wie die, dass in manchen Regionen, z. B. in Florenz, eine hüglige Landschaft der Genialität nicht mehr so günstig ist wie früher.

Heutzutage hat das religiöse Leben kaum noch Einfluss auf die Kulturentwicklung; als es aber in statu nascendi war, begünstigte die dadurch bedingte organische Erregung Aufstände

14*

und Revolutionen; neue Religionen bewirken fast immer einen auf ethischem Gebiete spielenden revolutionären Fortschritt, eine Verjüngung der Charaktere, die diesen Bewegungen gerade die edleren Naturen zuführt, — man denke an die Proselyten des Buddhismus, des Christenthums und der lutherischen Reformation, des Babismus in Persien; ähnliche Erscheinungen begleiten die Bildung neuer Sekten, wie die der Lazaristen, der Quäker, der „Altgläubigen" in Russland; freilich verschwindet dieser Einfluss mit der Konsolidirung, so dass die Religionen schliesslich die Quelle neuer Formen moralischer Depravation werden.

Gewisse neuere, nervenerregende Substanzen — Koka, früher Tabak und Kaffee — wurden ohne andere Störungen, als den Widerstand der Kirche, des eigentlichen Organs des Misoneismus, eingeführt; aber das erstentdeckte Nerven-Stimulans erregte als Aquavit, Alkohol, Amrita etc. eine enorme Bewegung und begünstigte religiöse Neubildungen.

So lange die Nationen ganz isolirt lebten, bildete die erste Rassenmischung den Ausgangspunkt einer rapiden Entwicklung — man denke nur an den Einfluss der dorischen Wanderungen der Römer. Rassenmischung erklärt auch die frühreife Entwicklung der polnischen Civilisation, die nach der ersten Anregung so schnell zum Stillstand kam.

6. Einfluss fernstehender Rassen. — Die Bedeutung des Rassenunterschieds für die Revolution ist sehr überschätzt worden, da dieser Faktor evident ist und schwerer nachweisbare Ursachen verdeckt. Die Sarden leben mit den rassefremden Piemontesen und die Korsen mit den Franzosen einträchtig zusammen; ganz Europa war und ist der Schauplatz einer Mischung und Schichtung ganz heterogener Stämme, während naheverwandte Zweige eines Stamms aus assimilationsfeindlichen Gründen einander fern bleiben; die Polen hassen die ihnen im Slaventhum so nahestehenden Russen, weil sie ihre despotische Verfassung nicht ertragen und sich die russische Sprache nicht aufzwingen lassen wollen, während sie sich den blutsfremden Deutsch-Oesterreichern assimiliren. Dagegen hat der germanische Rheinländer lange Zeit mehr

Hinneigung zu Frankreich, als zu den rechtsrheinischen Brüdern
gezeigt, weil die Erinnerung an die Wohlthaten der französischen Verwaltung ähnliche Lebensgewohnheiten und die
alten Handelsverbindungen die ethnische Affinität überwanden.
Der Hass der Iren gegen die Engländer, denen sie ethnologisch
doch so viel näher stehen, als den so oft herbeigerufenen
Franzosen, erklärt sich nicht durch den blossen Rassengegensatz, sondern vielmehr durch das brutale Vorgehen Englands,
durch die unseligen Besitz- und Verwaltungsverhältnisse Irlands;
hat sich doch das noch mehr als Irland keltische Wales und
das zum grossen Theil rein keltische Schottland ganz mit
England vereinigt.

Eine gute Verwaltung wirkt stark auf Ausgleichung von
Rassegegensätzen, besonders da, wo die Anziehung grosser
Massen auf kleine thätig ist, was wesentlich hingewirkt hat
auf die Verschmelzung der Sardinier mit den keltischen Piemontesen, auf die der durch und durch italienischen Korsen mit
den Franzosen und vor allem auf die der Juden. Dazu kommt
der völkerverschmelzende Einfluss einer intelligenten Kolonisa-
tion, die neue gemeinsame Interessen schafft, besonders bei
tieferem Standpunkt einer der beiden Rassen; so hat Rom die
alte Welt mehr durch seine Kolonisten als durch seine Soldaten beherrscht; heute wiederholen das England und Holland.

Auch die beschämende Erscheinung des Antisemitismus
in unserer Zeit hat man dem Rassengegensatz zuschreiben
wollen; und sicher hat dieser auch da mitgewirkt, wo die
Seltenheit von Mischehen und anderer gemeinsamer Interessen
eine Annäherung beider Rassen nicht zuliess. Dies ist sicher
nicht die einzige Ursache, da sich in Europa noch schärfere
Rassengegensätze im Schosse einheitlicher Völker finden; es
giebt kaum ein Land in Europa, das ohne die Mischung ganz
verschiedener Rassen wäre, wie schon das Durcheinander von
Dolichocephalie und Brachycephalie zeigt; in Frankreich lebt
die keltische Rasse neben der baskischen, lateinischen und
germanischen, wie in England die keltische neben der angelsächsischen und lateinischen. Ueberdies hat in Europa das
Klima die Semiten zu dem Niveau der Arier emporsteigen

lassen.[1] Nur wirken hier zwei Ursachen, die auf Atavismus deuten und darum mächtig sind. Die erste liegt in der Befriedigung, welche das Gefühl der Ueberlegenheit über andere verleiht: ein Rest der alten Herrschaft des freien Ariers über seine Unterthanen anderer Rasse; dies Gefühl verdoppelt sich im Nationalgefühl, weil darin die persönliche Eitelkeit verschwindet und die Nachahmung noch verstärkend wirkt. So erklärt sich der Hass zwischen Russen und Polen wie der zwischen Italienern und Oesterreichern; die einen fühlen sich stolz als Herren und halten ihre Rasse für die höhere; um das zu verstehen, denke man daran, wie der Brahmane über den Sûdra denkt, von dem er sich nicht ungestraft berühren lässt; man erinnere sich der von gelehrten Engländern aufgestellten Theorie von der Entwicklungsunfähigkeit der Irländer.

Der Verachtete reagirt entsprechend auf solche Gefühle, und das vergiftet die gegenseitigen Beziehungen. Eine andere Ursache des Antisemitismus liegt in der Stratifikation des Gedächtnisses. Er geht zurück auf den Hass der Römer gegen dieses Volk, das ihnen zu widerstehen wagte, und im Christenthum erobernd auftrat; dies Gefühl verdoppelte sich im Mittelalter, als der alles beherrschende Klerus daraus eine Pflicht und ein Dogma machte. So fand sich ganz Europa einig in einer Verfolgung, die nicht nur die Freude am Bösen, bei müheloser Bereicherung, gewährte, sondern als verdienstliches Werk galt; die Spuren dieses wilden Hasses sind als unbewusste Tendenzen den Nachkommen der Verfolger geblieben; man nehme dazu die Absperrung in den Städten, die Unterschiede der Sitten, der Ernährung, des Jargons, die Eifersucht weckende Handelskonkurrenz, deren Erfolge die Juden gefährlich für den Einzelnen und das Land erscheinen liessen, und schliesslich ein epidemisches Element, das Legenden und Widerwillen verbreiteten und verzehnfachten.

7. Analoge Wirkung differenter Faktoren. — Während einige Faktoren der Entwicklung ganz verschieden waren, waren andere analog und ergaben durch Zurückdrängen

---

[1] Vgl. C. Lombroso, Der geniale Mensch, 1890.

der ersteren dieselben Wirkungen. So finden wir bei den
Nomaden semitischer Rasse, wie bei denen der kirgisischen
Steppe und des oberen weissen Nils in alter Zeit eine Patri-
archie, vermischt mit hochfliegenden, etwas puritanischen,
religiösen Ideen. Dies vermissen wir später bei den Assyrern
und den Himiariten, die doch Semiten waren; wir finden also
bei verschiedenem Klima und anderer Rasse Uebereinstimmungen,
die bei gleicher Rasse und bei übereinstimmendem Klima fehlen.
RENAN schreibt darüber (*Histoire du peuple d'Israel*, I, 13):
„Die Nomadengewohnheiten und das Zeltleben beider Völker
war der wesentliche Faktor der Auslese in dieser religiösen
Aristokratie. Der grenzenlose Glaube des Nomaden hat zweimal die Welt besiegt. Sein wechselnder Wohnsitz, die Unmöglichkeit, Monumente und Statuen zu besitzen (und dazu
die grosse Einförmigkeit der Steppennatur und die dadurch bedingte Phantasiearmuth), rückten ihm den Gedanken an Tempel-
und Bilderdienst fern. Damit war die Idolatrie ausgeschlossen,
und der Nomade liebte einen einfachen Kultus. Der Nomade
war ein geborener Protestant. Der Regen — für den Arier
die Vollziehung der Umarmung zwischen Himmel und Erde —
ist für den Semiten ein göttlicher Willensakt. Dieser Wille
erklärt ihm alles, erklärt den Blitz, die Morgenröthe, den Sieg,
die Niederlage."

8. Sekundäre Wirkungen der Civilisation. —
Man darf nicht vergessen, dass, wie wir schon oben angedeutet
haben, der Einfluss der sekundären Faktoren den Fortgang der
Jahrhunderte wechselwirkend verstärkt und die primitiven
(physischen) Faktoren zurückdrängt. So haben wir aus der
Statistik entnommen, dass in den letzten Jahren die ökonomischen Verhältnisse sehr intensiv wirken, während sie früher
kaum bemerkbar waren. Wo der Mensch sich auf die einfachsten Bedürfnisse beschränkt, ist es natürlich, dass der verwickelte Koeffizient ökonomischer Einflüsse ganz fehlt, und
dass er dagegen alle anderen überwiegt, wenn die Civilisation
die Bedürfnisse eines Volkes vervielfältigt, so dass es nicht nur
Brot und Wein braucht, wie in früheren Zeiten, sondern auch
noch Tabak, Kakao und Koka aus Amerika, Thee aus China

und Opium aus Indien. Ihrerseits veranlassen diese unent-
behrlichen Substanzen Veränderungen, die Ursachen von Revolten werden können, wie der Alkoholismus, Nikotismus.
Die Civilisation verändert die Völker, und diese Veränderungen
verdoppeln die Ursachen der Entwicklung. So wurden in
diesem Jahrhundert die Bretagne und die Pyrenäen industriell,
und damit wurde ihre Bevölkerung dichter (JACOBY). Das ist
ein Umstand, der in diese Gebiete neue Tendenzen einführen
und sie damit revolutionär machen muss.

Die Ueberanstrengung der Intelligenz, welche die Civilisation
mit sich führt, erzeugt die Neurasthenie, die den Organismus
eines Volkes umgestaltet und dasselbe mehr als alle Einflüsse
von Klima und Rasse unruhig, veränderlich, revolutionär
macht (siehe oben).

9. Kleine Ursachen. Schliesslich wirken auch kleine
Ursachen, von denen sich hunderte unserer Beobachtung entziehen. So waren, wie SPENCER zeigt, heisse Quellen der Anlass
für die Entstehung der ausgebreiteten keramischen Industrie
unter den amerikanischen Stämmen. — Es wurde die Entwicklung des Indo-Europäers dadurch gefördert, dass sein
Besitz von Lastthieren ihm den Verkehr und Transport er-
leichterten; ähnlich wirkt die Mannigfaltigkeit animalischer
und pflanzlicher Produkte, welche die Herstellung von Textil-
produkten, Häusern und Schiffen erleichtert; dagegen kann ein
undurchdringlicher, dichter, an wilden Thieren reicher Wald eine
ganze Entwicklung in Fesseln schlagen. Für Venedig wurde die
es isolirende Lagune und sein, das Massenaufgebot erschwerendes
Kanalnetz Ursache seiner politischen Stabilität.

Holland ist ein kaltes, flaches und damit par excellence
antirevolutionäres Land, und so blieb es, so lange die Kultur
tief stand, aber der Kampf gegen das Meer und gegen aus-
ländische Unterdrückung haben seine Entwicklungstendenz
gesteigert.

10. Revolten. — Eine sehr erhebliche Interferenz liegt
in der Thatsache, auf die wir näher eingehen müssen, dass
zwischen Revolten und Revolutionen mehr Gegensätze als
Berührungspunkte bestehen, da Ursachen, welche die einen

begünstigen, die andern zurückdrängen. So sind die keltischen Völker sehr zu Aufständen geneigt und wenig evolutiv veranlagt; ferner steht die Wärme in direktem Verhältniss zu Revolten, während wahre Revolutionen sich in gemässigtem Klima abspielen; so zeigen die Frauen häufig rebellische Neigungen und niemals evolutive.

11. Gegensätze. — Sonderbarerweise kann dieser Kontrast an einem und demselben Subjekt auftreten, so dass in der Entwicklung eines Phänomens der Anschein eines inneren Widerspruchs zu Tage tritt; das gilt von der Genialität, die dem neurotischen Zustand uralter Rassen entspringt und unter ihnen revolutionäre und geniale Individuen auftreten lässt, welche diese Rassen dann aus durch ihre Senilität bedingtem Ultra-Konservatismus aus ihrem Schoss vertreiben, wie das bei Juden und Venetianern beobachtet worden ist. Aber auch hier hindert der Widerspruch nicht die Koexistenz. So erklärt sich die merkwürdige Erscheinung, dass Buddhismus und Christenthum von der indischen und semitischen Rasse, in deren Schoss sie entstanden, verleugnet wurden und sich ausserhalb derselben verbreiteten.

12 Gelegenheitsursachen. — Hierher gehören die individuellen Einflüsse, die wir im nächsten Kapitel untersuchen werden, und gelegentliche Umstände, die ganz disparat sein können. ARISTOTELES erwähnt, dass Oligarchieen ihr Ende finden, wenn eins ihrer Mitglieder besonders hervorragend ist, und dass sie nach solchem Niedergange auf revolutionärem Wege wieder nach der alten Stellung streben; in Syrakus (fährt er fort) wurde die Staatsform infolge eines Liebeshandels geändert, der zwei hochstehende junge Leute und ihr Gefolge zum Aufstande trieb; und bei der Besprechung der Tyrannenmorde erwähnt er, dass diese gewöhnlich auf persönliche Racheakte zurückzuführen sind, wie z. B. HIPPARCH durch ARISTOGITON und HARMODIUS getödtet wurde, weil er des Letzteren Schwester geschändet hatte, wie PHILIPP von der Hand des PAUSANIAS fiel, weil er ihm Genugthuung für die ihm von ATTOLUS angethane Gewalt verweigerte u. s. w.

In Mitylene verursachte der Streit zweier Erben und in

Delphi ein gebrochenes Eheversprechen langjährige Unruhen; so behauptete man, dass in Florenz die Beschimpfung der Amadei durch die Buonalmonti die blutigen Kämpfe zwischen Guelfen und Ghibellinen veranlasst hätte. HARTWIG erklärt das in seinen „Florentinischen Studien" für eine Legende. Sicher ist, dass ein den Albizzi gehöriger Esel, der einen Ricci auf der Strasse schlug, den Anlass zu einem wahren Gefecht gab. (SACCHETTI II, 159—160.) BACON bemerkt,[1] dass schon Aeusserungen oder lebhafte Antworten von Fürsten den Zündfunken für Aufstände abgegeben haben. GALBA ging zu Grunde, weil er äusserte: „Legi a se militem non emi;" die Soldaten verloren dadurch die Hoffnung, in Zukunft für ihre Abstimmung bezahlt zu werden. Ebenso empörte PROBUS die Soldateska gegen sich durch die Aeusserung: „Si vixero, non opus erit amplius Romano imperio militibus."

Auch in unserem Jahrhundert hatten ernste Unruhen geringfügige Anlässe; so revoltirte im April 1821 Madrid, weil der König eine Prozession nicht hindern konnte oder wollte; Bukarest revoltirte im Juli 1867 gegen das Tabaksmonopol, Manchester im September 1867 wegen der Verhaftung zweier Fenier, und Amsterdam erhob sich im September 1876 wegen der Abschaffung eines Jahrmarkts.

13. Kriege. — Auch die Kriege veranlassen Aufstände. In Athen verloren die Reichen die politische Herrschaft, als sie wegen der Verluste in den Spartanerkriegen sich den Fufstruppen einreihen mussten. In Argos musste die Armee nach der Niederlage gegen Kleomenes den Sklaven das Bürgerrecht geben. In Tarent bekam die Demagogie das Uebergewicht über die Bürger, nachdem diese eine Schlacht verloren hatten, und Syrakus gestaltete nach dem Siege seiner Volksmassen über die Athener die Republik in demokratischem Sinne um. In Athen erhielt die Demokratie das Uebergewicht über den Areopag nach dem Siege der meist aus dem niederen Volk sich rekrutirenden Flotte bei Salamis.

Im Mittelalter veranlasste die Schlacht bei Monteaperti den Sturz der Guelfen, und die Schlacht bei Benevent mit

---

[1] *Essays de Politique*, Paris, 1764.

dem Tode MANFREDS, brachte sie wieder in den Besitz der Gewalt, da die Ghibellinen von selbst theilweise auf die Regierung verzichteten. „Oft überlassen die Oligarchen aus gegenseitigem Misstrauen die Ueberwachung der Stadt Söldnern, deren Führer dann alle beherrscht, wie es in Samos, Larissa, Abydos sich fand" (ARISTOTELES) — und, wie wir hinzusetzen möchten, in Frankreich.

In Polen wurden — nach SOLTYK — die kriegerischen Erfolge zwischen 1587 und 1795 zu mitwirkenden Ursachen am Untergange des Reiches, indem sie die unteren Klassen ohne jede Kompensation belasteten und die Unterthanen anderen Stammes bedrückten.

Der deutsch-französische Krieg schuf das deutsche Reich, oder besser, er kittete es fest, so stark auch im Volk Abneigung dagegen ausgesprochen war; das zeigt die Statistik der politischen Strafthaten in Deutschland, wo die Zahl der Anklagen wegen Majestätsbeleidigung, die von 76 im Jahre 1846 auf 242 und 362 in den Jahren 1848 und 1849 gestiegen war, und bis 1866 dann wieder normale Zahlen gezeigt hatte, nach dem Kriege auf 375 stieg, um 1879—81 wieder auf 132 und 193 zu fallen. Auf der anderen Seite bezeichnete Sedan den Sturz des zweiten Kaiserreichs. Auch die beiden grossen Entwicklungsbewegungen der Israeliten, der Judaismus und das Christenthum, verdanken — nach RENAN — ihre Entstehung den tiefgreifenden Erregungen dieses Volkes durch die Siege der Assyrer und Römer.

Freilich sind die Gelegenheitsursachen, wenn sie Revolten beeinflussen, doch nur ein Impuls für die Entwicklung einer Revolution, d. h. sie bewirken, dass ein dafür ganz vorbereitetes Volk losbricht.

Die Brutalität eines Soldaten und die Zügellosigkeit eines Fürsten gaben den Anstoss zur sizilianischen Vesper und zur Vertreibung der Tarquinier. Welcher Italiener aber, der noch weiss, welche Schandthaten eingedrungene Fürsten und Völker sich in seinem Vaterland ungestraft zu Schulden kommen liessen, kann glauben, dass solche Einwirkungen wahre Ursachen, nicht blosse Anstösse gewesen wären?

Auch die Ausbeutung durch eine einzelne Kaste, auch
wenn sie mehr als vorübergehend ist, muss schon weit
getrieben werden, um ihre Opfer zur Gegenwehr zu treiben;
das zeigen die so lange ohne Protest betriebenen Missbräuche
der Priester, des Militärs, und heute die der Advokaten. So
können die Kriege, die so entschieden aktiv Revolutionen herbeizuführen scheinen, mit gewissen Krankheiten verglichen werden,
welche alte konstitutionelle Leiden offenbar werden lassen; sie
sind aufrührende Störungen, welche die Dienste ergänzen, die
von Genies und Narren noch schneller erfüllt werden; d. h.
sie offenbaren Mängel, enthüllen die Hoffnungen und Wünsche
der Völker und weisen auf die Wege und Mittel ihrer Erfüllung. — Nie ruft eine Schlacht eine Revolution hervor; aber
sie kann den letzten Antrieb geben, ohne den die Revolution,
kaum losgebrochen, erfolglos verläuft, oder ohne den sie erst
später zum Ausbruch gekommen wäre.

Das ist übrigens begreiflich, denn ein Krieg ist eine
Leistung der intellektuellen, ökonomischen und materiellen
Volkskräfte, und damit ist ein unglücklicher Krieg das Zeichen
von Inferiorität der Besiegten; der verletzte nationale Stolz
erhebt sich nur in natürlicher Reaktion gegen die Regierungsform oder den Mann, den man — gleichviel ob mit Recht oder
Unrecht — für die Niederlage verantwortlich macht.

14. Genialität. — Auch für das Genie haben Gelegenheitsursachen eine derartige sekundäre Bedeutung, d. h. ein
mit genialer Anlage geborener Mensch kann auch ausserhalb
ihrer Wirkungssphäre, und oft im Gegensatz zu ihr, sich Andern
offenbaren, ihr Verständniss und ihre Bewunderung gewinnen.
Auch hier fehlen Gegenwirkungen nicht. So erstickt die
Pedanterie der Schule oft das aufkeimende Genie, und doch
würde ohne die Schule dem Genie oft seine Richtung, und
mehr noch ein verständnissvolles Publikum fehlen.[1]

Auch hier können Barbarei oder Eroberung den, besonders
für den status nascendi, so wichtigen Einfluss der Rasse oder
der Bodengestalt eliminiren, oder, wie Griechenland und Italien

---

[1] Vgl. C. Lombroso, *Pazzi ed anomali*, 2. ediz., p. 291.

uns zeigen, die Erschöpfung der Rasse oder eine frühzeitige
Ueberanstrengung des Geistes unterdrücken diese Faktoren.[1]

Auch darf man nicht Entwicklungsprozesse übersehen,
die in anscheinend für Jahrhunderte regungslosen Rassen
(Russland) die lebhafteste Bewegung anregen und den Invo-
lutionsprozess der unter gegebenen Umständen früher geniale
Völker, wie Griechen und Spanier, zu primitiven Zuständen
zurückführt.

Es ist nicht bewiesen, dass materielle Noth das Genie
unterdrückt; oft vielmehr scheint sie als Antrieb und Reiz zu
wirken; ZOLA urtheilt von BALZAC, dass er ohne seine ökonomischen Verlegenheiten uns viele seiner Hauptwerke nicht
gegeben hätte, und ebenso schreibt SCRIBE, dass DRYDEN und
GOLDSMITH durch den Hunger zu Schriftstellern gemacht
wären. Jedoch hemmt wirkliches Elend das Genie, wenn es
dadurch nicht ganz erstickt wird, in seinen Aeusserungen, wie
COLUMBUS und STEPHENSON an sich erfahren mussten. Und
PASCAL meinte, der Reichthum erspare dem Genie zwanzig
Jahre voll Anstrengung. Auf der andern Seite hat JACOBY
gezeigt, dass übermässiger Reichthum, wie unbeschränkte Macht,
die Genialität häufiger unfruchtbar als kräftig werden lassen.

Die liberalen Regierungsformen, die politischen Kämpfe
geben dem Genie Raum zu freierer Bethätigung, vielleicht
aber nur, weil sie es weiter sichtbar werden lassen, während
der Despotismus, der geborene Feind des Genies, es zum
Schweigen bringt oder vernichtet.

---

[1] Vgl. C. LOMBROSO, Der geniale Mensch, 1890.

Siebentes Kapitel.
Individuelle Faktoren: Geschlecht, Alter, Stand und Beruf.

I.
Geschlecht.

1. Die Frau in der Entwicklung der Künste, der Politik u. s. w. — Um einen Beweis für den grossen Unterschied zwischen Revolution und Revolte herauszugreifen, genügt schon der Hinweis auf den merkwürdigen Unterschied, der hier für die individuellen Faktoren hervortritt, besonders das Geschlecht und das Alter.

In der Welt des Geistes fehlt die Frau absolut. Geniale Frauen sind eine fremdartige Erscheinung in der Welt; so hat man schon lange darauf hingewiesen, dass, während auf hundert männliche Klavierspieler tausend weibliche kommen, man nicht eine einzige wirklich grosse Künstlerin kennt, und doch liegt hier gar kein Hinderniss vor, weder ein geschlechtliches noch innerhalb der Empfindungsweise oder unserer Sitten.

Zwar hat sich eine MARY SOMMERVILLE in der Physik ausgezeichnet, wie in der Litteratur GEORGE ELIOT, GEORGE SAND, DANIEL STERN und die STAËL, diese Meister müheloser und feinster Beobachtungen. In der bildenden Kunst glänzen ROSA BONHEUR, die LEBRUN und die MARAINI; eine SAPPHO, eine GAUTHIER, eine DAVIDSOHN gaben der Poesie neue Formen; ELEONORA D'ARBOREA erstrebte in barbarischen Zeiten (1400) eine Reform des Rechts von fast modernem Zuschnitt. STA. CATHARINA DA SIENA gestaltete die Politik und die Religion ihrer Zeit, SARAH MARTIN, eine arme Schneiderin, erwarb sich Verdienste um die Gefängnissreform. Die BEECHER STOWE hatte einen Antheil an der Sklaven-Emanzipation von Nordamerika.[1]

---

[1] LOVATI, *Dizionario biografico delle donne illustri*, Vol. III, Milano 1831. — PRUDHOMME, L., *Répertoire universel des femmes célèbres, ecc.* Paris 1826—27, 4 vol. in 8°. — D'ARBANTES, *Vies et portraits des femmes célèbres*, 1830.

Aber diese genialen Denkerinnen und Dichterinnen sind alle weit entfernt von der Erhabenheit MICHELANGELOS, NEWTONS, BALZACS.

PULCHERIA, LUIGIA D'ANGOT, MARIA DE MEDICI, LOUISE, Mutter FRANZ II., MARIE CHRISTINE, MARIA THERESIA, CATHARINA II., ELISABETH zeigten als Regentinnen gewiss grosse politische Begabung, wie sie für die Sache des Volks Madame ROLAND, die SAND, die ADAM und die FONSECA zeigten; STUART MILL berichtet, dass ein indischer Staat, wenn er klug und kräftig regiert wird, drei unter vier Malen eine weibliche Herrscherin hat (*subjection of women*). Freilich hat man beobachtet, dass, wo die Frauen herrschen, die Männer regieren, was ihren grösseren Erfolg erklären dürfte. Jedenfalls bleibt ihre Anzahl zu beschränkt, um sie auch nur von weitem mit der der Männer zu vergleichen. Es wäre somit in der Politik, wie mit dem Muth, den Frauen wie DONNA CIA, STAMURA, CATHARINA SFORZA, JEANNE D'ARC, die schöne CORDIERA, ANITA GARIBALDI und HENRIETTE CASTIGLIONI so glänzend bewährt haben, wie die Frauen, welche die Belagerung von Rodi, Malta, Siena, Cypern, La Rochelle und Arbois berühmt gemacht haben.[1]

Diese Thatsachen hat man gerade als überraschend und ganz exceptionell genannt. Man könnte wohl sagen, dass die Disparität erheblich geringer wäre, wenn das Uebergewicht der Männer, ihr ausschliesslicher Antheil am politischen Stimmrecht und am Kriegsdienst sie nicht von jeder Bethätigung ausgeschlossen hätte. Immerhin ist es unbestreitbar, dass eine in der Frauennatur liegende hervorragende Fähigkeit für Politik, Wissenschaft etc. sich gerade in der Ueberwindung dieser Widerstände zeigen würde, und die Waffen würden ihnen nicht fehlen, am wenigsten die Ueberläufer aus dem fremden Lager. Das gilt auch von Revolutionen, in denen sie immer (von religiösen abgesehen) erheblich in der Minorität waren; z. B. treten sie absolut nicht hervor in der niederländischen, englischen und nordamerikanischen. Sie gründeten

---

[1] CLRE, *Les femmes soldats*, 1880. FRASSATI, *Le donne elettrici*, 1889.

niemals neue Religionen, waren nie an der Spitze grosser politischer, künstlerischer oder wissenschaftlicher Bewegungen. In dem italienischen Unabhängigkeitskampfe waren sie nicht mehr als mit 1,55 Prozent betheiligt. (Mit 15 gegen 966 männliche Märtyrer der Freiheit [nach D'AYALA und VANUCCI]).

Mehr noch: — nicht gering war die Zahl Derer, die sich jedem fortschrittlichen Streben hindernd in den Weg stellten. Wie das Kind ist die Frau in der That ganz misoneistisch, bewahrt die Gewohnheiten, die Traditionen, die Religion der Väter, wenn die Männer schon davon abgefallen sind. Selbst die Sprache früherer Generationen wird bei gewissen amerikanischen Stämmen von der Frau noch angewendet, während sie den Männern ganz fremd ist. In Sardinien, in Sizilien, in den entlegenen Thälern Umbriens erhalten die Frauen viele alte, aus der Heidenzeit oder aus prähistorischen Verhältnissen übrig gebliebene Anschauungen und Riten, wie die therapeutische Verwendung von Steinen, Kieselpfeilspitzen etc. Dass die Frauen nach kleinen Neuerungen — wie die Mode zeigt — lüstern sind und sie fanatisch begünstigen, hindert nicht, dass sie gerade wegen ihrer gänzlichen Genielosigkeit jede grosse Neuerung hassen, ausser wenn es sich um Frauenemanzipation handelt. „Sie sehen", sagt GONCOURT, „in den Dingen nur die Person, ihre Grundsätze wurzeln im Affekt", — „die grössere Theilnahme an schwachen Individuen und der geringe Sinn für Billigkeit machen sie mehr liebreich als gerecht. Die bei den Frauen für alles Persönliche und Unmittelbare geschwinde und helle Fähigkeit der Repräsentation wird unsicher und unklar gegenüber allem Allgemeinen, Unpersönlichen, sie irren leichter als die Männer, wenn sie Das suchen, was ihnen für das öffentliche Wohl unmittelbar erforderlich erscheint, ohne nach den mit der Zeit unvermeidlichen Missständen solcher Regeln zu fragen. Wie bei den Frauen die Hingabe an Kraft und Autorität überwiegt, streben sie immer die gerade herrschende Gewalt in Staat und Kirche zu unterstützen. Mit sehr viel mehr Achtung vor der Macht als die Männer, schützen sie folgerichtig die Freiheit weniger,

nicht die nominelle, sondern jene wahre Freiheit, die ihre
Grenze nur an den Freiheitsrechten Andrer findet."[1]

Eine gewisse Zahl von Frauen hat an Verschwörungen
und Königsmorden Antheil genommen, — abgesehen aber von
der den Männern gegenüber ganz geringen Anzahl, war ihre
Theilnahme eine sekundäre und, bemerkenswertherweise,
sexuell bedingt. Sie fesselten oder verriethen aus Hass oder
Liebe Verschwörer und Tyrannen, oder sie spielten nur die
Rolle des nebensächlichen Komplicen, wie die Juristen sagen
würden; hervorragend thätig und berühmt wurden sie nur in
den Fällen, wo sie eine lebensvolle Geschlechtsliebe, die sie
so viel tiefer empfinden, antrieb. Derartig war der Fall der
LEONIA, die sich lieber die Zunge abschnitt (und sie war
noch eine Prostituirte), als den Namen ihrer Mitverschworenen
zu nennen. BRUTUS Frau PORZIA beging Selbstmord, um ihn
nicht zu überleben; MARCIA, die ein ihr von FULVIUS anver-
trautes Staatsgeheimniss ausgeplaudert hatte, tödtete zuerst sich
selbst, als sie FULVIUS zum Selbstmord gedrängt sah. Hierher
gehört auch das non dolet, mit dem ARRIA ihrem Mann in
den Selbstmord voranging. HELENA MARKOWICZ wollte mit
ihrem Attentat auf König Milan die ungerechte Verurtheilung
ihres Mannes rächen. Auch DOMIZIA, ROSAMUNDE, MARIA
STUART, JOHANNA von Neapel, KATHARINA II. waren Gatten-
mörderinnen aus erotischen Motiven, nicht eigentlich Königs-
mörderinnen, die ihren Geliebten und sich retten wollten.
Der typischste Fall ist MESSALINE, die zur Polyandrie gelangte, und sicher war ihr Verrath gegen ihren Mann, den
Kaiser, mehr eine geschlechtliche als politische Kaprice.
Aehnliches gilt auch für die Beziehungen zum Mann als
Motiv des weiblichen Selbstmords; zu Hunderten freilich haben
sich heilige Frauen und Märtyrerinnen durch Torturen und
Scheusslichkeiten umbringen lassen, wie die heilige PELAGIA,
die heilige BERENICE, ähnlich den heutigen Nihilistinnen, aber
das erklärt sich, wie wir sehen werden, aus dem Vorwiegen
edler Gefühle, der Scham, der Liebe, der Opferwilligkeit in der
weiblichen Natur.

[1] SPENCER, *Introduction to the Study of Sociology*, cap. XV.

2. Die Frauen im Christenthum. — In der grossen christlichen Revolution nahmen die Frauen allerdings bedeutenden Antheil; die Durchforschung der Grabinschriften in den römischen Katakomben giebt (nach DE ROSSI)[1] dafür folgende Daten:

	Römische Namen	Griechische Namen	Summe
Männer	382	50	432
Frauen	213	19	232
Unbestimmbar	64	9	73

also ein Verhältniss von 40 % für die Frauen, eine enorme Ziffer, wenn man sie mit den entsprechenden Zahlen anderer Revolutionen vergleicht. Die Erklärung liegt, abgesehen davon, dass keine dieser Frauen in erster oder auch nur in zweiter Linie zu nennen ist, darin, dass die neue Religion der Frau eine so andere Stellung sichert, als die antike Welt, und ganz besonders im Orient.

„Les femmes[2] accourraient naturellement vers une communauté, où le faible était entouré de tant de garanties. Leur position dans la société d'alors était humble et précaire; la veuve surtout, malgré quelques lois protectrices, était le plus souvent abandonnée à la misère et peu respectée. Beaucoup de docteurs voulaient, qu'on ne donnât à la femme aucune éducation religieuse. Le Talmud met sur le même rang, parmi les fléaux du monde, la veuve bavarde et curieuse, qui passe sa vie en commérage chez les voisines, et la vierge, qui perd son temps en prières. La nouvelle religion créa à ces pauvres destituées un asile honorable et sûr. Quelques femmes tenaient dans l'Église un rang très-considérable, et leur maison servait de lieu de réunion. — Quant à celles, qui n'avaient pas de maison on les constitua dans une espèce d'ordre ou de corps presbytérial féminin, qui comprenait aussi probablement des vierges et qui joua un rôle capital dans l'organisation de l'aumône. Les institutions, que l'on regarde comme le fruit tardif du christianisme, les congrégations des femmes, les béguines, les

---

[1] *La Roma sotterranea*, 1883, vol. III.
[2] RENAN, *Les Apôtres (hist. d. orig. d. christian.)*, chap. VII.

soeurs de la charité furent une de ses premières créations, le principe de sa force, l'expression la plus parfaite de son esprit. En particulier l'admirable idée de consacrer par une sorte de caractère religieux et d'assujettir à une discipline régulière les femmes qui ne sont pas dans les liens du mariage est toute chrétienne. Le mot »veuve« devint synonyme de personne religieuse vouée à Dieu et par suite de »diakonesse«. Dans ces pays, où l'épouse de 24 ans est déjà flétrie, où il n'y a pas de milieu entre l'enfant et la vieille femme, c'était comme une nouvelle vie que l'on créait pour la moitié de l'espèce humaine la plus capable de dévouement."

Zudem waren die unteren Klassen Roms und Griechenlands durch die ungeheure Ausdehnung des römischen Reiches um ihr Vaterlandsgefühl gekommen und suchten einen Ersatz dafür in Genossenschaften, Vereinigungen, Begräbnisskassen, wo sich neben den Freien auch Freigelassene und Frauen zusammenfanden. Hier knüpften sich Beziehungen, fand man gegenseitige Unterstützung,[1] hier gab es Liebesmahle, von einem ans Christliche streifenden Zuschnitt, und gerade unter der Form eines solchen Begräbnissvereins schlossen die Christen sich zusammen.

3. Die Frauen in der französischen Revolution. — Die französische Revolution hat bei den Frauen die feurigste Theilnahme gefunden, aber die Frauenrechte fanden ja in dieser Bewegung Anerkennung (und theilweise Ausgleichung), und sie hingen derselben besonders anfangs an, wie anderen Modespielereien, so lange es nur Aufregung und Tumult gab, während sie später der Entwicklung und dem Fortschritt sich mit viel züherer Konsequenz entgegenstellten.

„Die Frauen", schreibt GONCOURT (*histoire de la société française* 1879), „liessen sich erst von MESMER einfangen und dann von den Revolutionären; eine Zeitlang steckten sie alle in der Politik, sie interessirten sich nicht mehr für den Musiklehrer oder den Philosophen, sondern für den Deputirten, und versäumten in der Deputirtenkammer das Theater. Auch die

---

[1] ORELLI, *Inscr.*, No. 2409.

Fischweiber machten die Mode mit und wurden die Amazonen
der Revolution. Später, nach der Hinrichtung der Königin.
wechselten sie die Farbe, und auch die Fischweiber wurden
eine Gefahr für die Republik, die ihnen misstrauisch auf die
Finger sah. Später betrieben in den Provinzen die Frauen
die Contre-Revolution, wie in der Vendée, in Anjou und in
Maine. Nach MICHELET kamen auf 100 Anhängerinnen 100
Gegnerinnen der Revolution (*historie de la revol. franç. II.*
186). Er citirt das Wort eines Offiziers in der Vendée:
ohne die Frauen wäre die Republik stabil. Eine selbständige
Revolte gegen die Revolution machten die Frauen in Saint-
Servan; im Elsass läutet eine Pfarrersköchin die Sturmglocke,
kurz die Frauen wurden das Hinderniss des revolutionären
Fortschritts. Im übrigen war unter allen Revolutionärinnen
nicht einmal eine Mittelmässigkeit, die man MIRABEAU oder
DANTON entgegenstellen könnte.[1]

4. Die revolutionären Frauen Russlands; weitere
Ausnahmen. — Bekanntlich figuriren die Frauen in den
politischen Prozessen Russlands in erheblicher Proportion.
Unter den neun Angeklagten im Prozess DOLGUSCHIN waren zwei

---

[1] „L'antiquité n'offre pas de plus noble figure que madame Roland;
ses opinions sont ardentes et pures comme l'enthousiasme, profondes
comme la conviction; son courage touche à l'héroisme. Quelle épouse!
quelle amie! quelle mère! mais hélas! quel homme d'État! Elle a des
sensations politiques au lieu d'idées et devient la perte de son parti dès
qu'elle en devient l'âme.

OLIMPE DE GOUGES est le philosophe de ce groupe; le rôle de Sieyes
semble son rêve. Il ne lui manque qu'une chose, des principes. Elle
se dit nationale et propose que chaque parti choisisse le gouvernement
qui lui convient le mieux. Elle se dit républicaine et demande une
riche liste civile pour le roi. Elle déclare Louis XVI. traître et un an
après elle écrit à la convention pour réclamer le droit de le défendre.

ROSE LACOMBE avait fondé et présidait le club des femmes révolu-
tionnaires. Son éloquence tonnait surtout contre les nobles, qu'elle
voulait faire en masse destituer de tous les emplois. Le hasard la met
en rapport avec un jeune gentilhomme de Toulouse, prisonnier à la Force.
Elle se prend d'amour pour lui: voilà son républicanisme disparu; elle
s'acharne contre Robespierre; elle l'apelle monsieur; elle ne veut pas
moins que renverser la Commune." LÉGOUVÉ. o. c.

Frauen, im sogenannten Prozess der Fünfzig — 8 von 50, unter ihnen die BARDIN, die ganz vortrefflich sprach (auch ein Zeichen der Genialität) und die, nachdem sie glücklich aus Sibirien entflohen war, in der Schweiz durch Selbstmord endete. In dem Prozesse kam es zum Vorschein, dass die Frauen zum Zweck der Propaganda unter den Arbeitern selbst mit 14stündiger Arbeitszeit in ihre Reihen eingetreten waren. Man sieht, wie sehr sie ihrer grossen Sache ergeben waren. In dem Prozess JABOW war unter sechs Angeklagten eine Frau, und in dem der 38 Bauern 3. In den Prozess der Sozialisten waren sechs Frauen verwickelt, darunter fünf aus reicher Familie, die Frau des Obersten GROBISCHEF und die drei Töchter eines Staatsraths, die als Arbeiterinnen aufs Land gegangen waren, um zu agitiren.[1]

Schliesslich waren in dem Prozess gegen die sechs Mörder Kaiser Alexander II. — zwei Frauen verwickelt, von denen die PEROWSKAJA das Attentat organisirt hatte. Bekanntlich war es eine Frau, die das erste Signal für den Terrorismus in Russland gegeben hat, VERA SASSULITSCH, mit ihrem Attentat vom 24. Januar 1878 gegen den General TREPOW, der politische Gefangene grausam hatte knuten lassen. Um zusammenzufassen, kommen auf 109 politische Verurtheilte Russlands 16 Frauen, somit 14,68 Prozent. Für die polnische Revolution von 1830 zählt STRASZEWICZ[2] unter 97 Rebellen 9 Frauen, das sind 7,93 Procent. Die Gründe für diese erhebliche Betheiligung der Frauen am Nihilismus liegen neben speziellen ethnischen und sozialen Verhältnissen darin, dass er die Russland eigenthümliche, mystisch religiöse Stimmung und Tendenz repräsentirt, die aus den Schrecken der Hungersnöthe, Ueberschwemmungen und Feuersbrünste erwachsen und in veränderter Form als politische Tendenz vererbt worden ist. Sie spricht sich aus in der Formel, mit der die Frauen von der Revolution sprechen: „Du bist mein Bräutigam", ganz wie einst die heiligen Frauen und jetzt die Nonnen dem Erlöser

---

[1] MALON, *Histoire du Socialisme.* — Milano, 1879.
[2] *I Polacchi della Rivoluzione del 29. Novembre 1830.*

zuriefen. Dazu kommt gerade im Christenthum die Wonne des Martyriums, die dem Gefühl, nicht der Intelligenz entspringt und stärker bei der Frau als bei dem Manne sprosst. (s. o.) Einige soziale Bedingungen kommen hinzu, zunächst das prinzipielle Cölibat, das in Petersburg besonders das Familienglück ausschliesst und damit die Frau dem Gebiete fernhält, wo sich ihre Fähigkeiten ganz entwickeln können. In einem fünfjährigen Zeitraum kam in Petersburg eine Eheschliessung auf 155 Einwohner, während die Proportion in Berlin 1 zu 115 war, in Paris 1 zu 109, in Moskau 1 zu 137, in Odessa eins zu 107. Man rechnet in Petersburg auf 5 Individuen 4 Ehelose, auf 538 041 im ehefähigen Alter Stehende nur 226 270 Verheirathete.

Petersburg zählt 168 000 unverheirathete oder vom Mann getrennt lebende Frauen und 98 000 verheirathete, dagegen 112 geschiedene Frauen und 24 geschiedene Männer.[1]

Die Konsequenzen dieses Zustandes sind evident; den Frauen wird ihr natürlicher Wirkungskreis entzogen, und sie wenden sich der Politik zu. Weitere Ursachen dieser Erscheinung liegen in der hohen Kultur und Intelligenz der slavischen Frau, die nutzlos versprüht oder revolutionär auflodert, weil ihre Kraft keine legitimen und angemessene Verwendung findet. So waren 1886 in den russischen Universitäten 979 weibliche Studenten inscribirt, darunter 443 im litterarischen, 500 im medizinischen und 36 im mathematischen Kursus; 437 waren Töchter adliger Familien, 84 Popentöchter, 125 stammten aus Kaufmanns- und 10 aus Bauernfamilien. Hier finden sich jene Studentinnen oder, wie sie sich nennen, „Weib-Männer", die ernste Verschwörungen stiften, reichen Erben nachjagen, um die Bundeskasse zu füllen, die Gefangene entführen, die Schliesser bestechen, als Zofen oder Krankenpflegerinnen überall Eingang finden und eine Propaganda machen, in der sie einzig sind. Deshalb nennt sie BAKUNIN seinen „kostbarsten Schatz".[2]

---

[1] *Les scandales de Saint Pétersbourg.* — Paris, 1887.

[2] A. KRAUSS, *Die Psychologie des Verbrechens.* — Tübingen, 1884.

5. Die Frauen in den Revolten. — Im Gegensatz zu den Verhältnissen der Revolution sind die Frauen bei Revolten recht zahlreich betheiligt und gehen den Männern selbst voran, eine Folge der grösseren Erregbarkeit, welche sie mehr Nach-ahmungs-Epidemieen aussetzt und sie zu Exzessen treibt, während sie aus Misoneismus ihre Anschauungen und ihren Partei-standpunkt zu wechseln sich sträuben. „In allen psychischen Epidemieen", sagt Despine[1], hat das Weib sich durch ausser-ordentliche Extravaganz und Exaltation hervorgethan, denn ihre Natur ist instinktiver und erregbarer im Guten und im Bösen. So sind auch ihre sozialen Anschauungen häufiger Ansteckungen unterworfen, und wenn sie in ihrem leidenschaft-lichen Schwunge sich vom Mann gestützt fühlt, übertrifft sie ihn in ihrer Tollheit.

In Italien ist noch die Erinnerung an die Frauen von Palermo lebendig, die das Fleisch der Carabinieri zerhackten, quentchen-weise verkauften und assen, wie 1799 das Fleisch der Republikaner in Neapel gegessen wurde. 1789 waren die Frauen immer auf Seite der Revolte, und zwar auf der der blutigsten Auf-stände (s. o.). Die französische Revolution war von den Phi-losophen und Encyclopädisten vorbereitet worden, in ihren Vorspielen agirten die Frauen in erster Linie. Am 5. Oktober wo die späteren Jakobiner noch doktrinärer waren, führten 5—6000 Frauen, Théroigne an der Spitze, den König gewalt-sam nach Paris zurück, und am 12. Germinal, als Paris bei dem hohen Kurs der Assignaten Hunger litt, insurgirten die Frauen mit dem Ruf nach Brot und erhoben sich am 10. Prairial zum zweitenmal (Quinet). Die Fischweiber schleppten die Männer in den Strassenkampf, warfen sich zwischen Sol-daten und Aufständische und schwelgten in Blut; sie sassen bei patriotischen Festen auf dem Ehrenplatze und bildeten die Klubs der republikanischen Frauen; sie schworen, dass sie, wenn die Nationalversammlung nicht binnen acht Tagen die Aus-weisung der Priester verfügte, gegen sie losmarschiren würden. Marat hetzte sie immer mehr auf. 8000 Frauen mussten

---

[1] *De la folie au point de vue philosophique etc.*, chap. III.

Damen vom Dolche werden, ja die Frauen schienen zu vergessen, dass sie Französinnen waren; sie waren mascula proles. CHARLOTTE CORDAY witzelt in ihrem letzten Briefe über ihr verletztes Schamgefühl. [1]

„Unter den zahlreichen Frauenclubs“, schreibt LEGOUVÉ, „welche sich von 1790 an in Paris zusammenthaten, wurden zwei berühmt, die société fraternelle und die société des republicaines revolutionaires, letztere von ROSE LACOMBE gegründet und geleitet.

Was kam dabei heraus? Ein Werkzeug in den Händen aller Parteiführer zu werden. Wenn man in der Schreckenszeit der Kommune ein terroristisches Votum abgewinnen wollte, wie die Errichtung einer Bildsäule für MARAT, oder das unbeschränkte Recht der Haussuchung, so liess man sie von der société fraternelle beantragen. Wollte man der Nationalversammlung den Maulkorb anlegen, die Stimme VERGNIAUDS ersticken, so liess man die républicaines révolutionaires auf der Tribüne erscheinen. An den Tagen festlicher Hinrichtungen sassen diese Furien im Kreise hart an der Guillotine und klammerten sich an die Bretter des Schaffots, um den Todeskampf näher zu beobachten, und überschrieen das Geschrei der Opfer mit Gelächter und Tanzen. [2]

---

[1] *Histoire de la société française*, 1874.

[2] „Les femmes,“ schreibt er, „ont pénétré sous la Révolution dans le domaine politique, elles y ont usurpé en masse et pendant trois ans plusieurs des fonctions viriles, la presse, les clubs, l'émeute, les champs de bataille les ont vues au premier rang comme nous; cette expérience leur a-t-elle été favorable? C'est ce qu'un rapide examen va nous montrer. J'ouvre les mémoires du temps, j'interroge le pittoresque journal de la mère Duchesne, et j'y lis ces paroles expressives, auxquelles je laisse toute leur verve:

„Avez-vous remarqué,‹ dit la mère Duchesne à sa commère, la reine Andu, ›avez-vous remarqué, depuis que les femmes respirent l'air de la liberté, quel chic ça leur donne! comme ça vous a l'air leste et deluvé maintenant! Mille-z-yeux, comme ça s'efface! Bonnet sur l'oreille à la dragonne, moustaches aux temps dans le genre des crocs du père Duchesne; un air d'aller à l'abordage et avec cela de la décence, quelque chose qui impose!“

„Comme ça pérore dans les clubs, jour de Dieu! Comme ça vous

Vallès sagt in seinem „Insurgé" von den Vorläufern der
Kommune: „Wenn man die Frauen auf die Strasse herabsteigen
sieht, und die guten Wirthinnen den Mann zur Revolte
treiben, — dann ist die Revolution sicher." In der That haben
die Frauen an der Kommune sehr energisch theilgenommen;
sie zeigten sich am wildesten bei der Ermordung der Domini-
kaner, die von einer Frau angeregt worden war. Und bei der
Ermordung der Geiseln übertrafen sie die Männer an Grausamkeit und warfen den Männern vor, sie verständen nichts
vom Morden, wie Valais selbst berichtet. Eine dieser Frauen,
Namens Epilly, wollte bei der Erschiessung von Gefangenen
Feuer kommandiren und schoss schliesslich selber einen nieder;
eine andere bedauerte nach Ermordung der Geiseln, keinem die
Zunge ausgerissen zu haben. Auf die rasende Zerstörungs-
wuth der Petrolösen ist schon oben hingewiesen worden. 1051
Frauen wurden unter 38 568 Gefangenen auf den Strassen von
Paris festgenommen, darunter 246 Strassendirnen; dabei zeigte
sich, dass die auf den Barrikaden bewiesene krankhafte Energie
und Bravour sie dann sofort verliess, so dass sie die Soldaten
in widriger Weise um Gnade anflehten.

Maxime du Camp [1] beschreibt diese Frauen: sie hatten
einen einzigen Ehrgeiz: den Mann an Scheusslichkeiten zu
übertreffen; sie waren grausam, unerbittlich im Aufspüren von
Flüchtigen; als Krankenpflegerinnen gaben sie den Menschen
Vitriol, um sie zu tödten; als Lehrerinnen liessen sie die Kinder
alles verfluchen, ausser der Kommune; in den Klubs verlangten
sie ihre Frauenrechte, die Gleichheit, und verbargen vielleicht
unter der Forderung der Freiheit das Verlangen nach Polyandrie, die sie in der Praxis eifrig ausübten. Zola lässt im
Germinal den Strike von den Männern vorbereiten, dann
kommen die Frauen und unterscheiden sich von ihnen durch

---

fait valoir ses raisons; un mot n'attend pas l'autre; elles vous defilent
leur chapelet... Ah! que les plus habiles s'y frottent! Elles vous le
rélèvent de la sentinelle, de la belle manière! Quant-à-moi, je ne m'y
mêle pas de parlage, la gourmande est mon fait, et puis je suis accou-
tumée à faire le coup de poing avec mon cher époux."" (Legouvé.)

[1] *Les conculsions de Paris*, Tome I.

ihre obscöne Wildheit; sie reissen dem gefallenen Feinde die Genitalien ab und stecken sie als Feldzeichen auf die Stange. Diese hervorragende Betheiligung der Frauen an Aufständen gegenüber ihrer Nichtbetheiligung bei Revolutionen bestätigt noch die evolutive Natur dieser, und die degenerative und regressive jener. Denn den Männern, besonders in früheren Zeitaltern sehr unterlegen, konnten sie evolutive Bewegungen nicht begünstigen, die den Höhepunkt des menschlichen Fortschritts bezeichnen. Jedoch giebt es, wir wiederholen es, bemerkenswerthe Ausnahmen, die sich entweder durch die Genialität erklären, wie bei der Fonseca, der Sand, oder durch lebendige Leidenschaft, wie bei der Roland,[1] oder durch besondere Umstände, wie z. B. in solchen Revolutionen, welche durch grosse Konzessionen zu Gunsten der Frauen deren eigenes Interesse gegen den angeborenen Misoneismus ausspielen, besonders durch Inanspruchnahme des Gefühls.

II.

Alter.

1. Jugend. — Die Jugend ist die Zeit der Erschütterungen und Revolutionen. Hier findet sich die Impulsivität der Frau vereint mit dem Nachahmungstrieb, der Lust an lärmender Bewegung, dem Mangel an Vorbedacht (welche den Misoneismus neutralisiren); es ist vorgekommen, dass die blutige Handlung eines Knaben eine Rebellion einleitete, wie Balilla in Genua, der 13jährige Viala bei der Belagerung von Lyon, der sich zuerst in die Durance warf, die republikanischen Truppen hinter ihm her und, von einer Kugel getroffen, ausrief: Die

---

[1] Madame Roland war von philosophischen und republikanischen Ideen weit über das Niveau ihres Geschlechts hinaus genährt und hatte sich aus den damals herrschenden Prinzipien ihre Religion gemacht. Sie lieh ihrem Gatten ihre Feder und flösste den eigenen Enthusiasmus nicht nur ihm, sondern allen Girondisten ein, die in ihr die Schönheit, den Geist und die eigenen Ideen anbeteten. Beim Betreten des Schaffots beugte sie sich vor der Bildsäule der Freiheit mit den Worten: O Freiheit, welche Verbrechen geschehen in deinem Namen!

Briganten haben mich nicht gefehlt, aber ich bin zufrieden,
für die Freiheit zu sterben.[1]

„Der Florentiner „Biricchino", schreibt COLLODI, „findet
sich immer im Gefolge einer Rebellion; er schreit Abbasso oder
Viva, ohne nach der Partei zu fragen, wenn er nur schreien
und Lärm machen kann." (Profili e nasi.) Die Jugend neigt
zu Exzessen, impulsiv und moralisch unentwickelt wie sie ist,
und so sah man während der Kommune ganz junge Leute
ihr Probestück leisten, indem sie den Kadaver DUBOIS' miss-
handelten, den die Föderirten getödtet hatten. In der Jugend
ist ferner der Altruismus am lebendigsten, sie ist das Alter,
in dem der Mensch, sei es infolge der grösseren Ueppigkeit
des Geschlechtslebens, sei es, weil er die Traurigkeit der menschlichen Natur noch nicht erfahren hat, den Menschen uneigen-
nütziger liebt, das Alter, in welchem der Misoneismus minimal
ist gegenüber der Zeit der Reife und dem Greisenalter, das
jeden neuen Eindruck flieht, und um so mehr jede unge-
wohnte Bewegung.

„Von allen schönen menschlichen Handlungen jeder Art,
die ich erfahren habe", schreibt MONTAIGNE[2] „wurden im
Alterthum, wie in unserer Zeit die meisten von Menschen
unter 30 Jahren ausgeführt". Das stimmt damit zusammen,
was einer von uns über die Frühreife des Genies geschrieben
hat. PITT und NAPOLEON illustriren das auf politischem
Gebiet.

„Ich habe niemals sagen hören", sagt WENDEL, „dass
Revolutionen von Menschen mit Brillen gemacht worden
wären, oder dass das Rauschen neuer Wahrheiten von Denen
gehört wurde, die ein Hörrohr nöthig haben." Freilich (wie
Coco bemerkt bei Gelegenheit der jungen Leute, die als Revo-
lutionskommissäre aus Neapel in die Provinzen geschickt
wurden und planlos alles reformiren wollten) sind Jünglinge
gut dazu, eine Revolution zu machen, aber nicht sie zu
stützen, denn selten sind ihre guten Eigenschaften von Reflexion

---

[1] MICHELET, *Histoire de la Révolution*, I, p. 238.
[2] *Essays*, Tome III, chap. 57.

geleitet und von dem praktischen Sinn, den nur die Erfahrung giebt. Deshalb werden in den Revolten die jungen Leute hervortreten und in wahren Revolutionen die Erwachsenen und die Reifen. So sehen wir, dass unter den 152 in der italienischen Freiheitsbewegung Hingerichteten, deren Biographieen D'AYALA giebt[1], die Periode zwischen 30 und 40 und die zwischen 20 und 30 vorwiegt; es ergiebt sich

zwischen	15 und 20	Jahren	4	zwischen	40 und 50	Jahren	31
„	20 „ 30	„	45	„	50 „ 60	„	18
„	30 „ 40	„	47	„	60 „ 70	„	7

Das Vorwiegen der Periode zwischen 20 und 30 Jahren und einer anderen zwischen 15 und 20 ergiebt sich dagegen nach demselben Autor für 183 gefallene aus den partiellen Revolutionen der italienischen Städte und der Unabhängigkeitskämpfe:

von	15—20 Jahren	59	von	40—50 Jahren	13
„	20—30 „	71	„	50—60 „	7
„	30—40 „	31	„	66—70 „	2

Es handelte sich meist um junge Freiwillige, die danach brannten, für die Freiheit des Vaterlandes zu kämpfen.

In der polnischen Revolution von 1830 überwiegt dagegen die Zeit zwischen 30 und 40 Jahren.

Es fanden sich unter 84 Revolutionären

zwischen	15 und 20	Jahren	2	zwischen	50 und 60	Jahren	7
„	20 „ 30	„	22	„	60 „ 70	„	1
„	30 „ 40	„	32	„	70 „ 80	„	3
„	40 „ 50	„	17				

Unter den 21 Angeklagten der verschiedenen revolutionären Attentate Russlands aus den Jahren 1883—84 finden wir nur einen über 30 Jahr alten, 13 zwischen 25 und 30 und 7 zwischen 20 und 25.

---

[1] *Vita degli Italiani benemeriti della libertà e della patria*, Vol. I, Firenze, 1868; Vol. II, Roma, 1883.

In einem anderen neueren Prozesse wegen einer Verschwörung gegen das Leben des Zaren waren unter 15 Angeklagten 9 Studenten und 2 Kandidatinnen; keiner war über
40 Jahre alt.

Auch in dem Mordprozess gegen Kaiser ALEXANDER
waren die Angeklagten alle unter 30 Jahr, MICHAILOW 21,
die HELFMANN 26, KIBALTSCHITSCH 27, SCHELJABOW 30,
PEROWSKAJA 27, RISAKOW 19. Es ist bekannt, dass sich die
nihilistische Partei wesentlich aus Petersburg und Moskau
rekrutirt; die Universitäten waren geradezu Herde der Rebellion
und oft blutiger, wie der von 1887.

Nach STEPNIAK[1] ging die ungeheure Bewegung der Jahre
73 und 74, welche die neue revolutionäre Aera Russlands
eröffnete, gerade von der Jugend aus. Damals hatte die Regierung die Rückkehr der Studenten aus Zürich befohlen, bei
Androhung der Expatriirung, und hatte so die Propaganda der
von sozialistischen Ideen durchdrungenen Jugend selbst begünstigt. Dazu hatte die Regierung dieser grossen Zahl
intelligenter Jugend öffentliche Anstellung verweigert, und die
Studenten, arbeits- und mittellos, revoltirten und schritten
von der Theorie zur Praxis des Nihilismus über.

2. Das Alter der Rebellen. — Auf 651 in den
Strassen von Paris aufgegriffene bewaffnete Kommunarden
kamen 237 sechzehnjährige, 226 vierzehnjährige, 47 von
dreizehn Jahren, 21 von zwölf, 11 von elf, 4 von zehn Jahren
— und schliesslich ein 8jähriger und ein 7jähriger. Für
76 Mitglieder der Kommune, deren Alter wir noch heraus-
bekommen konnten, ermittelten wir folgende Ziffern:

Zwischen 20 und 30 Jahren	20	Zwischen 50 und 60 Jahren	8
„ 30 „ 40	„ 24	„ 60 „ 70	„ 5
„ 40 „ 50	„ 18	„ 70 „ 80	„ 1

Von 29 Angeklagten in dem berühmten Anarchisten-
prozess von Monceau-les-Mines waren nur 2 älter als 30 Jahre,
2 zwischen 25 und 30, 8 zwischen 25 und 20 und 7 zwischen
17 und 20. In Italien kamen nach der offiziellen Statistik

---

[1] *La Russia sotterranea*, Milano, 1882.

der Jahre 81—85 auf 12 wegen Gefährdung der inneren und äusseren Sicherheit des Staats Angeklagte nur 3 majorenne, 2 waren unter 18, die übrigen 7 zwischen 18 und 21 Jahren alt. Von 16 Anarchisten in Neapel war der eine 44, der andere 45, die anderen unter 30, *(Tribuna guidiz.* 1888 n. 45), während unter 32 mailändischen Anarchisten nur 15 etwas über 30 Jahre alt waren, 6 über 20, und die übrigen 11 noch jünger.

Das Genie, wie in meinem Buche „Der geniale Mensch" gezeigt worden, ist fast immer frühreif.

III.
Beruf.

1. — Die Untersuchung der Revolten und Revolutionen ergiebt als positives Faktum, dass gewisse gesellschaftliche Klassen jeder Auflehnung wechselweise Antrieb und Richtung verleihen, und dass eine Bewegung um so breitere Schichten ergreift, je mehr sie dem Zeitgeist und den Bedürfnissen einer Nation angemessen ist. Das sieht man z. B. in Russland, wo innerhalb zweier Jahrhunderte, bis zur Mitte des neunzehnten, die Revolten nur Palastintriguen waren, denen die Zaren zum Opfer fielen. So wurde JWAN IV. von den Gardeoffizieren WLASSIN und TSCHEKIN erdolcht, PETER III. von den Fürsten ALEXEI ORLOW und BARJATINSKI, PAUL I. von dem Fürsten JASCHWIL, oder von Leuten, die sich für verschwundene Zaren ausgaben, wie die falschen DEMETRII, welche den Söhnen JWANS IV. folgten. Aber seit mehr als 20 Jahren ist die Neigung zum Zarenmord auch ins russische Volk gedrungen; 1866 schoss ein Student, WLADIMIR KARAKOSOW, auf ALEXANDER II.; denselben Kaiser fiel in dem bekannten Attentat der Champs Elysées ein Handwerker BERRESOWSKI an, und am 14. April 1879 machte SOLOWIEW das dritte Attentat. 1880 kam dann der Angriff auf den königlichen Hofzug und am 17. Februar 1880 die Explosion im Winterpalais, bis das Leben des Zaren am 13. März 1881 sein Ende fand.

Die *Tarnowskaja* bemerkt, dass, während in Oesterreich in einem Zeitraum von 5 Jahren nur 4 Personen der höheren

Berufsarten wegen Vergehen gegen das Leben verurtheilt wurden, in Russland 165 Verurtheilungen vorkamen. Diese Differenzen zeigen, wie sich mit der Entwicklung auch die Form des politischen Verbrechens verändert.

Unter den an den politischen Verbrechen theilnehmenden Gesellschaftsklassen muss zunächst zwischen Stadt- und Land-bewohnern unterschieden werden. Es ist schon darauf hin-gewiesen worden, wie die revolutionären Elemente sich leichter aus den grossen Städten rekrutiren lassen, wo die Forschung die Majorität der Nervösen und Irren nachweist. Auf dem Lande wirkt der unzureichende Unterricht der von jeher die Geister abstumpfende Druck, die willigere Unterwerfung unter das Autoritätsprinzip, das der Klerus heute noch so mächtig vertritt, der fast absolute Mangel an Neigung zur Vergesellschaftung und Genossenschaftsbildung dahin, dass es höchst selten zu Koalitionen kommt, ausser bei ganz ausser-gewöhnlichen materiellen Nothständen, wo sie sich auch mit geringer Machtentfaltung niederschlagen lassen.

2. Adel und Klerus. — Es ist bemerkenswerth, dass Adel und Klerus sich in erheblichem Verhältniss auch bei Revolutionen mit fortschrittlichen Zielen betheiligt finden, während sie durch Tradition, systematische Erziehung und Sorge für die Erhaltung ihrer Privilegien fast immer reaktionär sind; (man denke, was den Klerus betrifft, an die Organisirung und Führung des bourbonischen Brigantenthums durch Mönche und Priester, an die bekannte Reaktion in Neapel unter Kar-dinal Ruffo und an die neueren Karlisten-Aufstände in Spanien). Wo eine politische Bewegung die Stellung dieser Klassen ge-fährdet, repräsentiren sie den vollendetsten Misoneismus und damit die absolute Reaktion.[1]

Einen mehr äusserlichen Faktor könnte man in dem oben berührten Umstande finden, dass auch ein freies Volk aus Gewohnheit oder atavistischem Triebe sich gern von Mit-gliedern der Kaste oder Partei kommandiren lässt, von der es einst tyrannisirt wurde, wenn diese ihm nur günstig gesinnt

---

[1] Siehe Cardinali, *I briganti e la Corte pontificia*. — Livorno, 1862.

sind oder sich doch so stellen. „Der Adel", sagt MABLEY, „ist für das Volk eine Art Religion, deren Priester die Edelleute sind." Und GAROFALO ermittelt, dass in Italien auch bei den demokratischen Wahlen cœteris paribus der Name eines Edelmanns fast immer durchdringt. Die Priester sind von vornherein disponirt, weil sie die Fehler ihrer eigenen Kaste und Doktrin sehr genau kennen, und weil sie eine Exaltation mit sich bringen, die der phantasiebefruchtenden Isolirung und den Bizarrerieen des Klosterlebens entstammt. So sah man die erbittertsten Feinde der kirchlichen Dogmen und Missbräuche gerade aus der Geistlichkeit hervorgehen, denn natürlich kann sich nur, wer von der Partei ist, dafür interessiren. Man denke an ARNOLD VON BRESCIA, TELESIUS, GIORDANO BRUNO, SAVONAROLA, CAMPANELLA, SOCIN, CALVIN, LUTHER, SARPI, SPINOZA, AUSONIO FRANCHI, PANTALEO, ARDIGO, TREZZA, und vor allen RENAN u. s. w. In dieser Beziehung ist es merkwürdig, dass der in der Erklärung der Menschenrechte von 1789 als Name für Gott gebrauchte Ausdruck „höchstes Wesen" eingeführt wurde auf Betreiben der in der Nationalversammlung vertretenen Abbés GRÉGOIRE und BONNEFOIS und der Bischöfe von Chartres und Nimes.[1]

Für den Adel kommt hier noch der Einfluss der Degeneration zur Geltung, der zu Anomalieen führt (Beispiel MIRABEAU), abgesehen von persönlichen Rivalitäten, dem Drange, Gleichstrebende schneller zu überflügeln oder jene Schranken zu durchbrechen, welche auch innerhalb dieser Kaste die Mächtigsten gegen die Schwächsten errichten. Dazu kommt eine unmittelbarere Kenntniss der Schwächen bei den Standesgenossen und endlich jene Gegensätzlichkeit der Vererbung, welche die Nachkommenschaft der Verschwender, der Habgierigen und der Ehrgeizigen in eine der elterlichen entgegengesetzte Richtung treibt (RIBOT).

Die Aristokratie verfügt übrigens über die Mittel einer besseren Erziehung und die Gelegenheit, in ihrem Schooss entstandene Genialität und Begabung zur Geltung zu bringen

---

[1] *Revue politique*, 1886.

und in die Oeffentlichkeit einzuführen. So fand GALTON unter den Genies den Adel mit 35 % vertreten, während die so viel zahlreicheren arbeitenden Klassen bloss 20 % stellen und nur die Bourgeoisie, die mit dem Adel an Mitteln wetteifern kann, ihn mit 42 % überragt. ARISTOTELES findet bei der Untersuchung der Ursachen für die Uebernahme revolutionärer Führerrollen durch Aristokraten (*Politikon* V.) als solche entweder einen demagogischen Instinkt, wie bei TRINICUS, unter den 400, und CHARIKLES unter den 30 von Athen, oder Vermögensverfall und eingebüsste Gesellschaftsstellung, oder den Ehrgeiz, Machthaber zu werden oder zu schaffen, wie bei HIPPARINUS, der DIONYS von Syrakus zur Herrschaft verhalf. Aber das gilt so unbedingt nur für die Revolten; in Wahrheit ist es nicht immer persönlicher Ehrgeiz oder Machthunger, was den Adel in die Arme der Revolution treibt. In der römischen Geschichte finden wir gegenüber dem SULLA und CATILINA die opferfreudigen Gracchen, die das Volk gegen ihre eigene Kaste aufrührten; Aristokraten finden wir in Frankreich an der Spitze der Fronde (der Herzog von LONGUEVILLE, die Prinzen CONTI, MARVILLAC), wie später an der Spitze der demokratischen Partei MIRABEAU und LAMARTINE und gegenwärtig ROCHEFORT; in Deutschland GÖTZ VON BERLICHINGEN, EGMONT und HORN in den Niederlanden; in der italienischen Freiheitsbewegung CAVOUR, RICASOLI, D'AZEGLIO; in Russland BAKUNIN, DOSTOJEWSKI, KRAPOTKIN, die PEROWSKAJA u. s. w.

Bezüglich des Einflusses der Degeneration des Adels könnten wir kein treffenderes Beispiel finden, als das der Fürsten SULKOWSKI, die von Anfang des Jahrhunderts an an allen Verschwörungen und Revolutionen ihres Vaterlandes theilnahmen. Sie waren alle abnorm; der erste war der für NAPOLEON I. fanatisirte Fürst JOHANN, der den berühmten Handstreich gegen Gleiwitz machte. Im Kampfe gegen Oesterreich gefangen und in Olmütz internirt, verschwand er eines Tages und blieb verschollen. Er war eine tollkühne und zügellose Natur; sein Sohn MAXIMILIAN, der als Zweitgeborener ohne Mittel war, brachte eine reiche Amerikanerin als Frau nach Europa und verschleuderte sofort ihr ganzes Vermögen.

Er machte seine Reisen mit einer als Page verkleideten Geliebten, die er Baron GUSTAV nennen liess, und die er später mit Fausthieben fortjagte. Inzwischen starb seine Frau, ungewiss, ob an Kummer oder vergiftet; als er in die Gewalt eines anderen Weibes gerathen war, überredete ihn deren Bruder, seine Muttef aus dem Wege zu räumen, um sie zu beerben, und die arme Frau wurde, als sie eines Tages am Fenster stand, durch eine Kugel getödtet. Der Fürst floh vor der Verfolgung nach Wien, das sich schon in vollster Revolution befand, und wurde bei der Attacke auf ein Zeughaus getödtet. Der Erstgeborene, LUDWIG, wollte, als er von der Wiener Revolution hörte, sich mit einer Freiwilligenschar an ihr betheiligen; in Napagedy verhaftet, wusste er zu entschlüpfen, als Lokomotivheizer verkleidet. Nach Amerika entflohen, lebte er da 10 Jahre als Farmer; nach Europa zurückgekehrt, schloss er sich in seinem Schlosse zu Bielitz ab und verliess es nicht wieder. Sein Sohn JOSEPH, ein Verschwender, wurde vor kurzer Zeit in der Irrenanstalt zu Döbling internirt.[1]

Aus den Berichten von Coco über die Revolutionen von 1799 in Neapel ergiebt sich, dass an derselben unter 200 Aufständischen 30 Adlige und 40 Geistliche theilnahmen. Unter 114 nach dieser Revolution Verurtheilten zählt CONFORTI 19 Priester, dabei einen Bischof und 10 Adlige. Eine Studie über 1149 italienische Revolutionäre gab uns 80 Edelleute und 83 Priester; BRIENZA[2] zählt 18 Priester und 4 Mönche unter 629 in Lucania Verurtheilten. — FERDINAND VON BOURBON liess den Bischof von Vico und 16 Priester als politisch verdächtig aufhängen; nach der Erhebung von Neapel, 1837, kam der Priester LUIGI BELMONTE ums Leben; 1849 erschossen die Oesterreicher die Geistlichen BASI und RAMORINO und hängten in Mantua die Priester GRIOLLI, TAZZOLI und GRAZIOLI. Sonst bewaffnete die Vertheidigung der Religion den

---

[1] Dieser Fürst JOSEPH SULKOWSKI wurde bekanntlich, nachdem er aus Döbling entflohen war, von einem rheinischen Gericht für gesund erklärt und gelangte daraufhin wieder in Besitz seiner österreichischen Güter. — Anm. d. Uebers.

[2] Rocco BRIENZA, *Il martirologio della Lucania.* — Potenza, 1882.

Klerus in den Revolten, und in Polen, schreibt Soltyk, bewaffneten Priester die Volksmassen und sammelten sie in den Kirchen.[1] Auch die Jesuiten, die immer die markirtesten Vertreter des Misoneismus waren, die Jesuiten, die heute den Hypnotismus für Teufelswerk erklären und Garibaldi für eine Höllenausgeburt, die das göttliche Recht der Könige unterstützen, heut, wo die Könige selbst nicht mehr daran glauben, — sie transformirten sich, wenn einmal die Fürsten ihnen in ihrer misoneistischen Leidenschaft nicht folgten, zu Königsmördern. So wurden in England 1581 drei Jesuiten wegen Verschwörung gegen das Leben der Elisabeth hingerichtet und noch zwei wegen des Schiesspulverkomplotts von 1605. In Frankreich wurde Pater Guignard wegen Majestätsverbrechen gegen Heinrich IV. enthauptet, 1595, und bald darauf wurde die ganze Gesellschaft ausgewiesen wegen Verdachts der Theilnahme am Morde Heinrichs III. und des Prinzen von Oranien und der Attentate von Barrère und Châtel gegen Heinrich IV. Dasselbe passirte ihnen in Holland wegen Verschwörungen gegen Moritz von Nassau 1598 und später in Portugal nach dem Mordversuch auf König Joseph, wobei drei gehängt wurden, 1766 in Spanien wegen Verschwörung gegen Ferdinand IV. Gleichzeitig wurden in Paris zwei Jesuiten gehängt als Mitschuldige bei dem Attentat gegen Ludwig XV.

Aus Antwerpen wurden sie 1578 als Rebellen vertrieben, weil sie sich dem Vertrage von Gent widersetzten, aus Venedig, wo der Senat sie zum Schutze vor der Wuth des Pöbels von Soldaten eskortiren lassen musste, im Jahre 1606; aus Siebenbürgen 1607, aus Böhmen 1618, aus Mähren, Preussen und Polen 1619. Ein Dekret des Herzogs von Savoyen verbannte sie 1615 als Aufrührer und Rebellen aus Sizilien, und Peter der Grosse aus Russland (1723), weil er vor ihnen nicht seines Lebens und seine Unterthanen nicht ihres Friedens sicher waren.[2]

Wo sie nicht aktiven Theil an politischen Vergehen

---

[1] *La Pologne etc.*, Paris, 1863.
[2] Dall'Ongaro, F., *I Gesuiti giudicati da sè medesimi.*

16*

nahmen, beförderten sie dieselben indirekt durch eine ganze, den Königsmord empfehlende Litteratur; in ihren Büchern beliebten sie sich des Ausdrucks Tyrannicidium zu bedienen. In seinem *De Rege et Regis Constitutione* lobt MARIANA zuerst CLÉMENT und vertheidigt den Königsmord,[1] und zwar, trotzdem das Konzil von Konstanz die Behauptung von der Berechtigung des Tyrannenmords verworfen hatte. MARIANAS Werk wurde später gebilligt von DI SALA (*Tractatus de legibus*), von GRETZER (*Opera omnia*), von BECANO (*Opuscula theologica, Summa theologiae scholasticae*).

Auch Andere hatten ähnliche Ideen geäussert, wie der Pater EMANUEL SA (*Aphorismi confessariorum*), GREGOR von Valenzia (*Comment. Theolog.*), KELLER (*Tyrannicidium*) und SUAREZ (*Defensio fidei. Cath.*), während AZOR (*Institut. moral.*), LORIN (*Comm. in librum psalmorum*), COMITOLO (*Responsa moralia*) jedem Privaten das Recht zusprachen, zur eigenen Vertheidigung den Herrscher zu tödten.[2]

Wir haben hier also die seltsame Erscheinung, dass der Misoneismus zu Handlungen von antimisoneistischem Anschein treibt, die im Grunde genommen ganz und gar reaktionär sind, und man muss davon Notiz nehmen, dass viele dieser Handlungen nur deshalb begangen und entschuldigt wurden, weil ihr Ziel die Beseitigung eines italienischen Fürsten war.

3. **Bourgeoisie und Proletariat**. — Nie ging eine

---

[1] In sonderbarer Weise äussert sich MARIANA über die beste Art und Weise einen König umzubringen: „Man streitet, ob es sich mehr ziemt, Gift oder Dolch zu verwenden. Der Zusatz von Gift zu den Speisen empfiehlt sich besonders, da man seinen Zweck dabei erreicht, ohne sein Leben zu riskiren. Aber diese Todesart wäre ein Selbstmord, und es ist unerlaubt, Mitschuldiger eines Selbstmords zu sein; glücklicherweise kann man sich des Giftes noch auf andere Manier bedienen, indem man Möbel, Kleider und Betten vergiftet; es giebt ein Mittel, welches man nach dem Beispiel der maurischen Herrscher ins Werk setzen muss, die unter dem Anschein, ihre Rivalen durch Geschenke zu ehren, ihnen mit einer unsichtbaren Substanz imprägnirte Kleider schicken, deren blosse Berührung tödtet." (Vgl. *Il diritto della Rivoluzione* di G. CIMBALI, *Antologia giuridica*. Jahrgang 1886—87—88.)

[2] Vgl. GIOBERTI, *Il Gesuita moderno*.

Revolution ausschliesslich vom Adel und Klerus aus; in allen
wahren Revolutionen wirkten die höheren Klassen zusammen
mit den niederen; sobald eine Bewegung sich nur auf eine
Klasse beschränkte, verlief sie fruchtlos, blieb eine Revolte,
nicht eine Revolution. In der Revolution der Niederlande
finden wir die untersten Klassen in den vorderen Reihen.
Schon bei Brügge hatten sie Wunder der Tapferkeit gegen die
Franzosen verrichtet unter der Führung Breidels und des
Webermeisters Coninc. Unter den 36 Opfern der Verfolgung
Albas gegen die Gueusen in den Jahren 1568—1570 fanden
sich 18 Handwerker, 6 Kaufleute, 3 Diakonen und 3 Soldaten.
2 Pächter, ein Gastwirth, ein Schulmeister; aus den höheren
Klassen 3 Edelleute und ein Advokat.[1]

In der englischen Insurrektion von 1640 hatten das Uebergewicht 26 Handwerker und kleine Kaufleute.[2] Chesterford
wurde vertheidigt von 2 Tischlern, 2 Schneidern und 2 Flick-
schustern. Die Mehrzahl der Obersten waren Kaufleute, Bierbrauer, Schneider und Goldarbeiter.[3]

In der französischen Revolution gaben die Grandseigneurs
und der Landadel den ersten Impuls; Advokaten, Litteraten
und die mittlere Klasse setzten sie fort, und der Pöbel und
vulgäre abenteuerliche Fanatiker führten sie zu Ende. (Collot
d'Herbois, ein verlumpter Schauspieler aus Lyon, Herbert,
Theaterbilleteur, Billaud Varenne, ein Schauspieler, Winkel-
schreiber und Schulmeister.) Niemals stand ein Bauer oder
Handwerker an der Spitze der aufständischen Proletarier; Advokaten, Litteraten und Aerzte, wie Marat, St. Juste,
Robespierre und Andere waren die Häupter der Bewegung
von 1789. Der einzige bäuerliche Führer war Chatelineau,
der Royalist der Vendée, ein Revolutionär im reaktionären

---

[1] Le Sandoje Micoló, *Cronique de Tournai*, 1560—1570.

[2] Tussenet, Fox, Pride, Venner, Okei, Voile, Handwerker; Crom-
well, Comwellet, Bierbrauer; Drnser, Berner, Hollender, Hostom,
Dienstboten; Goffre, Sauvays, Vallers, Commis; Tichborne, Packe,
Borebin, Hawet, Berkt, Venn e Coper, Kaufleute; Bond, Rolfe,
Hewsin, Fabrikanten, und Berkstead, Hausirer.

[3] Buckle, III, 9.

Sinn,[1] Unter den Führern stand die Hefe der Bevölkerung, welche die Rekruten für die 300000 Revolutionskämpfer lieferten.

In der Revolution zu Neapel dagegen war die Masse reaktionär, und die gebildeten Klassen wurden schliesslich die Opfer der Revolte, die sie anzettelten. In der That finden sich unter 95 nach dieser Revolution zum Tode Verurtheilten:[2]

Notare und Advokaten	20	Kaufleute	5
Offiziere	20	Fechtmeister	3
Schriftsteller und Lehrer	17	Beamte	2
Grundbesitzer	12	Bankiers	1
Aerzte	10	2 Bauern und 3 Arbeiter.	

Die Bourgeoisie überwog in der italienischen Revolution schon von Anfang an, wie in der Romagna in der Revolte von 1825, aber der Adel und theilweise der Klerus schlossen sich ihr an, was zum schliesslichen Triumph der Revolution führte. Dafür finden sich folgende Daten:

Auf 1159 Revolutionäre in Italien:		Auf 508 in der Romagna:	
Soldaten, Beamte	472	Handwerker	176
Gelehrte Berufsarten	256	Grundbesitzer	156
Geistliche	83	Beamte	74
Edelleute	80	Höhere Berufsarten und	
Studenten	73	Litteraten	62
Arbeiter	50	Militärs	38
Grundbesitzer	49	Geistliche	2
Bauern	44		
Geschäftsleute	18		
Techniker	17		
Deputirte	17		

Vergleicht man diese Daten mit denen aus den neueren revolutionären Bewegungen Frankreichs, so sieht man, warum letztere so viel weniger widerstandsfähig waren, bei ihrer Entstehung aus der Mitte nur einer Klasse. In Paris wurden nach der Revolte von 1848 gegen 30000 Arbeiter getödtet oder festgenommen; nach der Kommune ergab eine durch den

---

[1] ERSKINE MAY, La democrazia in Europa.
[2] CONFORTI, Napoli nel 1799. — Napoli, 1886.

Kommunalrath von Paris aufgenommene Berechnung der in den verschiedenen Berufsarten nachweisbaren Verluste folgende Zahlen:

Von Schuhmachern	fehlten	12—24000
„ Schneidern	„	5000
„ Maurern u. ä.	„	3000
„ Arbeitern an Mobilien	„	6000

Alle Putzer fehlten und mussten durch andere ersetzt werden.[1] Eine andere (aus APPERTS *Rapport sur la Commune* entnommene) Berechnung gäbe folgende Verhältnisse:

Kommunarden:	Kommunarden:
2901 Tagelöhner	382 Zimmerleute
2293 Maurer	227 Klempner
2266 Schmiede	224 Gelbgiesser
1659 Tischler	211 Hutmacher
1598 Handlungsdiener	206 Schneiderinnen
1068 Commis	179 Uhrmacher
1065 Händler	172 Vergolder
863 Anstreicher	159 Drucker
819 Setzer	157 Metzger
766 Steinmetze	124 Papierarbeiter
636 Kunsttischler	106 Buchbinder.
528 Galanteriewarenarbeiter	

Unter 81 Führern der Kommune und 609 kommunistischen Frauen fanden sich folgende Berufsarbeiter:

Kommune-Chefs:	Kommunistinnen:
85 Arbeiter	246 Prostituirte
28 Angehörige höherer	221 Ehefrauen
Berufsarten[2]	85 Dienstmädchen
9 Journalisten	57 Wäscherinnen
2 Beamte	56 Haushälterinnen
1 Grundbesitzer	47 Plätterinnen
1 Makler	45 Modistinnen
1 Offizier	37 Korsettmacherinnen
	22 Floristinnen
	4 Pförtnerinnen

---

[1] LE FRANÇAIS, *Etude sur le mouvement communaliste.* Neuchâtel, 1871.

[2] Die Angehörigen höherer Berufsarten vertheilen sich folgendermaassen: 1 Bureau-Chef, 1 Thierarzt, 1 Lehrer, 1 Ingenieur, 1 Beamter, 2 Handlungsreisende, 2 Aerzte, 2 Baumeister, 2 Advokaten, 2 Apotheker, 2 Bildhauer, 1 Parfumeriefabrikant, 4 Maler, 5 Bankbeamte.

Kurz, wenn man von den Führern absieht, ist fast nur der Arbeiterstand vertreten, und daselbe gilt für den Sozialismus und Anarchismus Italiens. So finden sich unter den 51 der beiden Anarchistenprozesse in Neapel und Mailand 36 Handwerker, 6 Künstler und Studirende, 2 Advokaten, 1 Grundbesitzer, 1 Kommissionär und 4 von unbestimmbarem Beruf. Beim Nihilismus wurde schon auf das Vorwiegen des Adels und der höheren Stände überhaupt hingewiesen. Die TARNOWS-KAJA bemerkt zu den oben nach ihr citirten Zahlen, dass unter den 165 Angehörigen höherer Berufsstände, die in den letzten fünf Jahren wegen Vergehen gegen das Leben verurtheilt wurden, sich 88 Regierungsbeamte, 59 Kleriker, Advokaten und Aerzte, 19 Litteraten, Studenten und Maler befanden. Diese Schriftstellerin [1] wagt, da sie in Russland schreibt, nicht, diese auffallende Betheiligung der höheren Stände an diesen Vergehen zu erklären; man findet aber zwischen den Zeilen leicht die Begründung in der Grösse der vom Nihilismus gestellten Kontingente. Erst jetzt, im letzten Petersburger Prozess fanden sich 7 Handwerker und 2 Bauern unter 21 Angeklagten, was auf die Erfolge der studentischen Propaganda unter diesen Klassen hindeutet.

Aus den bisher gegebenen Ziffern dürfte man schliessen, dass eine Revolution um so sicherer auf Erfolg rechnen kann, je verschiedenere und zahlreichere Gesellschaftsklassen sich an ihr betheiligen, dass unter allen Umständen die gebildeten Stände unter den Führern das Uebergewicht haben, während Revolten sich auf eine einzige, in der Regel tief stehende Klasse stützen, weshalb sie ganz, oder fast ganz erfolglos verlaufen.

4. Höhere Berufsarten. — Es ist interessant, auf die Bedeutung einzugehen, welche gewisse Berufsarten und Betriebe dafür haben, dass die Massen sich erheben und politischen Einfluss gewinnen. So war es mit den Gladiatoren im Aufstand des Spartacus, so mit den Sklaven, die, an Strapazen

---

[1] *I delitti di sangue e contro le costituzioni sociali.* — *Jur. Wjestnik.*, Moskau, 1888 (it. von Dr. KULISCHOFF; LOMBROSOS Archiv, 1889.)

gewöhnt, unter SERTORIUS rebellirten, so mit den waffengeübten
Prätorianern, die so oft das Geschick des Reiches in der Hand
hatten. Dasselbe gilt von den Strelitzen in Russland, den
Janitscharen in Konstantinopel, die fünf Sultanen das Leben
kosteten; und von diesen Janitscharen waren nur 30000, und
zwar mässig, besoldet, die übrigen mussten sich durch ein privi-
legirtes Metier erhalten (als Schuhflicker, Kaffeeköche etc.),
was sie dem niederen Volke nahe brachte und ihnen dort
Beliebtheit und Einfluss verschaffte. Dann waren sie die Alliirten
der Priesterschaft, deren Söhne auf ihren Listen standen, was
ihren Corpsgeist stärkte. Ebenso stand es mit den Mame-
lucken in Egypten.

Oft stösst die Thatsache auf Unglauben, dass eine erhebliche Anzahl von Militärs sich der Kommune anschlossen, wie
heutzutage dem Boulangismus.

Die Besten, die Tapfersten standen in der Kommune,
schreibt BARRON *(sous le drapeau rouge* 1888*),* und diese
Soldaten, von der Armee desertirt, um in die Reihe der
Insurgenten zu treten, geben uns ein genaues Bild von der
soldatischen Unzufriedenheit; fast alle hatten unter Offizieren
gestanden, die einen unerbittlichen Hass gegen alle anderen
Klassen im Regimente genährt hatten. Unter dem Kaiserreich
war zwischen dem Offizier und dem Unteroffizier derselbe Abstand, wie im ancien régime zwischen dem Edelmann und dem
Bauern. Während man in St. Cyr dem 20jährigen die Epauletts gab, musste der nicht-examinirte Freiwillige, so tüchtig
er auch technisch und praktisch war, 15 Jahre oder lebenslang
vergeblich darauf warten. Man sah graubaarige Sergeanten,
denen eben der Schule entlaufene junge Edelleute und Bourgeois vorgezogen wurden. Auch unter den Offizieren bestand
eine feindliche Spaltung zwischen den Söhnen alter Offiziers-
familien, denen die höchsten Stellungen sicher waren, und den
in ihren Zielen beschränkten Parvenus, eine Spaltung, die man
kaum verhehlte. Was Wunder, wenn das gekränkte Selbstgefühl in die Reihen der Kommunarden führte, wo man so
freigebig mit Tressen und Federbusch umging.

Diese glebae ascripti der Epauletts zogen Abenteurer

aus allen Ländern, besonders Polen, an sich, DOMBROWSKI, WRÓBLEWSKI, OKOLOWICKI, Militärs von einer einst wegen ihrer Bravour und Leichtherzigkeit berühmten Rasse. Sie brüsten sich, sie putzen sich, sie nehmen den Mund voll, sie schlagen sich, sie steigen zu Pferde, kommandiren, stürmen ins Feuer, als hätten sie nie etwas Anderes gethan. Die Gefahr zieht sie an, sie lieben die Schlacht; Sozialismus oder Kommunismus sind ihnen gleichgültig, aber die angemaasste Gewalt, die laxen Theorieen, gleichviel, worauf sie sich gründen, erregen ihren abenteuerlichen Sinn, ihr Landsknechtsblut, sie grübeln nicht, sie handeln. Es sind kindliche, leicht lenkbare Charaktere; aus ihren blauen Augen glänzt ihre träumerische Seele, ihre, blühender Illusionen und unglaublicher Erwartungen fähige Phantasie, die auf nebelhafte Hypothesen baut, und nun sah man, was in solchem Hallucinantenhirn zur Entwicklung kommen kann.

An den mittelalterlichen Revolutionen in Florenz hatte die Wollindustrie wegen ihrer ökonomischen Bedeutung auf ihre grossen Arbeiterscharen (30 000 im Jahre 1336), einen grossen Antheil. Ihr Uebergewicht gegen die Wollkämmer und die Zünfte der Metzger, der Gerber, Bäcker, die vom politischen Einfluss ausgeschlossen waren, erregte den Aufstand der Ciompi, der, anscheinend niedergeschlagen, zum schliesslichen Siege der Medici führte. (PERRENS, l. c. vol. V.)

Andere Aufstände veranlasste in Peru und in Spanien der Klerus mit seinem Gefolge von Weibern, Grauköpfen und Schwachsinnigen, an denen es nie fehlt.

Viele Revolutionen Argentiniens wurden fast ausschliesslich vom Caudillo (dem Pampas-Nomaden) angezettelt, den der schnelle Fortschritt der Kultur und das schnelle Umsichgreifen des städtischen Wesens erbitterte, und so verfolgte ihr Diktator ROSAS die Advokaten, die Litteraten bis in die Aula der Universität. (SARMIENTO.)

GIBBON zeigt, wie die Hauptursache der Revolutionen und Invasionen der Türken in ihrer Fertigkeit im Eisenschmieden lag; sie, die später so mächtig wurden, waren anfangs nur die Sklaven des Tartaren-Khans in einem eisenreichen Bergdistrikt

Zentralasiens. Der Khan hatte sie mit Waffenschmieden beschäftigt, bis Einer darauf kam, die Waffen zum Sprengen der Fesseln zu verwenden, und bald waren sie nicht nur unabhängig und frei, sondern auch ihrerseits für Jahrhunderte die Herren. Noch heute feiern sie diesen Wendepunkt durch ein besonderes Fest.

Achtes Kapitel.

Individuelle Faktoren. — Revolutionäre und politische Rebellen. (Geborene Verbrecher. — Moralisch-Irre.)

1. Kriminalität. — In welchem Verhältniss sich an den politischen Bewegungen der Typus des geborenen Verbrechers[1] betheiligt, kann man nicht feststellen, ohne die wahren

---

[1] Ueber die pathologische Anatomie des geborenen Verbrechers in der Politik ist noch wenig bekannt, weil man sie niemals untersucht hat. In dem Atlas von LEVRET und GRATIOLET sind zwei schöne Zeichnungen des Gehirns von FIESCHI, der einen Mordversuch auf LOUIS PHILIPPE machte. Schon in diesem einen bekannten Gehirn eines geborenen Verbrechers findet man viele Anomalieen. Das Stirnhirn ist schwach entwickelt: die erste Frontalwindung einfach, links in zwei Zweige getheilt; rechts zeigt sie, ohne getheilt zu sein, Furchen und Spalten in sagittaler Richtung; auf beiden Seiten setzen sich die Zentralwindungen unmittelbar fort infolge der Versenkung der ersten Uebergangswindung, die rechts flach ist.

LEMOIGNE beschreibt, wie unten gezeigt wird, die Verschmelzung beider Stirnlappen bei einem kleptomanen Kommunarden. An dem Schädel des General RAMORINO fand ich frontale Submikrocephalie und einen Parietal-Fortsatz des Os frontale.

„J'ai vu chez M. LUC (schreibt MICHELET) un monument bien étrange: c'est le plâtre complet de la tête de Chavette, moulé sur le mort. J'ai été frappé de stupéfaction. On sent là une race à part. fort-heureusement éteinte comme plusieurs races sauvages. A regarder par derrière la boîte osseuse, c'est une forte tête de chat. Il y a une bestialité furieuse, qui est de l'espèce féline (MICHELET hatte eine Intuition von dem anatomischen Atavismus der geborenen Verbrecher). Le front est large, bas. La masque est d'une laideur vigoureuse, scélérate et

Revolutionäre von den Gährungs-Erregern zu unterscheiden, die im politischen Verbrechen nichts suchen, als die Befriedigung ihrer eigenen egoistischen Instinkte. Man darf hierbei nicht vergessen, dass die Verleumdung der Parteien sehr oft den Gegner zum Verbrecher stempeln will, während andererseits der Fanatismus, auch der besiegten Parteien, nicht zugeben will, dass ihre politischen Märtyrer als Verbrecher angeklagt werden, — nicht einmal dann, wenn schon Jahrhunderte drüber hingegangen sind.

In Italien waren von 521 Märtyrern unserer Revolution, deren Porträts wir im Mailänder Museum und in der Turiner Ausstellung von 1884 studiren konnten: 454 Normale, — 64 Anormale, davon 23 mit zwei Degenerationszeichen, 3 (also 0,57 %) mit ausgesprochenem Verbrechertypus, ein Verhältniss also, das um das Vierfache geringer ist, als das Vorkommen des Verbrechertypus bei Unbescholtenen im allgemeinen, das man auf 2 % schätzt.[1] Es ist ferner zu bemerken, dass von diesen drei Personen mit Verbrechertypus PASQUALE SOTTOCORUOLA (V, Tafel X) in seinem späteren Leben ganz unbescholten war, was sich dadurch erklärt, dass bei diesen Individuen die Degeneration den Misoneismus beseitigt, ohne sie zum Verbrechen anzutreiben, und dass ihnen, wie anderen Asketikern, die politische Passion als Sicherheitsventil gegen verbrecherische Leidenschaften dient.

Bei den christlichen Märtyrern gehört die Verbrecher-Physiognomie zu den seltenen Ausnahmen (St. PAUL), welche die Legende verschweigt.

Auch unter 31 berühmten Nibilisten finden wir — wie übrigens die Tafel IX, Nr. 3 bis 14 zeigt — den Verbrechertypus nur ganz vereinzelt (einen mit drei Degenerationszeichen, drei mit zwei, fünf mit einem). Das wird bestätigt durch das tadellose Leben, welches sie, beseelt vom glühendsten, feurigsten Altruismus, führten.

---

militaire. L'oeil arrondi, enfoncé; le nez est le plus audacieux, le plus aventureux, le plus chimérique qu'on ait jamais vu" (MICHELET, *Histoire de la Révolution*, p. 195).

[1] Siehe *Homme criminel*.

2. Die anarchistische Partei dagegen weist zahlreiche Verbrechertypen auf. Der Oesterreicher STELLMACHER, mit grossem Unterkiefer und Jochbeinen, Bartmangel, wilden Augen (Tafel VIII, Nr. 14), und DÖRSCHNER mit Oxycephalie und Submikrocephalie, mit asymmetrischem Gesicht und ungeheuren, henkelförmigen Ohren, — diese beiden Männer ermordeten den Bankier EYSART und seine kleinen Söhne und raubten ihnen einige hundert Florin, — angeblich zu dem einzigen Zweck, die Vereinskasse zu füllen.

Dann KAMMERER, mit vorspringenden Stirnhöhlen und Jochbeinen, langem Gesicht, grossem Unterkiefer, spärlichem Bart, dichtem Haupthaar. (Tafel VIII, Nr. 15.)

PINI, 31 Jahre alt, einer der Häupter der anarchistischen Partei in Paris, Bruder einer Geisteskranken, zeigt auf seiner Photographie[1] wenig Bartwuchs, zurückfliegende Stirn, ungeheure Stirnhöhlen, enorme Oberkiefer und sehr lange Ohren.

Greifen wir eine der gesetzwidrigsten Revolten heraus, die Pariser Kommune, so finden wir unter den uns zu Gebote stehenden 50 Photographieen von Kommunarden 23 mit normaler Physiognomie, 11 mit einigen Anomalieen, 6 mit ausgesprochenem Verbrechertypus (12 %), 5 mit dem Typus des Irren (10 %). Auf 8 Petroleusen kommen 4 mit Verbrechertypus, und unter diesen ist bemerkenswerth die GARGOTTE mit schielendem, wildem Blick, dünnen Lippen, grossen Jochbeinen (siehe Tafel VIII, Nr. 13), und die DARD mit enormem Unterkiefer, grossen Jochbogen und männlichem Gesicht (siehe Tafel VIII, Nr. 12).

Nach M. DU CAMP[2] bestanden 47 % der Kommune-Armee aus Verbrechern. Ein Kontingent hierzu stellten 1100 aus den Militärgefängnissen befreite Individuen, unter denen sich Deserteure und gemeine Verbrecher befanden. Unter 87 vom Kriegsgericht verurtheilten jungen Leuten waren 36 Rückfällige. Unter 1051 von demselben Gericht verurtheilten Frauen waren 246 Prostituirte, — und man weiss, wie eng Verbrechen und Prostitution zusammenhängen.

---

[1] Siehe *Tribuna giudiziaria*, n. 46.
[2] *Les convulsions de Paris*, tome I. Paris.

Unter 41 Pariser Anarchisten, die wir auf der Polizei-Präfektur in Paris untersucht haben, fanden wir: den Typus des Irren einmal ausgesprochen, den Verbrechertypus dreizehnmal, Andeutung des Verbrechertypus achtmal, normaler Typus neunzehnmal.

Unter den Häuptern der Revolution von 1789 finden wir MIRABEAU, von fesselnder Persönlichkeit, aber mit einer schiefen Nase; MARAT, CARRIER, JOURDAN (siehe Tafel VIII) mit vollkommenem Verbrechertypus; FOUQUIER-TINVILLE, — enormer Unterkiefer und starker Haarwuchs; PÉTHION und LAMETH, zurückfliegende Stirn; St. JUST und TABOC D'EGLOUTINE, bartlos; ROBESPIERRE, DANTON und MERLIN DE THIONVILLE, Stumpfnase.

Wenn wir dem Zeugniss eines bekannten Publizisten Glauben schenken dürfen, so besitzt auch MOST, der Redakteur der „Freiheit" und jetzt das Haupt der anarchistischen Partei von New-York, kriminelle Merkmale, womit sein Mangel an moralischem Sinn übereinstimmt, der in folgender Phrase gipfelt: die Liebe der Mutter und die Zuneigung des Weibes, das nur liebt, ist strafbarer Egoismus. Dieser Mann also besitzt folgende Degenerationszeichen: „Widerwillen erregende Hässlichkeit, asymmetrischen und dabei enorm grossen Oberkiefer, Krötenaugen, schlappe Haut."

3. Psychologie. — Aber die verbrecherische Neigung äussert sich mehr noch in Handlungen und Schriften, als in den Gesichtszügen. Dass die Anarchisten sich selbst den gemeinen Verbrechern verwandt fühlen und dies auch gar nicht zu verheimlichen suchen, beweisen ihre Schriften. So schrieb ein Genfer Journal, L'explosion, 1884:

„Auch wir Anarchisten haben unsere Märtyrer und unsere Vorläufer: jene nämlich, welche mit der Waffe in der Faust sich gegen die Gesellschaft auflehnten: GASPARONE, BATTISTA SCORLINO, STRINGHINI, MOTTINO, PASSATORE, NINCO NANCO, CENERI und schliesslich CECCHINI, vieler Anderer zu geschweigen. Der Tag wird kommen, an welchem wir ihr Gedächtniss festlich begehen werden!"

Und in einer kürzlich in Mailand erschienenen Proklamation bezeichnet sich einer von ihnen selbst als der „Henker der Meister".

Der Juwelier CONSTANT, der als Anarchist verhaftet wurde, sagte: „Ich werde nicht eher reich sein, als bis Paris niedergebrannt ist; das ist es, was die Anarchisten erstreben." Vor dem Gerichtshof sagte er allerdings, dass er Säufer und nur im Rausch anarchistisch gesinnt sei.

Von PANIZZA, der sich (im Mailänder Prozess 1889) einen idealen Anarchisten nennt, existirt eine Broschüre unter dem Titel: *Il ladro* (Der Dieb), worin behauptet wird, dass der Dieb ein Opfer ist, der das Recht hat, zu stehlen.

In der Zeitschrift *Il pugnale* (Der Dolch) lesen wir folgendes:

„Vorwärts! Lasst uns alles niederbrennen, Munizipien und Präfekturen, Kasernen und Banken, Notariate und Bureaus, Probsteien und Hütten! Wir wollen uns der Paläste bemächtigen und die fetten Bourgeois und ihre H.... aus den Fenstern werfen. Lasst uns die Magazine mit Lebensmitteln und Kleiderstoffen stürmen, die Telegraphendrähte zerschneiden, die Eisenbahnen und alle Kommunikationswege vernichten! Leisten wir das Menschenmögliche auf dunklen Schleichwegen! Sprengen wir Wasserleitungs- und Gasröhren, — zünden wir das Gas an, und setzen wir dadurch all die Paläste in Brand, in welchen die Gegner Schutz suchen könnten! Gegen das Heer, wenn dieses sich gemein zeigt, sind alle Vertheidigungsmittel erlaubt; jedoch wird es nothwendig sein, da wir wenig bewaffnet sind, uns möglichst wenig auf Plätzen und breiten Strassen dem Feinde auszusetzen. Barrikaden, Begiessen mit kochendem Wasser, Werfen mit Ziegelsteinen, Glasscherben, grossköpfigen Nägeln (dies für die Kavallerie), sowie mit Schnupftabak, mit Dynamit, oder was es auch sei, — alles dies sind schöne Vertheidigungsmittel, welche den Kampf verlängern und Zeit für andere Hülfsmittel lassen. Wir müssen aus eigener Initiative handeln, müssen morden und brennen, wo ein Unrecht geschehen ist, oder wo eine alte Ungerechtigkeit ungesühnt ist. Wir müssen übermässig hassen, wenn wir in Zukunft recht lieben sollen."

CATILINA war Brudermörder und hat wahrscheinlich auch den eigenen Sohn getödtet.

FACUNDO, schreibt SARMIENTO, spaltete seinem Söhnchen den Kopf, weil es schief wurde, reisst seiner Geliebten die Ohren ab und tödtet einen Freund beim Spiel mit Fusstritten.

KAMMERER tödtet mit nur 22 Jahren aus Fanatismus 7 Opfer und rühmt sich vor den Richtern voller Stolz als Urheber oder Mitschuldiger, an allen Morden theilgenommen zu haben, die während eines gewissen Zeitraumes in Strassburg, Stuttgart und Wien ausgeführt wurden; er sagte dann noch, wenn er auf freiem Fuss geblieben wäre, hätte er erst recht zu morden angefangen. Auch auf dem Richtplatz zeigte er keine Spur von Erschütterung.

PINI rühmte sich, nicht bloss Anarchist zu sein, sondern auch, um die Armen an den Reichen zu rächen, über 300 000 Lire gestohlen zu haben. Er nannte diese Diebstähle legitime Expropriationen durch die Expropriirten und besass eine Schar aufrichtiger Bewunderer. Er versuchte einen politischen Mord an dem Anarchisten CERETTI; er hatte diesen im Verdacht, seine Diebstähle, die alle Ehrlichen unter den Anarchisten[1] verabscheuten, denunzirt zu haben.

Im Lyoner Anarchisten-Prozess 1883 war der Hauptangeklagte BORDAT, der früher dreimal wegen Diebstahls. Körperverletzung und Gräberschändung verurtheilt war.

Fast alle Führer der Pariser Kommune trugen, nach DESPINE und DU CAMP, Charakterzüge der moral insanity an sich, darunter besonders Zerstörungstrieb, ihre absolute Unfähigkeit zur Organisation, verbrecherische Antriebe unter der Form anfallsweise auftretender Wahnideen, absolute Gemüth- und Gewissenlosigkeit. — Hierher gehören Generale wie MÉGY, der, früher wegen Ermordung eines Polizeiagenten verurtheilt, seine Erlasse mit seiner Sträflingsnummer unterzeichnete, wie EUDES, der Plünderer des Palais der Ehrenlegion, der, Sohn

---

[1] Doch nicht alle; ein würdiger Schüler COLAJANNIS entschuldigt ihn und wundert sich, über die Bestrafung der Unterdrückung (welch' Euphemismus!) des Diebstahls durch den Diebstahl. (*Tribuna giudiziaria*, 1889, Nr. 43.)

eines Tobsüchtigen, schon entmündigt war, nachdem er einen
Pompier ermordet hatte. — Da gab es Obersten wie den als
Dieb verurtheilten CHAUDON und den Gouverneur des Louvre,
BENOT, einen Fälscher, der die Brandlegung der Tuilerien an-
stiftete. Unter den Delegirten war der mehrfach wegen Betrugs
und Fälschung bestrafte PARENT, der heftige, brutale SÉRIZIER,
der seinen Lebensunterhalt von der öffentlichen Armenpflege
erpresst hatte, und nach dessen Verurtheilung die Einwohner
des von ihm terrorisirten Viertels eine Bittschrift einreichten,
um die Umwandlung der Strafe zu hindern; PARISEL, der Vor-
sitzende der wissenschaftlichen Kommission, der, früher wegen
Sittlichkeitsverbrechen verurtheilt, Einspritzungen von Blau-
säure für die Versailler erfand, und schliesslich der Polizei-
kommissär CHAPITEL, der wiederholt wegen Diebstahls und
anderer Verbrechen verurtheilt war.[1]

Damit man mir nicht Parteilichkeit vorwerfe, weil ich
nur den Angaben eines allzu erbitterten Feindes der Kommune
folge, will ich nicht nur auf Gewähr des Kommune-Generals
CLUSERET daran erinnern, dass die vom Zentral-Komitee affi-
chirten Manifeste die Anwesenheit zahlreicher „Reliquien der
Galeere" in den Reihen der Kommunarden anzeigten, sondern
Bruchstücke aus den Aufzeichnungen eines der fanatischsten
Mitglieder der Kommune, VALLÉS',[2] citiren, der die degenerativen Eigenthümlichkeiten und das Verbrecher-Temperament
seiner Genossen kennzeichnet.

„Der Schuster ROUVIER pflegte zu sagen: „Je chausse les
hommes et je déchausse les chaussées;" ein stets trinklustiger
und vor allem die Trinkfreiheit verfechtender Kneipen-Tribun,
wurde er Minister, weil er beim Austragen von Stiefeln das
Wappenschild eines Ministeriums bemerkt und sich auf das
Ministerfauteuil gesetzt hatte; jedoch hatte er (führt VALLÉS
fort) klare Ideen, die besser waren, als die vieler wissenschaft-
lich Gebildeten. — VERMOREL war Exseminarist, Expriester,
Redakteur, Romancier; seine Thätigkeit versuchte sich an allem,

---

[1] Du CAMP, l. c.
[2] JULES VALLÉS, L'Insurgé. — Paris, 1885.

und er biss sich dabei die Zähne aus, bis er vor dem Selbstmord stand; er kratzte und schlug sich mit seiner Frau. —
GRANVIEUX, mager, mit grünlichem Gesicht, als hätte er im
Gefecht alles Blut verloren;[1] BRION, ein schielender Christus-
kopf, phthisisch, mit Augen, die wie mit dem Messer geschlitzt
aussehen; DUCASSE, mit verrenktem Halse, ausgehülsten Augen,
Schlitzmund, und schaudererregender Stimme;[2] aber in diesen
Stotterern (fügt VALLÉS hinzu) verbirgt sich der Ehrgeizige,
der Mann der That." FERRÉ sah lächelnd zu, wie VEYSSET
auf seinen Befehl getödtet wurde, und wie alle geborenen
Verbrecher, bediente er sich mit Vorliebe cynischer und, wohlgemerkt, dem Rothwelsch entlehnter Wendungen; z. B.: Il a
lampé une autre lichée (VALLÉS).

Gerade in diesen cynischen Worten des Argot offenbart
sich die Anlage oder doch der Anflug von Verbrecherthum
bei vielen Kommunarden; VALLÉS selbst wiederholt mit Be-
hagen die schmutzigen und kannibalenhaften Wendungen seiner
Genossen. DUCASSE schrie z. B., er würde sich des erhabenen
Titels eines Revolutionärs nicht für würdig halten, wenn nicht
jener Tag gekommen wäre, wo er mit eigener Hand einen
Aristokraten „quiek" hätte machen lassen; er schnitt in Gedanken einen Aristokraten-Kopf ab und leckte dann wirklich
das Messer ab; RIGAULT sagte zu seinem Revolver: Ich muss
dich noch einmal wecken und dich aufheben pour pêter sur
les cipaux; während der Kommune cirkulirten Wendungen wie:
Wenn sich ein Sergot (gendarme) zeigt, muss man ihn
saigner (morden im Argot) — und die Theilnahme an den
Fusilladen hiess im Argot nur aller à la saignée.

CARRIER (vgl. Tafel VIII, Fig. 9), einer der Männer von
1789, erklärte in einer Proklamation: „Wir wollen aus Frankreich lieber einen Todtenacker machen, als darauf verzichten,
es in unserer Weise zu regeneriren," und er bringt es schliesslich

---

[1] MARRO weist auf die Häufigkeit blasser Gesichtsfarbe unter den
Verbrechern hin, die übrigens in Prozessen schon vielfach aufgefallen ist.

[2] Degenerationszeichen wie die von FOLAINE und VERMOREL, die
stammelten, von COURBET und ARNOULD, die blubberten.

zu Hallucinationen und Zwangshandlungen; auf der Redner-
bühne schlägt er mit dem Säbel den Kerzen die Spitzen ab,
als wären es Aristokraten-Köpfe; an der Festtafel entwickelte
er einmal die Theorie, Frankreich könne seine zu zahlreiche
Bevölkerung nicht mehr ernähren, man habe beschlossen, die
Hälfte, d. h. den Adel, die Beamten und Priester, zu beseitigen;
dabei gerieth er in Exaltation und schrie: „Tödtet, tödtet,“
als wenn er an der Spitze einer Mörderbande gestanden hätte.
(TAINE.) Bei Bagatellen zog er den Säbel und bedrohte die
Gesellschaft, mit der er sich unterhielt; er empfing die Mitglieder der Klubs mit Faustschlägen und die Beamten, die
Subsistenzmittel verlangten, mit der flachen Klinge; gern erzählte er, welch grosses Vergnügen es ihm machte, die Todes-
zuckungen der Priester, die er hinrichten liess, zu sehen.
LEJEUNE liess, um seine blutrünstige Phantasie zu weiden,
eine kleine Guillotine konstruiren, die er zum Köpfen des für
seinen Tisch bestimmten Geflügels benutzte und die er von
allen Eingeladenen bewundern liess. JOURDAN (Tafel VIII,
Nr. 10), der abwechselnd Schmiedegeselle, Fleischer, Soldat
und Schmuggler war, erwürgt bei der Erstürmung der Bastille
den unglücklichen DE LAUNAY, seinen früheren Dienstherrn;
später zum General emporgestiegen, leitet er Plünderungen,
Mordbrennereien und Gemetzel seiner Truppen, die unter anderen die 73 Beamten in Avignon hinschlachteten, bis das
Revolutions-Tribunal selbst ihn zum Tode verurtheilte. PICARD,
Revolutions-Kommissär in Nantes, betrieb auf den Landstrassen
Raub und Mord und tödtete mit Vorliebe Frauen und Kinder.
GRANDMAISON, der in seinem früheren Leben zweimal wegen
Mord verurtheilt war, leitete die Massen-Ertränkungen von
Nantes und hieb mit dem Säbel die Hände ab, die sich flehend
nach den Böten ausstreckten. JEAN D'HÉRON trug ein mensch-
liches Ohr am Hut und trug immer ein paar Menschenohren
in der Tasche, die er scherzeshalber von den Damen küssen liess.

An der Spitze der Jakobiner standen in Paris wirkliche
Banditen. Der Postmeister DROUET, der im Konvent selbst
erklärte, Brigant zu sein; JAVOGUES, der Nero von Ain, wie
ihn COUTHON nannte; BERTRAND und DARTHÉ, die Bluthunde

von Lyon und Arras; BABOEUF, der schon mit 20 Jahren wegen Fälschung verurtheilt war; HENRIOT, der General, den sein Lehrmeister weggejagt hatte; SAINT-JUST, der in seiner und befreundeten Familien stahl und auf Wunsch der eigenen Mutter festgesetzt war; FOUCHÉ, der unter dem Konvent seinen ersten Erwerb machte und es allmählich bis auf 12 Millionen brachte, wie ausser ihm so Viele, die vor der Revolution arm waren und sich in ihr bereicherten, wie BARRAS, DUMONT, MERLIN etc. (TAINE).

In den häufigen Unruhen in Florenz waren viele der Volksführer eigentliche Verbrecher: CORSO DONATI war Fälscher; GIANOTTO SACCHETTI, Bruder des Novellisten, war Dieb und Fälscher und wurde nach seiner Verschwörung ergriffen und gehängt; MICHELE DI LANDO hatte kaum die Signoria gewonnen, als gegen ihn eine Verschwörung ausbrach unter Führung des LUCA DI FONZANO, eines mehrfach wegen Nothzucht bestraften und deshalb nicht wählbaren — wie es damals hiess, admonirten — Verbrechers, der sich an die Spitze des unruhigen Pöbels gestellt hatte, um wieder eine politische Rolle zu spielen.

Bei der Volkserhebung in Genua im Jahre 1628 stand VACHERO, ein Mörder und Galeerensklave, an der Spitze; er hatte nach seiner Begnadigung in Florenz neue Verbrechen begangen, von den Genuesen nach Bastia verbannt, die Frau seines Wirths verführt, neben ihren beiden Schwestern, die er dann vergiftete; zuletzt verleitete er seinen Wirth zu einem Verbrechen und erschoss ihn schliesslich.[1]

4. Impulsivität. — Diese abnormen Individuen treibt ihre angeborene Impulsivität, entschlossene Männer der That zu werden, politische Morde und Königsmorde zu begehen, vor denen die Mehrzahl der redlichen zurückschreckt, die jedoch manchmal von Nutzen für eine Nation werden.

DOSTOJEWSKY sagt in einem seiner Romane von dem Verschwörer LEBLANKIN, der einen Racheakt versucht: „Die Eigenthümlichkeit dieser Sorte von Menschen besteht darin, dass sie ganz unfähig sind, sich die Erfüllung eines Verlangens

---

[1] FERRARI, Storia d'Italia.

zu versagen; kaum steigt es in ihnen auf, so müssen sie es
zeigen und bestätigen, jeder Sitte zum Trotz." Denselben
Typus zeichnet Dostojewsky in Petroff,[1] mit seinem blassen
Gesicht, den vorspringenden Backenknochen, dem frechen Blick,
der seinen Oberst vor der Front getödtet hatte und beinahe
den Major, der seine Mitgefangenen tyrannisirte, ermordet
hätte. Er ging bei ihrer ersten Begegnung quer über den
Hof direkt auf Dostojewsky zu, trat an ihn heran und fragte
ihn eilig, wie nach einer dringenden Angelegenheit, nach
Napoleon III. und den Antipoden; kaum hatte er eine Antwort erhalten, als er eben so schnell, wie er gekommen war,
wieder zurückging. Er war unter den Sträflingen der ent-
schlossenste; er hatte weder Urteil noch gesunden Menschen-
verstand. Eines Tages stahl er eine Bibel und erzählte es
dann ganz einfach, als wenn er sich nur geirrt hätte: „Ich
hatte gerade Lust zu trinken, und deshalb musste ich stehlen;
einen Augenblick später hätte ich einen Sack mit Gold un-
berührt gelassen." „Leute, wie Petroff" (sagt Dostojewsky
weiter) „geben sich im Augenblick der Unruhe, der Revolte zu
erkennen; dann finden sie die Thätigkeit, für die sie sich
eignen. Sie sind nicht Freunde vieler Worte, wie sie auch
nicht die Hetzer und Schürer des Aufstandes abgeben können,
aber sie übernehmen die Ausführung und handeln einfach,
ohne Geräusch, sie stehen als erste auf der Barrikade und
werfen sich mit offener Brust dem Widerstand entgegen, ohne
Furcht und Zaudern; alle folgen ihnen blind bis an den Fuss
der festen Mauer, wo die meisten den Tod finden."

    Das alles gilt genau für Orsini, abgesehen von seiner
moralischen Integrität; er war zur Zeit der römischen Republik
und unter Garibaldi durch seine Verwegenheit der Schrecken
der Kameraden, die ihn deshalb den Narren nannten.

    5. Emotive Unempfindlichkeit. — Einen anderen
Typus des Revolutionärs schildert Dostojewsky in Stawrochin:
„Er ist nervös, hatte als junger Mensch zweimal Anfälle
epileptischer Geistesstörung, in denen er einen Vorgesetzten

---

[1] *La maison des morts.* — Paris, 1886.

in die Ohren biss und grundlos einen angesehenen Mann
insultirte; er liebt seine Mutter nicht und verachtet die öffentliche Meinung. Als Soldat hatte er keine Disziplin; in Petersburg lebte er unter dem Gesindel, in bestialischer Umgebung,
in nichtswürdigen sexuellen Beziehungen und heirathete
schliesslich eine blödsinnige, lahme Bettlerin, um der öffentlichen Meinung zu trotzen. Atheist und muthig, wird er in
der Gefangenschaft gerade wegen seiner verbrecherischen
Tendenzen hoch geachtet: er ist der Deus ex machina der
Nihilisten, der künftige rothe Zar. „Man muss ein grosser
Mann sein, um dem gesunden Menschenverstande widerstehen
zu können," war eine von STAWROCHINS Maximen; er erkannte
keinen Unterschied zwischen einer cynischen und einer heroi-
schen Handlung. Er war für Furcht unzugänglich und konnte
einen Menschen todtschlagen, ohne seine Selbstbeherrschung zu
verlieren. Er war mit dem Revolutionär L. . . . . zu vergleichen,
der sein Leben lang die Gefahr aufsuchte, und den die Nähe der
Gefahr berauschte; sie war ihm ein Bedürfniss, und er stellte
sich, nur mit einem Messer bewaffnet, dem Bären entgegen."

Das Bild, das PLATO (*Res publica* L. X) vom Demokraten
giebt, ähnelt diesem Porträt: „Von einem geizigen Vater, der
nur an den Gewinn dachte, erzogen, scheut er von Kind auf
jeden Genuss und nimmt, nachdem er in die Gesellschaft
frivoler Genussmenschen gekommen ist, einen Mittelweg, wird
aus einem Oligarchen zum Demokraten. Alt geworden, erlebte
er dasselbe an seinem Sohn; allmählich verliert er alle ehrliche Gesinnung und opfert alles dem Genuss, wird tyrannisch,
wie Trinker und Blödsinnige tyrannisch auftreten, denkt nur
an Genuss, an Weiber, verschwendet sein Vermögen, dann das
des Vaters, der Verwandten; wenn sie sich sträuben, greift er
zur Gewalt und plündert schliesslich Reisende, Tempel, schrickt
vor keinem Morde zurück.

Verstehen diese Menschen zu reden, so machen sie den
meineidigen Zeugen, den Hetzer; ist ihr Vaterland in Ruhe
und haben sie wenig Einfluss, so verkaufen sie sich an das
Ausland; sind sie aber zahlreich vertreten, so stellen sie den
erbärmlichsten, den einflussreichsten an ihre Spitze und machen

ihn zum Herrn, damit er das Vaterland unter die Füsse tritt, wie sie alle Vater und Mutter niedergetreten haben.“

Dass diese Typen des Revolutionärs echt sind, zeigt uns das Bild, das VALLÈS in seinen Schriften (*L'Insurgé* und *L'Enfant*) von sich entwirft. Er hat einen taubstummen Onkel,[1] einen hartherzigen, zornmüthigen, unmoralischen Vater; seine Mutter war geizig und behandelte ihren Sohn grausam, wenigstens in seiner Kindheit; er selbst ist nicht frei von Degenerationszeichen (grosse Joch- und Oberkieferbeine), vor allem aber ohne jedes Gemüth. I c h b i n a l s K i n d n i e g e k ü s s t w o r d e n, schreibt er, und von meinen Eltern habe ich immer nur Schläge und Püffe bekommen, die mit so konstanter Regelmässigkeit verabreicht wurden, dass die Nachbarn darnach die Stunden zählten; seine Mutter war jedoch froh, wenn sie ihm ausser der Zeit eine Ohrfeige geben konnte. Es ist merkwürdig, wie er dank dieser erblichen Anlage und bei dieser elenden Kindheit in direktem Gegensatz zu Sitte und Gesetz steht. Er lacht nur über die Kindesliebe, die doch alle Wandlungen der Menschheit überlebt hat. Als Kind lachte er, obwohl er gläubig war, den Betern ins Gesicht, als Jüngling war er stets der Rädelsführer, stiftete zur Flucht aus dem Collège eine Verschwörung an und zog die Gesellschaft von Proletariersöhnen dem aufgezwungenen Zusammensein mit den Söhnen seiner Lehrer vor. In zufälliger Berührung mit einem wahren Revolutionär fühlt er sich instinktiv zu ihm hingezogen, doch erträgt er nicht den Zwang konspirirender Gesellschaften, denen er beitritt; er kann sich so wenig anpassen und diszipliniren, dass er versucht, auf eigene Faust zu revoltiren, wo die elementarste Vorsicht Zurückhaltung auferlegte; er verachtet die Idole seiner Genossen, Männer wie BÉRANGER, MICHELET etc. Als er den Lehrer, der ihn als Kind gequält hatte, 20 Jahre später trifft, hat er nichts vergessen und nimmt grausame Rache; er geräth selbst mit den Gefährten seiner Orgien in Konflikt und verlangt ein Duell auf Tod und Leben, und bereitet sich darauf vor als auf eine — grosse und schöne Handlung.

---

[1] Darin zeigt sich die degenerative Anlage.

Wie alle Deklassirten ändert er oft seinen Erwerbszweig; er deklamirt gegen die Gesellschaft, die seine Thätigkeiten, oder vielmehr seinen Müssiggang, nicht prämiirt, und rechnet den Menschen als Schuld an, was er allein verschuldet. Dazu kommt, dass seine rein klassische, auf wenige Autoren beschränkte Bildung, die ihn, bis auf ein paar Seiten von MICHELET und PROUDHON, in soziologischen Dingen unwissend liess, seinen übertriebenen Individualismus nur noch steigerte, ähnlich wie bei den Tribunen von 1789, und in Italien bei den Tribunen S. und C. Er weiss die minutiösesten Umstände aus seinem persönlichen Leben wiederzugeben, er verzeichnet sorgfältig alle seine kleinen in der Schule und auf der Strasse gefeierten Triumphe und schildert die Figur, die er während der Kommune machte, folgendermaassen: „Ruhig kann ich nicht sein, ich bin ein Feuergeist; das Herz stets bis zum Springen geschwellt, die Kehle in Gluth, mit flackernden Augen, laufe ich, wie ich kann, in alle befreundeten Häuser, um Beistand zusammenzurufen. Nach Ausbruch der Kommune versuchte ich zu schreiben, aber es gelang mir nicht; die Gedanken verbrannten mir das Gehirn, die Sätze erschienen mir werthlos." Diese Worte schildern die Kraft seiner Leidenschaften, ebenso wie die folgenden: „Meine Freude ist so gross, dass es mir vorkommt, als wäre dies Herz nicht mehr meines, an dem so viel grausame Wunden gefressen haben, und als füllte und blähte die Seele des Proletariats mir die Brust." Von dem Schriftsteller LAMBRIOT sagte er: „Er hat alles versucht, bis zum Betteln; ich dagegen hätte vom Bourgeois kein Almosen verlangt, sondern zu ihm gesagt: Gieb mir Geld zu Brot, oder ich erwürge dich. Ich hätte mir lieber den Kopf an der nächsten Mauer zerschmettert, ehe ich meine Ehre befleckt hätte, die ich reiner halten muss, als eine Degenklinge." — Diese Worte deuten auf Verbrecher-Instinkte, ganz wie die oben betonte Neigung zu schmutzigen Wendungen, die in ihm, dem litterarisch Gebildeten, aufkeimend, unter seinen ungebildeten Genossen von der Barrikade sich hundertfach steigern musste.

6. Moralisch-Irre und Verbrecher-Naturen. — Hier schimmert die Anlage zur Moral insanity nur durch,

während dieses Irresein ganz und schrecklich in dem von
TAINE so meisterhaft geschilderten Marat durchbricht.

Ungefähr fünf Fuss hoch, besass er einen unverhältnissmässig
grossen, asymmetrischen Schädel (siehe Tafel VIII, Nr. 2),
zurückfliegende Stirn, schräg stehende Augen, grosse Jochbeine.
Sein Blick war stürmisch und unruhig, seine Bewegungen
schnell und ungleichmässig; sein Gesicht befand sich in fortwährender krampfhafter Bewegung, sein schwarzes, fettiges
Haar in beständiger Verwirrung; sein Gang war tänzelnd.

Von seiner Kindheit an zeigte er eine grenzenlose Selbst-
überschätzung; das bekennt er selbst auch ganz aufrichtig in
seinem *Journal de la République française,* wo er schreibt:
Mit 5 Jahren wollte ich Schulmeister sein, mit 15 Professor,
mit 18 Schriftsteller und mit 20 Jahren schöpferisches Genie.
Und er fügt hinzu: Seit meiner frühesten Jugend verzehrte
mich die Ruhmsucht, eine Leidenschaft, die während der verschiedenen Perioden meines Lebens ihren Gegenstand wechselte,
die mich aber niemals für einen Augenblick verliess.

Ehe er sich an die Revolution anschloss, versuchte er,
auf wissenschaftlichem Gebiete Aufsehen zu erregen.

In Edinburg, wo er sich als französischer Lehrer aufhielt,
liess er 1774 seine erste Arbeit drucken: „The chains of slavery“
(Die Ketten der Sklaverei), welche er im Jahre 1792 selbst
ins Französische übersetzte, und die seine Biographen für eine
„assez mauvais ouvrage politique“ halten. Das Jahr darauf
veröffentlichte er in Amsterdam, in drei Bänden, seine Schrift:
„De l'homme ou des principes et des loix, de l'influence de l'âme
sur les corps et du corps sur l'âme,“ die TAINE folgendermaassen
beurtheilt: „Un pêle-mêle de lieux communs physiologiques et
moraux, de lectures mal digérées, de noms enfilés à la suite et
comme au hasard, de suppositions gratuites, incohérentes, où les
doctrines du dix-septième et du dix-huitième siècle s'accouplent,
sans rien produire que des phrases creuses.“ Das Missverhältniss
zwischem seinem Geist und seiner ausserordentlichen Eitelkeit,
seine beständige Ueberaufgeregtheit, das Abschreiben seiner
eigenen Produkte, alles dies charakterisirt sein Grössendelirium,
welches sich, wie beim Paranoiker, allmählich mit Verfolgungs-

wahn verband, der ihn überall Feinde wittern liess, bis sich schliesslich vollständiges moralisches Irresein in ihm entwickelte, auf Grund dessen er im Jahre 1793 zum Zwecke der Sicherung der öffentlichen Ruhe 270000 Köpfe verlangte und sich anheischig machte, sie auf dem Flecke insgesamt abzuschlagen.

Und nun wollen wir noch einen modernen Marat[1] schildern, den man im Irrenhause aufgestöbert hat.

SORIC . . . . . wurde 1853 zu Florenz geboren als Sohn eines alten Vaters und einer jugendlichen Mutter, die, wie es scheint, epileptisch war. Er besuchte bis zu seinem dreizehnten Jahr verschiedene Schulen, weil er häufig wegen Insubordination fortgeschickt wurde. Er kam in eine Zwangserziehungsanstalt, wo er ungefähr zwei Jahre blieb. Nach dem Tode der Mutter wurde er an Bord eines Handelsschiffes gebracht, wo er den grössten Theil seiner Jugend verlebte. Auf seinen Reisen in Amerika fand er, seinen Erzählungen nach, Personen (Verbrecher, Petrolösen, Nihilisten), die seine angeborenen Grössenideen noch verstärkten, so dass er fortwährend daran dachte, die verschiedenen sozialen Schichten miteinander auszugleichen. Des Lebens auf dem Schiffe überdrüssig, verliess er es und unternahm Spekulationen, die indessen unglücklich ausfielen.

Er fand eine Stellung als Commis, gab jedoch, trotz der Anforderungen des neuen Lebens, die Ideen von sozialer Reform nicht auf, und da er einsah, dass seine Bildung zu der Ausführung seiner Pläne zu mangelhaft war, begann er zu studiren, indem er DANTE und die besseren italienischen Klassiker las. In diese Periode seines Lebens fällt die Tättowirung seines Unterarmes mit Zeichnungen, was er gethan zu haben vorgiebt, um zu beweisen, dass er lieber zu den Wilden gehören will, als zu unserer Gesellschaft, der er nicht das Recht zugesteht, Gesetze zu machen, ein Recht, das, seiner Ansicht nach, nur der Gottheit zusteht.

Im Jahre 1875 schloss er sich einer Sekte an, indem er

---

[1] Nach den Zeitschriften *Sperimentale* und *Archirio di psichiatria*, 1888; Gutachten von MANTELLI und FILIPPI.

so seine Träume eher zu realisiren hoffte, aber in ihren Orgien
fühlte er sich bald enttäuscht und gelangweilt, und da er
seine Hoffnungen in nichts zerrinnen sah, verlor er dermaassen
den Muth, dass er im Laufe von drei Monaten zwei Selbstmordversuche machte. In Turin, wo ihn sein Onkel bei sich
aufnahm, verwundete er ihn und seine Frau mit einem Rasir-
messer, wurde für geisteskrank erklärt und freigesprochen und
kam in ein Irrenhaus. Nach der Entlassung aus demselben
tödtete er bei einer Schlägerei einen Freund mit dem Messer
und wurde dafür zu 10 Jahren Zuchthaus verurtheilt. Als
er den Richterspruch hörte, stürzte er sich aus einer Höhe von
einigen Metern herab und brach sich dabei die linke Schulter.
Von neuem für geisteskrank erklärt, wurde er aus dem Turiner
Irrenhause nach dem von Aversa gebracht, wo er bis 1879
blieb. Wieder für gesund erklärt, wurde er in die Strafanstalt
zu Amelia übergeführt; von dort kam er nach abgelaufener
Strafe nach Florenz mit einer Empfehlung an den dortigen
Präfekten, der ihn in dem frommen Asyl von Montedomini
unterbrachte. Im höchsten Grade erschöpft durch die Disziplin
und das Leben, das er in dem frommen Institute führte, in
seiner Eigenliebe gekränkt, brachte er es dahin, dass er mit
einer Prämie von 50 Lire entlassen wurde.

In den letzten drei Monaten des Jahres 1885 gelang es ihm,
nachdem er allerlei Schwindeleien verübt, die Stelle eines
Schreibers in einer Apotheke der Stadt zu erhalten. Durch
sein respektvolles, gewandtes Auftreten gewann er mit Leichtigkeit das Vertrauen der Aerzte. Er verschaffte sich 60 Centi-
gramm Morphium, das er, angeblich um sich zu tödten, ver-
schluckte. Als er vorsichtig gefragt wurde, weshalb er sich
denn das Leben nehmen wollte, antwortete er offen: „Ich habe
die Zuversicht auf das Leben verloren, ich kann nichts mehr
hoffen von einer Gesellschaft, die mich nicht rehabilitiren will,
ja die mich nicht einmal versteht; denn im anderen Falle wäre
ich jetzt ein grosser Mann, ich hätte der Gesellschaft eine
andere Ordnung gegeben und statt der willkürlichen Trennung
der Klassen vollständige soziale Gleichheit eingeführt.“

Aus dem Hospital entlassen, schrieb er einen Brief an

den Grafen T., worin er ihn um 5000 Lire bittet und ihm
mit Ermordung droht; er wurde in dem Augenblick arretirt,
wo er nach der Post ging, um das Geld einzuziehen. — Er
ist 1,60 Meter hoch und wiegt 67 Kilogramm, hat spärliches,
weissgesprenkeltes Haar, dichten, schwarzen, aufgesetzten Schnurr-
bart, hohe, zurückfliegende Stirn, henkelförmige Ohren; am
rechten Ohrläppchen findet sich eine Oeffnung, die durch einen
Gang in das Schläfenbein führt, stark entwickelte Stirnhöhlen, etwas vorquellende, sehr stark kurzsichtige Augen,
nach oben und links abweichende Nase; Gesicht asymmetrisch.
Der Mund ziemlich gross, Fehlen der drei Schneidezähne des
Oberkiefers.

Vollständiger Mangel der altruistischen Gefühle; er sagt
selbst, dass er keine Freunde habe und bleibt bei der Erinnerung an seine Eltern ganz gleichgültig; er zeigt einige Zuneigung zu seinen Verwandten, würde aber auch sie verrathen,
wenn er es für nothwendig hielte, denn, allein und verlassen,
wie er ist, — fürchtet er ihre Rache nicht. Niemals hat er
ein weibliches Wesen anders als mit sinnlicher Liebe geliebt.
Das Weib ist für ihn eine Maschine. Er wäre bereit, eine
reiche Frau zu heirathen, zu dem Zwecke, mit ihren Mitteln
seine sozialistischen Ideen zum Triumph zu führen und die
Menschheit zu erlösen. Er glaubt an Gott und ist überzeugt,
dass, wer auf Erden leidet, auf anderen Planeten glücklicher
sein wird. Das moralische Gefühl ist fast ausgelöscht. Erinnert
man ihn an seine Mordthat, so zuckt er nicht mit den Wimpern
und wechselt die Farbe nicht; nach kurzer Zeit sagt er dann
ganz trocken, zwischen ihm und dem Todten hätten politische
und geschäftliche Differenzen bestanden.

In seinem Grössengefühl behauptet er, niemals arm gewesen zu sein und es auch jetzt nicht zu sein; im Café giebt
er 40 Centimes Trinkgeld für eine Tasse Kaffee. Er behauptet,
sein künstlicher Arm hätte ihm 500 Lire gekostet, während er
ihn umsonst erhielt. Jede Bittschrift, jeder Brief, den er ab-
schickt, ist mit seinem Namen, Vornamen und Titel gestempelt.
Er, der Apostel der sozialen Gleichheit, schreibt einem Freunde,
dass 300 Lire ihm für seinen täglichen Unterhalt nicht

genügen. Als er darauf hingewiesen wurde, dass bei solchen
Ansprüchen ein System ökonomischer Gleichheit schwer her-
zustellen wäre, will er nicht verstehen und sucht das Gegentheil
zu beweisen. Hält man ihm vor, dass er ein Sektirer war,
so antwortet er, dass er sich dessen nicht schämt, es gäbe
gute und schlechte Sekten; übrigens hätte er ihr Führer
werden wollen. So fest er auch entschlossen ist, die Gesellschaft zu reformiren, da er sich jeder Aufgabe gewachsen
glaubt, weiss er doch nicht, welcher Partei er sich anschliessen
soll. Er verliert oft den Muth und schreibt in dem kurz vor
dem Selbstmordversuch durch Morphium verfassten Briefe: „Ich
kann nicht leben, denn es kommt mir vor, als wäre ich ver-
flucht; alles geht mir ganz anders, wie den anderen Menschen,
und ich darf nicht einmal von meinem sauren Schweisse leben,
worauf ich doch ein Anrecht habe."

In seinen mündlichen, wie in seinen schriftlichen Aeusserungen dominirt stets der Plan zur Reform der Gesellschaft,
die nach ihm gemein und heuchlerisch ist mit allen
ihren philanthropischen Institutionen, die nur eine
Ausgeburt der raffinirtesten Heuchelei sind. Nur
Gott räumt er das Recht ein, Gesetze zu geben und Schuldige
zu bestrafen. Die Menschen sollen alle gleich sein und zu
gleichen Theilen die Produkte der Erde, die ein Geschenk
Gottes sind, geniessen. Die gegenwärtige gesellschaftliche
Ordnung ist nach seiner Meinung das Werk einer Assoziation
von Hallunken, die unter dem schönen Vorwande der Civilisation sich angemasst haben, die Religionen ihren Zielen an-
zupassen, Regierungen einzusetzen, Gesetze zu diktiren und
die Verletzung dieser Gesetze zu bestrafen. Die Verbrechen
erscheinen ihm nur als eine legitime Reaktion gegen die
Usurpation und die Gewalt der unrechtmässigen Machthaber,
die ihren Nutzen daraus ziehen, zu kommandiren und die
Anderen zum Gehorsam zu zwingen. „Wenn die Gesetzbücher
abgeschafft sein werden," sagte er, „wird es keine Verbrecher
mehr geben. Wenn es keinen König gäbe, gäbe es keine
Majestätsverbrecher. Wo das Eigenthum abgeschafft ist,
giebt es keine Diebstähle." Und so argumentirt er weiter:

„Vielleicht würden die Morde bleiben, aber für diese würde die summarische Justiz der Volkswuth sorgen." Dieses System politisch-religiöser Ordnung füllt sein Interesse so absolut aus, dass er auch bei Gesprächen anderen Inhalts dasselbe durch die eigenthümliche Anwendung gewisser Vokabeln durchblicken lässt; so sagt er z. B. für Armee Räuber, für Krieg Strassenraub, für Steuern Lösegeld u. s. w.

7. Königsmörder. — Die oben erwähnte impulsive Entschlossenheit der Verbrecher bestimmt nicht selten Andere, die weniger gefühllos, aber auch weniger entschlossen sind, sich ihrer als Mittel zum Zweck zu bedienen; so haben in Italien vollkommen ehrenhafte politische Verbindungen und unerschrockene Patrioten im Kampf gegen die Unterdrückung zu diesem Hülfsmittel gegriffen.

So waren die Genossen ORSINIS, bei dem Attentat gegen NAPOLEON III., der ehemalige Dieb DE RUDIO, der zweimal wegen Diebstahls verurtheilte PIERI und GOMEZ,[1] der die Arbeit tödtlich hasste und zu 6 Monaten Gefängniss verurtheilt war wegen Unterschlagung eines ihm anvertrauten Koffers. Er war ein Mann von negerhaft brauner Haut, mit einem Walde krauser Haare. So nahm PIGNATELLO, der Schüler CAMPANELLAS, den Fälscher und Geizhals CERVELLARO zum Mitschuldigen. In Amerika hatte der Mörder LINCOLNS, BOOTH, einen berufsmässigen Mörder, PAQUE, zum Genossen der Verschwörung, einen wahren Herkules mit Stierhals und Hyänenblick, der den Minister STUART mit fünf Dolchstichen in seinem Bette ermordete und nachher seine beiden Söhne und die herbeigelaufenen Wächter. (F. LE COMTE, *Guerre de Sécession*.) Das charakteristischste Beispiel aber von Allen ist FIESCHI, das Werkzeug des alten, glühenden Patrioten MOREY und des schwachen, aber ehrenhaften PEPIN. Bei FIESCHI war das politische Verbrechen nur ein Vorwand, um seinen verbrecherischen Trieben freien Lauf zu lassen und seine schwachsinnige Schreibwuth zu befriedigen. Er war von Geburt Korse,

---

[1] *Memorie di Felice Orsini*, con appendice di A. FRANCHI, Torino, 1862. — AMABILE, *Su Pignatello*, Napoli, 1887.

Sprössling einer verbrecherischen Familie; sein Vater war Strassenräuber, sein Bruder taubstumm und sein natürlicher Sohn geisteskrank. Anfangs ein energischer und tapferer Soldat, aber ein Raufbold, verbrachte er sein späteres Leben in einer Kette von Schwindeleien, Diebstählen und blutigen Händeln als Vagabund. Er zeigte die Degenerationsmerkmale des geborenen Verbrechers: hydrocephalische Stirn, starke Jochbeine, grosse Ohren (siehe Tafel VIII, Nr. 11), und besass ein entsprechendes moralisches Temperament: die Neigung zu Gewaltthaten und Verrätherei, die anfallsweise Leidenschaft für ein Weib, auf das er gelegentlich mit Pistolen schoss, ein Kontrast zu seiner Gleichgültigkeit gegen sich selbst, und vor allem seine unveränderliche Eitelkeit, die so mächtig war, dass er nach dem Attentat sich selbst für den Urheber erklärte und später bedauerte, keine vornehmen Namen unter seinen Mitschuldigen nennen zu können, und sich auch während der Gerichtsverhandlungen stets eitel und spöttisch zeigte. In der Zeit vor der Hinrichtung bekam der Narr in ihm die Ober-hand; er war entzückt, in den Zeitungen ausführliche Mit-theilungen über sich zu finden, verglich sich mit BAYARD, vertheilte Autographen an die Aufseher und schloss seine Briefe mit der Unterschrift: FIESCHI, der Königsmörder. Schliesslich beendigte er das enorme Bündel seiner Schreibereien zwei Tage vor der Hinrichtung mit einer Art von Mémoire, durch welches er sich mit der Geschichte auseinandersetzen wollte.[1]

HÖDEL war ein geborener Verbrecher, wie seine Physiognomie bezeugt (grosse Stirnhöhlen, Henkelohren, langes Gesicht. Vgl. Tafel VIII, Nr. 17) und ebenso seine moralische Persönlichkeit. Erst dreizehnjährig, war er wegen Dieberei, Bettelns und Land-streichens ins Korrektionshaus gekommen; lächerlich eitel bestellte er vor dem Attentat auf den deutschen Kaiser zahlreiche Abdrücke seiner Photographie und sagte dabei dem Photographen, er würde ein sehr gutes Geschäft machen, denn sein Name würde bald weltbekannt sein. Vor allen Dingen ist seine Unbeständigkeit

---

[1] MAXIME DU CAMP, *L'attentat Fieschi*. — Paris, 1877.

und das Widersprechende seines Wesens charakteristisch. Wegen
seiner Unmässigkeit aus der sozialdemokratischen Partei aus-
gestossen, beging er das Attentat und wollte sich dann der Verhaftung entziehen unter der Behauptung, er wäre minorenn; vor
dem Untersuchungsrichter erklärte er sich zwar als Anarchisten,
behauptete aber, er hätte sich erschiessen wollen, nicht den
Kaiser, um dem Volke das Elend seiner Existenz vor Augen
zu führen. In der Hauptverhandlung aber zeigte sich der
freche Verbrecher in ihm, und er verhöhnte Richter und Zeugen.
In dem Prozesse gegen die Niederwaldverschwörer figurirte als
Hauptangeklagter REINSDORF,[1] ein wegen Sittlichkeitsverbrechen
vorbestrafter Mensch von vollendetem Verbrechertypus (grosse
Stirnhöhlen, zurückfliegende Stirn, massige Jochbeine und Unterkiefer; s. Tafel VIII, Nr. 16); jedoch war er recht gebildet
und drückte sich merkwürdig gewandt aus in wilden, anarchistischen Phrasen. Bemerkenswerth ist in ihm die Affektlosigkeit,
die ihn nach dem Urtheil ausrufen liess: „Und wenn ich
tausend Köpfe hätte, ich würde sie alle für die heilige Sache
des Anarchismus auf den Block legen,“ und die er selbst auf
dem Schaffot nicht verleugnete, wo seine letzten Worte waren:
„Nieder mit der Barbarei! es lebe die Anarchie!“ Auch seine
Mitschuldigen RUPSCH und KÜCHLER besassen gewisse Züge
des Verbrechertypus (der erstere Henkelohren, vorspringende
Backenknochen und langes Gesicht, der andere starke Jochbeine und Unterkiefer); aber sie waren mehr Werkzeuge REINS-
DORFs und suchten im Prozess ihre eigene Unschuld oder doch
ihre geringere Verantwortlichkeit zu beweisen. Dies ist ein
bei dieser Verbrecherklasse nicht seltener Zug, da bei ihnen,
wie wir schon bei HÖDEL sehen, nach einem misslungenen
Attentat der Selbsterhaltungstrieb endlich die Oberhand gewinnt über die Selbstaufopferung.

Alle Umstände der Ermordung von BURKE und Lord CAVEN-
DISH im Phenix-Park zu Dublin, einer ungewöhnlich wilden Blut-
that, zusammengefasst mit den anthropologischen Merkmalen der

---

[1] K. DRAUN, Die beiden grossen Hochverrathsprozesse vor dem
Reichsgericht, 1884. — Das Tribunal, März 1885.

Angeklagten, zeigen, welch grossen Antheil daran das geborene Verbrecherthum hatte; von 22 Angeklagten zeigten mindestens vier ausgesprochenen Verbrechertypus, und darunter sind bemerkenswerth: DELANEY, mit starken Jochbeinen, asymmetrischem Gesicht, enger Stirn; HANLON, mit eingedrückter Stumpfnase, enormen Stirnhöhlen und Unterkiefern, Henkelohren, ausserordentlich massigem Gesicht (Tafel VIII, Nr. 20); BRADY, mit dichtem, krausem Haar, massigen Jochbeinen und Unterkiefer, eingedrückter Nase (Tafel VIII, Nr. 18). Eine Verbrechernatur war seinen moralischen Eigenschaften nach sicher CAREY, anscheinend das Haupt jener Verschworenen, der unmittelbar nach dem Verbrechen den Zeitungen die minutiösesten Nachrichten schickte und dann seine Genossen denunzirte; vor Gericht entgegnete er auf ihre Verwünschungen: „Ihr selbst hättet mich verkauft, wenn ich euch nicht zuvorgekommen wäre.

8. Fürsten und Diktatoren als verbrecherische Revolutionäre. — Unter den Fürsten und Diktatoren fehlt es nicht an revolutionären Verbrechern; sie sind vielmehr so erheblich betheiligt, dass NORDAU sie für ihre wichtigsten Urheber hält; man denke an den Mörder seines Sohnes, PETER DEN GROSSEN, an NAPOLEON I., der Ehebrecher und Mörder war, an COLA RIENZI und MASANIELLO, die im Besitz der Macht wilde Verbrecher wurden.

Zur Erklärung dieser Erscheinungen führt die Bemerkung JACOBYS (l. c.), dass der Besitz einer unbeschränkten despotischen Macht zur Entwicklung moralischen Irreseins und einer verbrecherischen Natur führt; die unbegrenzte Willkür lässt in den Despoten die latenten Keime der Perversität wuchern, die wir mehr oder weniger Alle besitzen, die sich aber verhundertfachen, wenn eine absolute Straflosigkeit und despotische Allgewalt sie wecken und loslassen, wie bei den Cäsaren und den Tyrannen des Mittelalters. „Wer unbeschränkte Gewalt über Blut und Leben seines Nächsten besitzt, wer ein anderes Individuum aufs tiefste erniedrigen kann, ist unfähig, dem Triebe zum Bösen zu widerstehen. Die Tyrannei ist eine Gewohnheit, die schliesslich zur Krankheit wird; der beste

Mensch von der Welt kann dadurch so brutal werden, dass er nicht von einer Bestie zu unterscheiden ist. Das Blut gährt, der Geist wird der abnormsten Erregungen fähig, die als reine Genüsse erscheinen. Die Möglichkeit einer solchen Ungebundenheit wirkt für ein ganzes Volk kontagiös; gerade die Gesellschaft, die den offiziellen Scharfrichter verachtet, verachtet diese mächtigen Henker nicht." (Dostojewski). — Holländer und Savage weisen darauf hin, wie häufig moralisches Irresein bei Menschen ist, die in der Kindheit durch zu grosse Nachsicht oder Vernachlässigung von seiten der Eltern zügellos wurden und nicht die Selbstbeherrschung erwarben, welche die Gesellschaft erfordert, und deren Besitz die Moralität des Menschen bedingt.[1] Die fehlende Erziehung wirkt, wie die despotische Gewalt.

Die argentinische Revolution erlebte ihren Dr. Francia, den Sohn geisteskranker Eltern, der, in Besitz der Gewalt gelangt, erst Selbstmord, dann Mordbrennerei und kalt berechneten grausamen Mord plante und in seinen Wuthanfällen seine Eltern ins Gefängniss und dann in den Tod schickte; er liess Menschen foltern, die seine krankhaften Träume ihm als Mitschuldige imaginärer Verschwörungen zeigten, und die er dann mit neuen, in seiner kranken Phantasie ausgedachten Todesarten beseitigte. Er starb in höchstem Alter im Blödsinn, der sich aus seiner Melancholie und seinem moralischem Irrsinn entwickelt hatte; letzteren zeigte er in allen anthropologischen Charakteren: vorspringende Jochbeine, vorragende Stirnhöhlen, die durch eine tiefe Furche voneinander getrennt wurden, Katzenblick, eingezogene Unterlippe.

9. Umgestaltung der kriminellen Anlage in politisches Verbrecherthum. — Umgekehrt findet man nicht selten die kriminelle Tendenz in revolutionäre Thätigkeit umschlagen, da diese neben der Befriedigung der impulsiven Triebe diesen auch noch einen Anstrich von Hochherzigkeit giebt, eine Art von moralischem Alibi bei begangenen Verbrechen, und ihnen somit auch auf ehrliche Leute Einfluss

---

[1] *Uomo delinquente*, Vol. II.

gewährt, den sie lebhaft begehren, schon wegen ihrer Eitelkeit und Megalomanie.

Sonderbarerweise findet sich auch bei dieser Kategorie noch im Verbrechen ein relatives Ehrgefühl; so stehlen die beiden Wiener Anarchisten ENGEL und FLEGGER für die anarchistische Kasse, aber sie behalten nichts für sich, bis auf den Ersatz der bei dem Coup verlorenen Brille für den einen, der Reisekosten von Wien nach Prag für den anderen.

Es handelt sich hier um eine der Fäulniss ähnliche Erscheinung, die zugleich Wirkung und Ursache von Fermenten ist, das vegetalische Leben fördert und nährt und den ewigen Kreislauf des Lebens schliesst.

So erklärt es sich, dass nichtswürdige Herrscher, wie COMMODUS und HELIOGABAL im Gegensatz zu den edlen Kaisern M. AURELIUS und JULIAN, das Christenthum gefördert haben, da gerade ihre moral insanity sie der grossen Revolution, die das Christenthum darstellte, weniger feindlich gegenüber stehen liess.

Ein merkwürdiges Beispiel liefert ein gewisser VISC..., ein neuropathischer Mensch, der seit seinem siebenten Jahre stahl, allen grossen Verbrecherverbindungen Italiens angehörte und mehrmals Selbstmord versuchte, weil er seinem Diebsnaturell nicht widerstehen konnte; er schämte sich dieses Triebes so sehr, dass er vor einem Selbstmordversuche schrieb: „Ich muss ein Ende machen, um der Gesellschaft nicht weiterhin schädlich zu sein."[1]

Er wurde jedoch gerettet und sagte eines Tages: „Ich will nicht mehr stehlen, ich will mich der Erlösung der Völker weihen, dem Dynamit, der Aufstachelung der Arbeiter," und längere Zeit beschäftigte er sich mit nichts als mit National-Oekonomie, mit Moral; er wurde später besonnener, behielt aber einen so übertriebenen Altruismus, dass er in Zorn gerieth, als ich sein Blut nicht für eine Transfusion verwenden wollte.

Hier ging also ganz plötzlich der verbrecherische und der Selbstmordtrieb in eine revolutionäre Tendenz über und zeigte den Zusammenhang dieser Impulse, wie der epileptische Anfall

---

[1] C. LOMBROSO, *Palinsesti del carcere*, Torino, 1890.

sich häufig in einen verbrecherischen Trieb umwandelt und
den gemeinsamen Ursprung offenbart.

10. Politische Epilepsie. — Der Zusammenhang der
angeborenen Kriminalität mit dem Verbrechen erklärt uns die
Häufigkeit von Erscheinungen, die ich als politische Epilepsie
bezeichnen möchte, unter politischen Verbrechern.

In der That machen den Epileptiker seine Eitelkeit, seine
Frömmelei, seine lebhaften und häufigen Hallucinationen, sein
Grössenwahn, seine Anwandelungen von Genialität, zusammen
mit seiner grossen Impulsivität, leicht zu einem politischen und
religiösen Neuerer.

„Es lässt sich nicht mehr bezweifeln," schreibt über diesen
Punkt MAUDSLEY[1], „dass MOHAMMED seine erste Vision oder
Offenbarung einem epileptischen Anfall verdankte, und dass
er, betrogen oder betrügend, seine Krankheit benutzte, um für
inspirirt zu gelten. Seine Visionen haben genau den Charakter
Derjenigen, die bei Epilepsie vorkommen und direkt aus ihr
entspringen. Die in Anstalten lebenden Epileptiker haben oft
genug ähnliche Visionen, die sie für Wahrheit und Wirklichkeit halten; und für meinen Theil bin ich eher geneigt, die
Ekstase, die aus SAULUS den Apostel PAULUS machte, für
einen Betrug zu halten, als anzunehmen, MOHAMMED hätte bei
seiner ersten Vision an der Realität der ihm offenbarten Dinge
gezweifelt. Erwägt man, welche Folgen die Visionen und
Ekstasen der Epileptiker gehabt haben, so muss man recht
vorsichtig sein, wenn man über Das, was aus geistigen Störungen
hervorgehen kann, Sentenzen machen will, und über die Bedeutung von Offenbarungen, die jenseits unseres Verständnisses
liegen."

Ich habe in meinem Buche „Der Verbrecher" den epileptischen Irren, Fälscher und Kindesabtreiber R. E. geschildert,
der schrieb: „Ich schliesse mit der Versicherung, dass ich
niemals den Ehrgeiz besessen habe, einen Staat zu regieren;
aber wenn ein Plebiscit mich zum Minister machte, würde ich
die ersten Stunden dazu verwenden, die Bureaukratie von oben

---

[1] Die Zurechnungsfähigkeit der Geisteskranken, Leipzig, 1880.

bis unten zu reformiren." In meinem Buche „Der geniale
Mensch" habe ich einen epileptischen Fälscher, Gattenmörder
und Stuprator geschildert, der poetisch hoch begabt war und
eine neue, die Nothzucht zum Haupt-Ritus machende Religion
predigte, die er zwischen seinen epileptischen Anfällen auf den
Strassen in Praxis umzusetzen suchte. Ein anderer Epileptiker,
Gewohnheitsdieb, wollte eine Expedition zur Besiedelung einer
Insel bei Neu-Guinea ausrüsten, mit dem erwarteten Gewinn
Coccapieller unterstützen und — er war 17 Jahr alt — sich
dann zum Deputirten wählen lassen, um alle Gesetze zu ändern
und das allgemeine Stimmrecht einzuführen.

In Zolas *Germinal* stammt Lanthier von Alkoholisten
und Degenerirten ab, daher sein schneller Rausch beim dritten
Glase und ein heftiger Mordtrieb, den er in sozialen Unruhen
befriedigt. Nur im Rausch hatte er die Manie, einen
Menschen zu verzehren. Zola kopirte hier, ohne es zu
wissen, einen Fall politischer Epilepsie.

Das schlagendste Beispiel sah ich vor ganz kurzer Zeit
in einem wegen Müssiggangs und Landstreichens verwarnten
jungen Menschen mit zurückfliegender Stirn, fast ganz unerreg-
barer Tastempfindung, der mir auf die Frage, ob er sich für
Politik interessirte, bestürzt antwortete: „Sprechen Sie mir
nicht davon, denn das ist mein Unglück, denn wenn ich beim
Firnissen bin und mir die Reformen einfallen, erzähle ich
den Kameraden davon, werde allmählich schwindlig, sehe
schwarz und falle zu Boden." Dann entwickelte er ein geradezu präadamitisches Reformprojekt: Abschaffung des Geldes,
der Schulen, der Kleider, allgemeines Vertauschen aller Arbeits-
Arten etc. In diesen Entwürfen erschöpfte sich seine Thätigkeit; er litt an echter politischer Epilepsie. Ueberzeugung
und Wille fehlten ihm nicht, es fehlte ihm nur die Genialität.
Besässe er diese und lebte er zu günstiger Zeit und in einem
geeigneten Volke, so wäre er ein Reformator geworden, an
dessen Epilepsie und Genialität Niemand gedacht hätte.[1]

---

[1] Vgl. C. Lombroso, *Seconda Centuria di criminali*, 1890. — F. A.,
37 Jahre alt, Piemontese, Sohn eines geisteskranken Vaters und einer

Es sei hier daran erinnert, dass unter den 15 Anarchisten in Neapel der fanatischste der Setzer FELICO war, der schon zwölfmal bei Strikes, wegen Mordversuch, Verleumdung etc. bestraft war, — ein Epileptiker. In diese Klasse gehört auch der von ZUCCARELLI studirte M.... M.M., ist von guter Statur; linksseitige Plagiocephalie; Ohren platt, asymmetrisch und tief angesetzt; Gesicht gross mit vorspringenden Backenknochen; untere Eckzähne und obere mittlere Schneidezähne stark entwickelt; Bart spärlich; Gesichtsfarbe blass. Ein Bruder des Grossvaters und der Bruder des Vaters waren apoplektisch, ein Bruder der Mutter nervös.

Er fing mit 18 Monaten an, lesen zu lernen; mit 16 Jahren machte er sein Lyceums-Examen, zeigte sich stets frühreif und hatte immer eine ausgesprochene Neigung zum Sonderbaren und Fantastischen. Mit 12 Jahren Masturbant, fühlte er mit

---

phthisischen Mutter, Bruder eines Melancholikers, von Profession Lackirer; Grösse 1,75 m, Gewicht 71 kg; mit zwei Narben von Verletzungen am Hinterkopf, am Halse eine Narbe, von einem Selbstmordversuche herrührend; Schädel brachycephal, Index 88, Schädelkapazität 1602, zurückfliegende Stirn, Schielauge, Henkelohren, Linkshändigkeit und Anästhesie; Aesthesiometer 3,1 rechts, 2,2 links; Kniephänomene gesteigert; Dynamometer giebt links 30, rechts 34; rechte Schulter steht etwas tiefer; Bradyphasie; affektive Gefühle normal; er liebt die Frauen sehr, ist wenig religiös, kann keine Zeitung lesen, weil die Lektüre ihm Kopfschmerz und Schwindel verursacht; seine Schwindelanfälle lassen ihn manchmal umfallen. Mit 13 Jahren wurde er Masturbant, mit 16 fing er an Bordelle zu besuchen.

Seine erste Verurtheilung erlitt er wegen Trunkenheit, die zweite wegen eines Diebstahls von zwei Lire an seinem Brotherrn, die er vertrank; er sah darin kein Unrecht, weil er zu niedrig bezahlt worden wäre. Ueber seine Reformpläne äusserte er sich folgendermassen: Niemand darf Geld besitzen, Niemand darf angestrengt arbeiten oder den Tausch der Produkte hindern; keine Kleidung, bis auf ein Tuch zur Bedeckung der Scham, kein Gesetz, und zum Schlafen eine Hütte; absolute Freiheit der Ehe oder vielmehr des Konkubinats mit jedem Weibe; absolute Abschaffung der Schulen, dann der Priester, die man erschiessen könnte, bis auf Die, welche arbeiten wollen; man könnte auch einen in jeder Parochie übrig lassen; den Signori würde er alles Geld nehmen und sie zwingen, von ihrer Arbeit zu leben. „So war es in der alten Zeit, wie ich habe erzählen hören" (LOMBROSOs Archiv, 1889).

13 Jahren Kongestionen, die ihn erbliche apoplektische Anlage fürchten liessen. Nach dem Austritt aus der Schule machte er mit 16 Jahren einen leichten Typhus durch und hatte nach Ablauf desselben epileptische und Schwindelanfälle und wechselnde Perioden von Depression und Exaltation, Selbstmorddrang und grosser Todesfurcht. Bei kleinen Anfällen hat er immer Bewusstsein von seinem krankhaften Zustande, aber mit lückenhafter Erinnerung. In den freien Intervallen hat er freie Perzeption, schwaches Gedächtniss. Durch alle Veränderungen seiner Laune schimmert ein im Grunde guter Charakter; er hat die edelsten Gefühle und schwelgt in der Idee des Apostel- und Märtyrerthums. Er hat soziologische Reflexionen niedergeschrieben; was er dabei an die Ideen Anderer anknüpft, hält er merkwürdigerweise nicht für sein Eigenthum, sondern schreibt es Anderen zu. Eine Zeitlang hegte er demokratische Anschauungen; in den Bewegungen der Universitäts-jugend stand er immer an der Spitze; er sprach bewegt, erregt, feurig und war immer bereit, zur That zu schreiten. Bei einer stürmischen Volksdemonstration, die er sich zu führen erbot, proponirte er ohne weiteres die Brandlegung des Munizipal-Gebäudes und war bei dem Versuch der Ausführung der Erste. Bei einer studentischen Demonstration gegen einen Professor stürzt er sich auf die Universitäts-Standarte, reisst sie an sich und trägt sie dem Haufen voraus; am Abend hat er einen epileptischen Anfall. Am anderen Tage fasst er in der Universität den Professor an der Schulter und schlägt ihn heftig. Bei einem Strike hetzt er die Arbeiter auf und wird schliesslich angeklagt und verurtheilt.

Hierher gehört auch ein Diktator der argentinischen Republik, dessen Regierung die blutigste Epoche in der Geschichte dieses Landes war: ROSAS. Er war moralisch irre, war Sohn einer Hysterischen und selbst epileptisch, mit den Kennzeichen des geborenen Verbrechers (üppiges Kopfhaar, sehr spitzer Gesichtswinkel, niedrige, unten vorspringende Stirn, vorragende Brauenbogen); von Kindheit an fand er sein Vergnügen an Thierquälereien, steckte Getreideschober an, misshandelte die Dienerschaft. Im Besitz der Gewalt gefiel er sich in verbrecherischen Einfällen der wunderbarsten Art: er liess in den Strassen Menschenköpfe wie Orangen verkaufen, putzte seine Pferde mit der Haut getödteter Feinde auf, liess ohne auffindbaren Grund Gemetzel anrichten, erfand besondere Folterinstrumente (eine Art Säge, glühende Beinschienen) und liess Hinrichtungen unter Musikbegleitung ausführen. (Ramos-Meija l. c.)